Michael C. Müller

Europäisches Pharmamarketing

Michael C. Müller

in Zusammenarbeit mit Gastautoren aus der
Unternehmensleitung führender Unternehmen
der europäischen Pharmaindustrie

Europäisches Pharmamarketing

Ein Leitfaden für Manager der
pharmazeutischen Industrie und Beteiligte
des europäischen Gesundheitswesens

Bibliografische Information Der Deutschen Bibliothek
Die Deutsche Bibliothek verzeichnet diese Publikation in der Deutschen Nationalbibliografie;
detaillierte bibliografische Daten sind im Internet über <http://dnb.ddb.de> abrufbar.

1. Auflage 2005

Alle Rechte vorbehalten
© Betriebswirtschaftlicher Verlag Dr. Th. Gabler/GWV Fachverlage GmbH, Wiesbaden 2005

Lektorat: Barbara Möller

Der Gabler Verlag ist ein Unternehmen von Springer Science+Business Media.
www.gabler.de

Das Werk einschließlich aller seiner Teile ist urheberrechtlich geschützt. Jede Verwertung außerhalb der engen Grenzen des Urheberrechtsgesetzes ist ohne Zustimmung des Verlags unzulässig und strafbar. Das gilt insbesondere für Vervielfältigungen, Übersetzungen, Mikroverfilmungen und die Einspeicherung und Verarbeitung in elektronischen Systemen.

Die Wiedergabe von Gebrauchsnamen, Handelsnamen, Warenbezeichnungen usw. in diesem Werk berechtigt auch ohne besondere Kennzeichnung nicht zu der Annahme, dass solche Namen im Sinne der Warenzeichen- und Markenschutz-Gesetzgebung als frei zu betrachten wären und daher von jedermann benutzt werden dürften.

Umschlaggestaltung: Nina Faber de.sign, Wiesbaden
Satz: dtpservice Lars Decker, Vechelde
Druck und buchbinderische Verarbeitung: Wilhelm & Adam, Heusenstamm
Gedruckt auf säurefreiem und chlorfrei gebleichtem Papier
Printed in Germany

ISBN 3-409-12690-2

In Erinnerung an
Helmut Friedrich Müller

INHALT

1. **Einleitung**
   von Michael C. Müller 11

   Ausgangssituation auf dem europäischen Pharmamarkt 12
   Das Buch 14
   Die Gastautoren 14

2. **Europa im Überblick**
   von Michael C. Müller 17

   Geographische und politische Struktur 18
   Wirtschaftliche Bedeutung der Pharmaindustrie 21
   Nationale Pharmamärkte 23
   Die pharmazeutischen Unternehmen 28
   Pricing 31
   Health und Beauty Retail 32

3. **Pharmamärkte im Vergleich**
   von Roland Lederer 35

   Belgien 36
   Dänemark 39
   Deutschland 41
   Finnland 45
   Frankreich 47
   Griechenland 49
   Großbritannien 51
   Irland 53
   Italien 55
   Luxemburg 56
   Niederlande 57
   Österreich 60
   Portugal 62
   Schweden 64
   Schweiz 65
   Spanien 67
   Tschechische Republik 70

4. Die Gesundheitssysteme im Einzelnen
von Klaus W. Uedelhofen 71

Einleitung... 72
Dänemark, Finnland und Schweden............................... 73
Deutschland.. 77
Frankreich 84
Griechenland... 87
Großbritannien 88
Italien 91
Niederlande.. 93
Polen... 97
Schweiz... 99
Slowakei... 101
Spanien und Portugal... 104
Tschechische Republik 107
Türkei.. 109
Ungarn 111
Die Länder im statistischen Vergleich 114

5. Russland – Europa und doch so anders
von Viktoria Anashkina.. 121

Finanzierung des Marktes 122
Demographische Situation und Krankheitsprävalenz.......... 124
Struktur des Marktes.. 125
Rückständige einheimische Hersteller........................... 127
Produktlebenszyklus.. 128
Der russische Arzneimittelmarkt ist weiterhin stark fragmentiert......... 129
Preisbildung.. 130
Aussichten für die weitere Marktentwicklung 131

6. Großbritannien – Evidenz basierte Medizin setzt sich durch
von Sören Hermansson... 133

Das richtige Umfeld 134
Das Gesundheitssystem des Vereinigten Königreichs 135
Umfeld des Arzneimittelmarktes.................................. 138

7. Anforderungen an ein zentrales, europäisches Pharmamarketing
von Michael C. Müller.. 149

Setzen eines einheitlichen Rahmens 151
Nutzung von Synergien über Ländergrenzen hinweg 157
Compliance mit EFPIA-Standards................................. 160

Inhalt

8. Bedeutung der neuen EU-Beitrittsländer für ein europäisches Pharmamarketing
von Sidonie Golombowski 167

Wird die Liste der Staaten einfach länger? 168
Nationale Besonderheiten in der bisherigen Marketing-Praxis 171
Konsequenzen auch für die alten EU-Länder......................... 172

9. Nationale Besonderheiten erfordern ein lokal adaptiertes Vorgehen
von Michael C. Müller... 175

Vergleich der regulativen Einflussfaktoren 176
Abhängigkeit von der Marktreife.................................. 178

10. Vertriebstrukturen in Europa
von Susanne Weißbäcker und Michael C. Müller.................... 191

Großhandel 193
Einzelhandel/Apotheken.. 197
Liberalisierung der Gesetzgebung 204
Neue Vertriebswege/Internet 205
Parallelhandel von Arzneimitteln 206

11. Außendienststruktur abhängig von Portfolio, Produkt-Lebenszyklus und Markt
von Michael C. Müller... 209

Die Balance zwischen Werbung und Außendienst verschiebt sich erneut .. 211
Möglichkeiten zur Steigerung der Außendiensteffizienz................ 212
Außendienstbesonderheiten in den Ländern 216
Ausblick 223

12. Möglichkeiten für eine europäische Pricingstrategie und deren Anforderungen
von Ulrich Köstlin 225

Einführung... 226
Preisbestimmende Strukturen bedeutender Pharmamärkte Europas 229
Verwerfungen der Pharmamärkte in Europa 233
Möglichkeiten für eine Preisstrategie in Europa 235
Schlussfolgerungen 242

13. Erfolgsfaktoren für das Management einer Produktneueinführung in Europa
von Klaus Falk 243

Zulassung.. 244
Aufbau eines „Launch Teams" und Projektstart....................... 245
Strategisches Marketing 247
Preisfindung 248
Konkurrenzanalyse 248
Operative Einheiten/Länderorganisationen 249
Klinische Studien (zulassungsrelevant/strategisch/IIT's) 252

14. Innovationspartnerschaften in Forschung & Entwicklung und Marketing & Vertrieb der Pharmaindustrie
von Stephan Scholtissek 255

Einleitung.. 256
Situation und Herausforderungen im europäischen Arzneimittelmarkt.... 256
Mit Innovationspartnerschaften auch die Leistungstiefe reduzieren.... 259
Potenzialstarke Bereiche für Business Process Outsourcing (BPO) in der Pharmaindustrie... 261
BPO in Marketing und Vertrieb....................................... 262
BPO in Forschung und Entwicklung.................................... 268
Zusammenfassung... 269

Wichtige Adressen und Internet-Links 273

Europäische Pharmaverbände 273

Internet-Links zu wichtigen Websites zur Thematik (Einrichtungen des Bundes, Verbände in Deutschland, Verbände und Institutionen international)... 278

Abkürzungsverzeichnis.. 280
Literaturverzeichnis... 281
Der Autor 286

1 Einleitung

Michael C. Müller

Ausgangssituation auf dem europäischen Pharmamarkt	12
Das Buch	14
Die Gastautoren	14

Ausgangssituation auf dem europäischen Pharmamarkt

Mehr als zwei Drittel der Menschen über 65 Jahre, die jemals auf der Erde gelebt haben, leben heute. Das ist die zentrale Herausforderung für die pharmazeutische Industrie und die weltweiten Gesundheitssysteme. Über die letzte Dekade ist der amerikanische Pharmamarkt allerdings fast doppelt so schnell gewachsen wie die Märkte in Europa.

Europa ist immer noch geprägt von unterschiedlichster staatlicher Regulierung in den jeweiligen Märkten, die den Marktzugang weiter erschweren. Auch unsere Wissenschaftler nehmen an dieser Herausforderung „Europa" zu einem immer geringeren Maße teil. Über 400 000 Wissenschaftler haben in den letzten Jahren das weniger innovationsfreundliche europäische Umfeld verlassen, um in den USA zu arbeiten und dort 40 Prozent des Beitrags der gesamten US-Forschung zu leisten. Aufgrund der rückläufigen Wettbewerbsfähigkeit europäischer Unternehmen werden zwischenzeitlich 60 Prozent der pharmazeutischen Anmeldungen beim Europäischen Patentamt von amerikanischen Unternehmen vorgenommen.

In Europa, einem Europa der Regulierungen, werden heute rund 30 Prozent der Arzneimittelkosten von den Patienten selbst aufgewendet und privat finanziert. Allerdings sind die Unterschiede der einzelnen Länder nicht nur bei der Zuzahlung, von über 40 Prozent bis zu weniger als einem Prozent, gewaltig. Europa verfügt über eine Vielzahl unterschiedlichster Systeme und unterschiedlichster Regulierungen im jeweiligen Pharmamarkt. Einige Systeme sind durch Steuern finanziert, andere durch Versicherungen, die in einigen Ländern freiwillig, in anderen Pflichtversicherungen für alle sind. Das notwendige Maß an Grundversorgung und privater Zusatzleistung wird in jedem europäischen Land anders definiert, und der Grad der Abwägung zwischen medizinisch Machbarem und medizinisch Notwendigem und dem letztlich Finanzierbaren wird in jedem Land „neu erfunden".

Die pharmazeutische Industrie ist eine prosperierende Industrie, die, über Innovation und die demographische Entwicklung in den vergangenen Jahren – wenig volatil und kaum beeinflusst von den großen Wirtschaftskrisen der letzten zehn Jahre – ihr Wachstum kontinuierlich fortgesetzt hat. Der Weltpharmamarkt wird in den nächsten Jahren voraussichtlich weiter um etwa sieben bis neun Prozent per anno wachsen. Obwohl gut 40 Prozent der weltweit produzierten Medikamente aus Europa stammen, hat sich der Marktanteil Europas am Weltmarkt von ehemals gut 40 Prozent auf zwischenzeitlich etwa 29 Prozent verringert und wird in den folgenden Jahren weiter sinken.

Die Europäische Union hat seit ihrer Gründung 1952, vor allem aber in den letzten beiden Jahrzehnten, zweifelsohne dazu beigetragen, die Wettbewerbsfähigkeit der Unternehmen in Europa zu stärken und gleichzeitig Arbeitsplätze in Europa zu sichern. Anders im europäischen Pharmamarkt – fast alle europäischen Länder sind zwischenzeitlich durch intensive Kostensenkungsbemühungen der staatlichen Organe und Institutionen gekennzeichnet. Preisregulierungen, hohe Zuzahlungen für Patienten und Beschränkungen der Rückerstattung prägen die europäischen Märkte.

Unterschiedliche Besteuerungen, verschiedene Distributionswege, ungleiche Patentgesetze und unkoordinierte Maßnahmenpakete einer immer weiter fortschreitenden Regulierung der Märkte führen zu weiteren Zugangsbeschränkungen für die heimische Industrie. Statt ein Europa ohne Grenzen zu schaffen und die Wettbewerbsfähigkeit der Unternehmen zu stärken, führen einzelstaatliche Regulierungen zu einer weiteren Differenzierung der Märkte in Europa. Diese Rahmenbedingungen wirken sich hemmend auf Wachstum und Innovationsleistung der Industrie aus. Eine Deregulierung als wesentliche, vereinfachende Maßnahme, um die lokale Industrie im internationalen Wettbewerb zu stärken, ist nicht in Sicht.

Die Ost-Erweiterung stellt mit zehn neuen Ländern, die in 2004 zur EU gestoßen sind, und voraussichtlich zwei weiteren neuen Märkten in 2007 insbesondere für die mittelständische Industrie eine wesentliche Hürde und Herausforderung dar. In Europa existiert traditionell ein starker Mittelstand, der Garant für Wachstum und Wohlstand der letzten Jahrzehnte in Europa war. Gerade die mittelständische pharmazeutische Industrie wird größte Anstrengungen machen müssen, um die Herausforderungen der nächsten Jahre in einer europäischen Pharmalandschaft der Begrenzungen zu meistern.

Trotz des zunehmenden Trends zur Globalisierung, zum Zusammenwachsen grenzüberschreitender Wirtschaftsterritorien, zur Etablierung internationaler Freihandelszonen und zur Verwirklichung des europäischen Binnenmarktes tun sich nicht nur der europäische Pharma-Mittelstand, sondern auch die „Multinationals" der pharmazeutischen Industrie schwer, in bestimmten europäischen Ländern erfolgreich Fuß zu fassen. So stellt z. B. der erfolgreiche Auftritt internationaler Pharmaunternehmen in Frankreich immer noch eine große Herausforderung dar. Nur wenigen Global Playern ist es bisher gelungen, von der Annäherung der osteuropäischen Länder profitieren zu können.

Was ist es aber, das das Wachstum und den wirtschaftlichen Erfolg in einigen europäischen Ländern so schwierig macht? Ist es der höhere Regulierungsgrad für verschreibungspflichtige Medikamente, z. B. im Hinblick auf die Preisfestsetzung für pharmazeutische Produkte, oder spielen kulturelle Unterschiede trotz Europäischer Union, Binnenmarktfreiheiten und Währungsunion doch eine größere Rolle, als zunächst zu erwarten wäre? Welche Bedeutung haben dabei die traditionell und historisch gewachsenen, strukturellen Unterschiede zwischen den einzelnen „Gesundheitsmärkten" der europäischen Wirtschaftszone? Welche Auswirkungen hat der hohe Finanzierungsgrad des Gesundheitswesens über Sozialversicherungsbeiträge in Deutschland auf das Anspruchs- und Konsumverhalten der Bevölkerung im Hinblick auf pharmazeutische Produkte? Führt eine höhere Eigenbeteiligung in der Schweiz wirklich zu einer Abnahme der Nachfrage nach „Gesundheitsgütern"? Wie wirkt sich die überdurchschnittlich hohe Dichte an Allgemeinmedizinern in Frankreich bzw. der hohe Versorgungsgrad durch Fachärzte in Deutschland auf die Verordnung von Medikamenten aus? Und welche Rolle spielt der hohe Anteil an Apotheken in Finnland in Bezug auf den Konsum pharmazeutischer Produkte? In einigen EU-Mitgliedstaaten können vom Zeitpunkt der Zulassung eines neuen Arzneimittels bis zur tatsächlichen Möglichkeit, das Produkt auszubieten, bis zu zwei Jahre vergehen.

Wie stellen sich Pharmaunternehmen daher im Hinblick auf absolute Größe, Produktportfolio, Kundensegmentierung, Marketing und Organisation in der Zukunft darauf ein?

Das Buch

Auf diese Fragen wollen die Autoren des vorliegenden Buches Antworten geben, da neben festen Größen wie Produkteigenschaften und Preis bzw. Preiskorridor offensichtlich regionale Komponenten existieren, die eine Anpassung an die lokalen Gegebenheiten notwendig machen. Vor allem, da es scheint, als ob gerade die Kenntnis und Berücksichtigung dieser regionalen Unterschiede es sind, die entscheidend zu Erfolg bzw. Misserfolg im jeweiligen nationalen Pharmamarkt beitragen können.

Basierend auf einer fundierten Strukturanalyse der einzelnen europäischen Regionen, der Erhebung des Status quo in der Pharmaindustrie im Umgang mit lokalen Besonderheiten und der Herausarbeitung von „Best Practice"-Beispielen, werden zukunftsorientierte Handlungsempfehlungen entwickelt und diskutiert. Dabei sollen der Produktpositionierung, der Kundensegmentierung und dem Zielgruppenmarketing landesspezifische Analysedaten zu Grunde gelegt werden, um Marketing-Mix, Vertriebsaktivitäten, strategische Allianzen, Organisationsstruktur und Lobby-Aktivitäten gezielt und erfolgreich für den geplanten Markteintritt einsetzen zu können.

Die Gastautoren

Um die Entstehung dieses Buches zu ermöglichen und die persönlichen Erfahrungen von Managern der pharmazeutischen Industrie ganz verschiedener Unternehmen mit einfließen zu lassen, haben sich eine Reihe von Gastautoren bereit erklärt, eigene Beiträge zu unterschiedlichen Themen beizusteuern.

Nur auf diese Weise ist es möglich geworden, die Perspektive von Unternehmens-Lenkern, die selbst in einem besonderen Markt in Europa leben und arbeiten, mit zu berücksichtigen oder die Erfahrungen einzufangen, die Unternehmen selbst bei der Ausbietung von Arzneimitteln über viele Länder hinweg gemacht haben.

Auch in Bezug auf die Bereitstellung der benötigten Datenbasis zur Beurteilung der Marktgröße und -entwicklung in den verschiedenen Ländern im Fokus dieses Buches haben Gastautoren, deren Profession die Bereitstellung von solchen Marktinformationen ist, einen entscheidenden Beitrag geleistet, ohne den eine so umfassende Marktübersicht nicht möglich gewesen wäre.

Letztlich ist die Expertise und Erfahrung von Kollegen und Freunden, die mich in der Arbeit in den vergangenen Jahren, in verschiedenen Projekten und in den unterschiedlichsten Ländern begleitet haben, zu speziellen Themen eingeflossen, um diese möglichst umfassend und aktuell aufzubereiten.

All den Gastautoren gilt mein besonderer Dank. Ich weiß, dass die wiederholten Erinnerungen an die Fertigstellung der Beiträge und die notwendigen Anpassungen häufig in Konkurrenz zu den Erfordernissen des Tagesgeschäftes standen. Ohne die Expertise und den Input aller Beteiligten wäre es jedoch nicht möglich gewesen, dieses Buch zusammenzustellen.

Mein besonderer Dank gilt:

Viktoria Anashkina,
General Manager Polpharma Russland, für ihren Beitrag
Russland – Europa und doch so anders

Klaus Falk,
Senior Executive und Geschäftsführer für pharmazeutische Unternehmen in Deutschland und verschiedenen internationalen Märkten, für seinen Beitrag
Erfolgsfaktoren für das Management einer Produktneueinführung in Europa

Dr. Sidonie Golombowski,
Director bei Sanofi-Aventis, für ihren Beitrag
Bedeutung der neuen EU-Beitrittsländer für ein europäisches Pharmamarketing

Dr. Sören Hermansson,
General Manager Merck Pharmaceuticals UK, für seinen Beitrag
Großbritannien – Evidenz basierte Medizin setzt sich durch

Dr. Zun-Gon Kim,
Arzt und Berater,
für seine aktive Unterstützung im Vorfeld der Entstehung des Buches

Dr. Ulrich Köstlin,
Vorstand Marketing und Vertrieb, Schering AG, für seinen Beitrag
Möglichkeiten für eine europäische Pricingstrategie und deren Anforderungen

Roland Lederer,
Sprecher der Geschäftsführung INSIGHT Health, für seinen Beitrag
Europäische Pharmamärkte im Vergleich

Dr. Stephan Scholtissek,
Managing Director und Sprecher der Geschäftsführung von Accenture Deutschland
für seinen Beitrag
Innovationspartnerschaften in Forschung & Entwicklung und Marketing & Vertrieb der Pharmaindustrie

Klaus W. Uedelhofen,
Geschäftsführer Liwena Pharma GmbH und Management Consulting,
für seinen Beitrag
Die Gesundheitssysteme im Einzelnen

Dr. Susanne Weißbäcker,
Consultant bei Accenture, für ihren Beitrag
Vertriebsstrukturen in Europa

2 Europa im Überblick

Michael C. Müller

Geographische und politische Struktur	18
Wirtschaftliche Bedeutung der Pharmaindustrie	21
Nationale Pharmamärkte	23
Die pharmazeutischen Unternehmen	28
Pricing	31
Health und Beauty Retail	32

Geographische und politische Struktur

Europa, das sind insgesamt 44 Länder, von denen noch bis 2004 15 Länder die Europäische Union als gemeinsamen Handelsraum gebildet haben. Im Jahre 2004 wurde am 1. Mai dieser Handelsraum um zehn weitere Länder ergänzt. Die Europäische Union (EU) erstreckt sich über einen großen Teil des europäischen Kontinents – vom Polarkreis bis zum Mittelmeer und vom Atlantik bis zur Ägäis.

Alle Mitgliedsstaaten der EU sind den gleichen Grundwerten – dem Frieden, der Demokratie, dem Rechtsstaat und der Achtung der Menschenrechte – verpflichtet. Sie trachten danach, diese Werte zu fördern, Wohlstand zu schaffen und gerecht zu verteilen, sowie durch gemeinsames Auftreten auf der Weltbühne ihren Einfluss zusammen geltend zu machen. Aber die EU-Länder weisen auch große Unterschiede auf. In Bezug auf politische Rahmenbedingungen, Kultur und sozialpolitisches Umfeld finden wir hier eine große Vielfalt.

In den letzten 50 Jahren ist der Wohlstand wie auch die Qualität der Gesundheitsversorgung in diesen Ländern kontinuierlich gestiegen. Die EU schuf einen Binnenmarkt ohne Grenzen und eine einheitliche Währung, den Euro. Als Wirtschaftsmacht ist die EU bedeutend und weltweit in der Entwicklungshilfe führend. Die Zahl ihrer Mitgliedsländer ist von ehemals sechs auf 25 Nationen angewachsen. Zwei Staaten, Bulgarien und Rumänien, hoffen auf einen baldigen Beitritt, der für 2007 erwartet wird. Auch die Türkei zählt zu den Kandidatenländern, mit denen Aufnahmegespräche geführt werden, während sich Kroatien aufgrund seines Umgangs mit der Verfolgung von Kriegsverbrechern und deren Bestrafung eher nicht kurzfristig Aufnahme-Hoffnungen wird machen können. Die erweiterte EU wird bereits mit insgesamt 27 Staaten die Heimat von beinahe einer halben Milliarde Menschen sein.

Große Herausforderungen prägen das Bild der Zukunft für die EU. Ein höheres Niveau an Beschäftigung, Steigerung der Qualität in der Ausbildung unserer Jugend und die Bewältigung der Probleme der demographischen Entwicklung stehen auf der Agenda, um in und mit der EU weiter wettbewerbsfähig zu bleiben. Als Belgien, Deutschland, Frankreich, Italien, Luxemburg und die Niederlande in den 50er Jahren die EU gründeten, war der große Erfolg noch nicht absehbar. 1973 schlossen sich Dänemark, Irland und das Vereinigte Königreich, 1981 Griechenland sowie 1986 Spanien und Portugal an. Durch die Wiedervereinigung Deutschlands kamen 1990 die ostdeutschen Bundesländer hinzu.

Mit einem neuen Vertrag wurden 1992 neue Befugnisse und Zuständigkeiten an die Organe der Gemeinschaft übertragen und neue Formen der Zusammenarbeit unter den Regierungen der Mitgliedsstaaten eingeführt, wodurch die Europäische Union geschaffen wurde. 1995 traten Österreich, Finnland und Schweden der EU bei. Am 1. Mai 2004 stießen Estland, Lettland, Litauen, Malta, Polen, Slowakei, Slowenien, die Tschechische Republik, Ungarn und Zypern (der griechische Teil) hinzu. Die Europäische Union umfasste mit ihren 15 Mitgliedstaaten (bis zum Mai 2004) ein Gebiet, das ungefähr einem Drittel der Fläche der USA entspricht. Bei der Bevölkerungszahl liegt sie nach China und Indien weltweit an dritter Stelle und stellt rund sechs Prozent der gesamten Weltbevölkerung. Heute ist die EU hinter den USA der zweitgrößte Wirtschaftsraum der Welt und in Bezug auf soziale Sicherung weltweit zweifelsohne führend.

Die Geburtenraten in der EU gehen zurück, während die Europäer gleichzeitig länger leben; die durchschnittliche Lebenserwartung hat die 80 Jahre in einigen Ländern der EU bereits überschritten und wird weiter ansteigen. Der Anteil der über 65-Jährigen beträgt bereits heute in Ländern wie Schweiz, Italien und Deutschland über 22 Prozent der Bevölkerung und wird in den Folgejahren bis 2025 auf voraussichtlich fast 30 Prozent ansteigen. Diese Trends haben bedeutende Auswirkungen für die Zukunft. Hersteller werden sich in Produktportfolio, Service-Angebot und Ansprache ihrer Kunden mehr und mehr darauf einstellen müssen.

Wie wohlhabend die Europäer wirklich sind, kann hingegen so pauschal nicht beantwortet werden. Die Antwort ist individuell in jedem Land zu suchen. Eine grobe Vorstellung davon erhält man, wenn man das Bruttoinlandsprodukt (BIP) berechnet und dann durch die Anzahl der Einwohner dividiert (BIP/Capita).

Da die Preise in den einzelnen Ländern voneinander abweichen, werden diese Preisunterschiede bereinigt, bevor man Vergleiche für den Lebensstandard anstellt. Dies geschieht durch Ermittlung des Preises für einen vergleichbaren und repräsentativen „Korb" von Waren und Dienstleistungen in den einzelnen Ländern. Diese Zahl wird nicht in nationalen Währungen, sondern in einer gemeinsamen künstlichen Währung angegeben, die als „Kaufkraftstandard" (KKS) bezeichnet wird. Durch Gegenüberstellung des BIP je Einwohner in KKS erhält man einen recht guten Vergleich des Lebensstandards im jeweiligen Land.

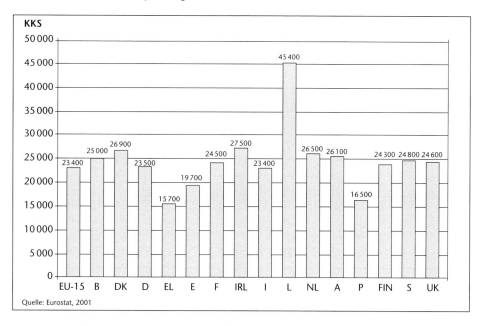

Abb. 1: Bruttoinlandsprodukt in Kaufkraftstandard (KKS) pro Einwohner

Zu den wichtigsten Zielen der EU zählt der wirtschaftliche Fortschritt. Dazu sollten die Schranken zwischen den Volkswirtschaften in der EU immer weiter abgebaut werden und ein Binnenmarkt geschaffen werden, in dem sich Waren, Menschen, Kapital und Dienstleistungen ungehindert bewegen können. Entsprechend hat der Handel zwischen den EU-Staaten immer mehr zugenommen, und parallel dazu hat sich die EU zu einer bedeutenden Welthandelsmacht entwickelt.

Frieden, Demokratie, Stabilität und Wohlstand wie auch der Handel mit Wirtschaftsgütern dürfen jedoch nicht an den neuen Grenzen der Union enden. Deshalb halten Unternehmen enge Beziehungen zu anderen Nachbarländern der Region, auch wenn diese noch nicht zur EU gehören und ein Beitritt für die nächsten Jahre noch nicht absehbar ist; zu Russland, zu Belarus, zur Ukraine, zum Kaukasus und zu den Ländern des Nahen Osten.

Im Zeitraum 2000 bis 2006 wendet die EU nur rund ein Tausendstel ihres jährlichen BIP für die Erweiterung auf. Dies ist ein geringer Preis für die Vorteile, die ein geeintes Europa und eine stabilere Welt bieten.

Ein Teil der Freiheit, sich innerhalb der EU frei bewegen zu können und an einem beliebigen Ort leben und arbeiten zu können, besteht darin, dass die EU-Bürger sicher sein können, überall, wo sie in der EU hingehen, auch die Gesundheitsversorgung in Anspruch nehmen zu können. Diese gegenseitige Anerkennung der Sozialversicherungsansprüche gewährleistet, dass die gesundheitliche Versorgung allen zur Verfügung steht, die während eines Aufenthalts in einem anderen Mitgliedstaat und in einigen anderen europäischen Ländern krank werden. Die Europäische Versichertenkarte wird Geschäftsreisenden und Urlaubern die Wahrnehmung dieser Ansprüche erleichtern. Die Karte, am 1. Juni 2004 eingeführt, gewährt unter bestimmten Umständen ein Recht auf Behandlung in einem anderen Mitgliedstaat. Dies ist von besonderer Bedeutung für Menschen, die in Grenzregionen leben oder eine dauerhaft spezielle Behandlung brauchen.

Die Gesundheitsbelange werden durch verschiedene politische Bereiche definiert. Soziales, Arbeit und Beschäftigung, Gesundheit und Umweltschutz haben einen starken Einfluss auf die jeweiligen Regelungen, die den nationalen Gesundheitsmarkt, und damit den regionalen Pharmamarkt, ausmachen. In jüngerer Zeit hat die EU Beziehungen zwischen der Informationsgesellschaft und der Gesundheit hergestellt. Hochgeschwindigkeits-Datenverbindungen ermöglichen die Vernetzung der im Gesundheitsbereich Tätigen in der gesamten EU oder bieten Patienten über die Telemedizin Zugang zu viele Kilometer weit entfernt angesiedelten Spezialisten.

Laut einer Erhebung aus dem Dezember 2000 geben 53 Prozent der Europäer an, dass sie neben ihrer Muttersprache mindestens eine weitere europäische Sprache sprechen; 26 Prozent der Europäer sagen, dass sie zwei Fremdsprachen beherrschen.

Wirtschaftliche Bedeutung der Pharmaindustrie

Heute denken wir bei Europa aber nicht nur an die EU, sondern auch an den regionalen Raum, an das geographische Europa, zu dem auch Länder gehören, die bisher und auf weiteres sicher nicht der EU angehören werden, wie Russland oder die Länder, die in weiten Teilen nicht auf dem Kontinent Europa liegen, wie die Türkei. Aus der Sicht des pharmazeutischen Marketings aber, die wir in diesem Buch gewählt haben und die primär an Marktpotenzial, gemeinsame Vermarktungs-Möglichkeiten, den Schutz des geistigen Eigentums und eine sinnvolle und effiziente Nutzung des Management-Potenzials in der eigenen Organisation denkt, spielen gerade diese Länder eine ebenso wichtige Rolle. So stellen Russland und die Türkei beispielsweise große regionale Märkte dar, die aus der Perspektive möglicher Absatzpotenziale und kultureller und wirtschaftlicher Verbundenheit durchaus als „Europa" betrachtet werden sollen und daher in der Folge hier berücksichtigt werden.

Europa stellt heute vor Japan und hinter den USA den zweitgrößten Pharmamarkt der Welt dar; rund 29,6 Prozent Marktanteil haben die 16 Länder der European Federation of the Pharmaceuticals Industry Associations (EFPIA)[1)] im Jahr 2004 auf sich vereint.

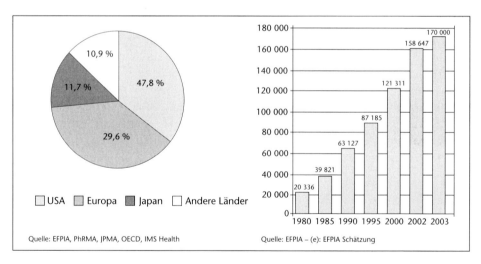

Abb. 2: Aufteilung des weltweiten
Pharmamarktes zu Herstellerpreisen, 2004

Pharmazeutische Produktion
in Europa, 1980–2003 (in Millionen EUR)

Im Jahre 2004 betrug das Volumen des relevanten Pharmamarktes zu Herstellerabgabepreisen 117 Milliarden Euro. Fast 170 Milliarden Euro Produktion von pharmazeutischen Erzeugnissen machen Europa nach wie vor zum Weltmarktführer in der Produktion, vor USA und Japan, und sorgen für eine kontinuierlich positive Außenhandelsbilanz.

Industrie (EFPIA gesamt[1])	1990	1995	2000	2002	2004
Produktion	63 127	87 185	121 311	158 647	166 500
Exporte	23 180	44 053	89 443	144 022	160 000 (e)
Importe	16 113	30 453	62 810	108 063	121 500 (e)
Handelsbilanz	7 067	13 600	26 633	35 959	38 500 (e)
F&E-Ausgaben	7 941	11 423	17 661	20 164	21 500 (e)
Beschäftigung (Stellen)	500 762	506 742	540 106	588 091	588 000
Beschäftigung in F&E (Stellen)	76 287	82 527	87 625	100 503	100 000 (e)
Pharmamarkt zu Herstellerpreisen	43 005	59 188	86 696	104 180	117 000 (e)
Pharmamarkt zu Abgabepreisen	67 388	92 040	132 123	156 342	180 000 (e)
Ausgaben für Arzneimittel der gesetzlichen Krankenversicherung[2]	42 627	57 412	74 568	88 998	98 000 (e)

[1] Ohne Türkei
[2] Seit 1998, Daten beziehen sich auf die ambulante Versorgung
Quelle: EFPIA – (e): EFPIA Schätzung

Abb. 3: Die Pharmaindustrie ist ein Antriebsgarant der europäischen Wirtschaft

Die großen produzierenden Länder sind vor allem Frankreich, vor Großbritannien, Deutschland, Italien und Irland.

EFPIA	Mio. EUR
Österreich	1 344
Belgien	3 814
Dänemark	5 334
Finnland	682
Frankreich	30 438
Deutschland	20 671
Griechenland	337
Irland	16 605
Italien	17 508
Niederlande	5 742
Norwegen	579
Portugal	1 469
Spanien	8 818
Schweden	5 249
Schweiz	12 913
Großbritannien	27 144
Gesamt	**158 647**

Anmerkung:
Griechenland: 2002
Schweden: 2002 vorläufige Daten
Belgien, Dänemark, Frankreich, Irland, Italien, Norwegen, Portugal, Spanien, Schweiz: geschätzte Daten
Norwegen, Spanien, Schweiz: ohne Veterinärprodukte
Quelle: EFPIA

Abb. 4: Pharma-Produktion in den EU-Ländern

Die pharmazeutische Industrie stellte in 2002 mit 158 Milliarden Euro Produktionsvolumen in den EFPIA-Ländern den viertgrößten Industrie-Sektor der europäischen Wirtschaft dar, beschäftigt direkt fast 600 000 Menschen und indirekt, durch Finanzieren von Stellen in Forschung und Lehre sowie in den Dienstleistungsbereichen der Industrie, gut 3- bis 4-mal so viele.

Nationale Pharmamärkte

Betrachten wir einmal die Pharmamärkte in Europa an sich. Mit über 21 Milliarden Euro Umsatz im Pharmamarkt und 23,4 Milliarden Euro Belastung der gesetzlichen Krankenversicherung durch Arzneimittel, die der Rückerstattungspflicht unterliegen, stellt Deutschland den größten Einzelmarkt in Europa. Danach folgen Frankreich, Großbritannien und Italien. Dabei wuchsen die europäischen Märkte in 2004 um gut 8 Prozent (USA + 9 Prozent, Japan + 2,5 Prozent) und damit etwa weiter gleich stark wie bereits in den Jahren 1999 bis 2003. Daran zeigt sich einmal mehr, wie die demographische Entwicklung und der pharmazeutische Fortschritt den Kostendämpfungsmaßnahmen der nationalen Gesundheitssysteme entgegenwirken.

EFPIA	Mio. EUR	EFPIA	Mio. EUR
Österreich	1 885	Österreich	1 524
Belgien	2 983	Belgien	2 133
Dänemark	1 279	Dänemark	782
Finnland	1 444	Finnland	859
Frankreich	19 911	Frankreich	17 479
Deutschland	21 850	Deutschland	23 438
Griechenland	2 618	Griechenland	1 474
Irland	977	Irland	886
Italien	13 966	Italien	11 723
Niederlande	3 194	Niederlande	3 515
Norwegen	1 235	Norwegen	1 087
Portugal	2 510	Portugal	1 227
Spanien	8 850	Spanien	7 791
Schweden	2 495	Schweden	1 843
Schweiz	2 484	Schweiz	1 721
Großbritannien	16 499	Großbritannien	11 516
Gesamt	**104 180**	**Gesamt**	**88 998**

[1] Zu Herstellerpreisen

Anmerkung: Frankreich, Griechenland, Irland, Niederlande, Norwegen, Spanien, Schweden, Großbritannien: Schätzungen
Quelle: EFPIA, 2002

Abb. 5: Der europäische Pharmamarkt[1] *Arzneimittelausgaben der gesetzlichen Krankenversicherungen und der nationalen Leistungsanbieter*

	MAT [1] September 2004		Prozentuales Wachstum	
Weltweiter Markt	Mrd. USD	Prozentualer Anteil	2004	CAGR 99-03
Lateinamerika	17,4 $	3,4 %	+ 13,2	− 2,8
Asien/Afrika/Australien	38,4 $	7,6 %	+ 12,8	+ 9,9
Japan	56,4 $	11,1 %	+ 2,5	+ 3,3
Europa (alle Länder)	152,2 $	30,0 %	+ 8,4	+ 8,9
Nordamerika	243,6 $	48,0 %	+ 9,0	+ 14,3
Weltweit	**508,0 $**	**100,0 %**	**+ 8,6**	**+ 10,3**
10 Hauptmärkte	**420,6 $**	**82,5 %**	**+ 7,6**	**+ 10,7**

Anmerkung:
[1] Moving annual total
Lateinamerikanische Länder inkl. Mexiko, Brasilien, Argentinien, Venezuela, Kolumbien, Chile, Ecuador, Peru und Uruguay. Lateinamerikanische Daten von Dezember 2004
Quelle: IMS Health: MIDAS, MAT September 2004

Abb. 6: Das weltweite Wachstum des Pharmamarktes bleibt einstellig.

In den neuen Ländern in Zentral- und Osteuropa, die bislang nicht von der EFPIA erfasst werden, stellt Polen mit rund zweieinhalb Milliarden Euro, gefolgt von der Russischen Föderation und Ungarn, den größten Einzelmarkt dar. Den am Umsatz gemessenen kleinsten Markt in Europa stellt Estland mit nicht einmal 100 Millionen Euro regionalem Marktvolumen dar.

Land	Mio. EUR	Marktanteil
Polen	2 448	31,5 %
Russische Föderation	1 364	17,6 %
Ungarn	1 210	15,6 %
Tschechische Republik	787	10,1 %
Slowakische Republik	445	5,7 %
Slowenien	370	4,8 %
Bulgarien	302	3,9 %
Ukraine	259	3,3 %
Litauen	236	3,0 %
Weißrussland	161	2,1 %
Lettland	95	1,2 %
Estland	84	1,1 %
Gesamt	**7 761**	**100,0 %**

Quelle: European Association of Pharmaceutical Full-line Wholesalers, 2003

Abb. 7: Die größten Märkte im Pharma-Einzelhandel in Zentral- und Osteuropa

Allerdings, und das wird in ganz besonderer Weise am Beispiel der baltischen Staaten deutlich, steht häufig nicht die absolute Größe des jeweiligen Marktes in der Betrachtung internationaler Pharmamanager, sondern die relative Kaufkraft des Marktes. Gesundheitsausgaben in Prozent vom Bruttoinlandsprodukt (BIP), Gesundheitsausgaben pro Kopf (idealerweise um die Kaufkraft adjustiert), Arzneimittelausgaben pro Kopf, Arzneimittelausgaben als Prozentsatz der gesamten auf die Gesundheit entfallenden Ausgaben oder aber Aufwendungen für ärztliche Leistungen rücken dann in den Vordergrund der Betrachtung. Die Abwägung, ob, in welcher Form und zu welchem Preis ein Produkt im Markt ausgeboten werden kann, richtet sich nach diesen wesentlichen Kenngrößen eher als nach der absoluten Marktgröße.

So stehen beispielsweise die Schweiz und Deutschland mit jeweils fast 11 Prozent Gesundheitsausgaben vom BIP an zweiter und dritter Stelle nach den USA (13 Prozent). Danach folgen Frankreich, Österreich und Griechenland.

Land	1980	1991	1995	1998	1999	2000	Jährliche Veränderung in %	
							2000/1980	2000/1995
D		9,17	10,35	10,55	10,53	10,57		0,4
D-W[2]	8,29	8,75	9,75	9,98	9,97	9,98	0,9	0,4
D-O[2]		15,18	15,00	15,02	14,90	15,28		0,4
EU15	7,17	8,54	9,08	9,03	9,09	9,08	1,2	− 0,0
A	5,70	7,85	9,21	9,54	9,67	9,57	2,6	0,8
B	6,82	7,75	8,80	8,99	8,97	8,94	1,4	0,3
DK	9,01	8,53	8,67	8,65	8,53	8,34	− 0,4	− 0,8
E	6,67	7,16	7,19	7,40	7,42	7,40	0,5	0,6
F	7,43	9,62	10,37	10,12	10,11	10,12	1,6	− 0,5
FIN	7,14	8,78	7,90	7,26	7,33	7,09	− 0,0	− 2,1
GB	6,00	7,48	6,83	7,92	8,12	8,35	1,7	− 0,0
GR	5,83	6,90	8,15	8,65	8,97	9,23	2,3	2,5
I	6,89	9,04	8,18	8,36	8,41	8,24	0,9	0,2
IRL	8,61	7,44	7,47	6,72	6,85	6,93	− 1,1	− 1,5
L	6,39	5,80	6,30	5,50	5,33	5,44	− 0,8	− 2,9
NL	7,55	8,23	8,98	8,83	8,88	8,56	0,6	− 1,0
P	4,88	6,10	7,97	8,64	8,90	8,67	2,9	1,7
S	8,26	8,34	8,30	7,97	8,09	8,27	0,0	− 0,1
AUS	6,96	8,14	8,31	8,62	8,82	8,93	1,3	1,5
CAN	7,10	9,71	9,18	9,25	9,15	9,15	1,3	− 0,0
CH	7,48	9,01	9,74	10,36	10,44	10,69	1,8	1,9
J	6,75	6,52	7,65	8,07	8,26	8,27	1,0	1,6
USA	8,72	12,61	13,26	12,95	12,95	13,05	2,0	− 0,3

[1] Angaben in Prozent
[2] Seit 1991 wird Ost-Berlin D-W zugerechnet
Quelle: OECD-data 2002

Abb. 8: Anteil der Gesundheitsausgaben am Bruttoinlandsprodukt [1]

Bei den um die Kaufkraft gewichteten Arzneimittelausgaben pro Kopf hingegen dominiert Frankreich mit 409 Euro pro Kopf, gefolgt von Portugal mit 341 Euro pro Kopf, ein Land, das in Bezug auf die absolute Größe des Marktes und insbesondere auf das Preisniveau bezogen eher als wenig attraktiver Markt in Europa betrachtet werden muss.

Land	1980	1991	1995	1998	1999	2000	Jährliche Veränderung in % 2000/1980	Jährliche Veränderung in % 2000/1995
D		228	264	305	323	342		5,3
D-W[2]	96	244	264	306	326	344	6,6	5,4
D-O[2]		167	267	298	309	336		4,7
EU15	68	187	224	264	283	305	7,8	6,4
A	54	132	165	248	282	307	9,1	13,2
B	73	186	235	264	281	307	7,4	5,5
DK	47	142	176	206	211	226	8,2	5,2
E	62	172	211	246	270	287	7,9	6,4
F	98	261	309	342	370	409	7,4	5,8
FIN	48	132	181	205	223	239	8,4	5,7
GB	47	103	172	206	223	241	8,5	7,0
GR	57	108	180	234	255	282	8,3	9,4
I	53	187	188	238	248	263	8,3	7,0
IRL	32	84	148	182	223	247	10,7	10,9
L	96	275	258	288	304	11	6,0	3,8
NL	47	127	178	216	231	243	8,6	6,5
P	45	173	244	298	318	341	10,6	6,9
S	47	105	162	193	218	238	8,4	8,0
AUS	46	123	181	218	237	260	9,0	7,5
CAN	61	222	277	333	361	386	9,7	6,9
CH	92	179	223	265	283	302	6,1	6,2
J	85	214	276	271	268	281	6,2	0,3
USA	83	254	298	392	452	513	9,5	11,5

[1] Angaben in Prozent
[2] Seit 1991 wird Ost-Berlin D-W zugerechnet
Quelle: OECD-data 2003

Abb. 9: Arzneimittelausgaben pro Kopf [1]

Im Durchschnitt kostet ein verschreibungspflichtiges Arzneimittel in den Ländern der EFPIA 10 Euro. Die Beispiele aber machen deutlich, wie differenziert die einzelnen Märkte betrachtet werden müssen und wie regionale Unterschiede nicht nur die Ausbietung an sich, sondern das gesamte Marketing-Mix – von Preis über Promotion bis hin zur Struktur des Außendienstes – beeinflussen. Doch dazu mehr an anderer Stelle.

Weitere wichtige Faktoren, die den Pharmamarkt und das Marketing der Produkte beeinflussen, sind Fragen nach besonderen Marketing-Reglementierungen, wie z. B. in Frankreich die Existenz von zusätzlichen, die Vermarktung beeinflussenden Hürden, wie mit dem NICE in Großbritannien, der Anteil von Generika im jeweiligen Markt, das Preisniveau für Arzneimittel, die Frage der Preisfindung – frei oder reglementiert –, der Anteil an Parallel- und Reimporten und der Umgang mit freiverkäuflichen Arzneimitteln in lokalen Systemen. Auch die Frage der Kostenrückerstattung durch die Krankenversicherung, die Zuzahlungs-Mechanismen und die Höhe der gesetzlich auf Arzneimittel festgelegten Mehrwertsteuer beeinflussen die Vermarktung und die Arbeit des Marketing-Managers vor Ort und im Corporate Headquarter. All dies sind Einflussfaktoren mit regional völlig unterschiedlicher Ausprägung, die berücksichtigt werden müssen.

Auch zeigen die europäischen Märkte heute immer noch einen sehr unterschiedlichen Reifegrad, was die Präsenz von Generika betrifft und wie deren Einsatz von den nationalen Gesundheitsbehörden gefördert wird.

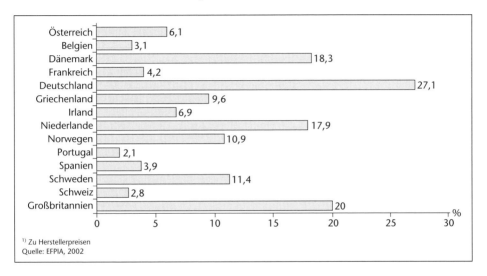

Abb. 10: Marktanteil der Generika bezogen auf den Marktumsatz

Ebenfalls unterscheiden sich die nationalen Systeme stark im Aufbau und der Finanzierungs-Struktur. Eher öffentlich organisierte Systeme, zumeist durch Steuern finanziert wie in Skandinavien, Großbritannien, Spanien und Griechenland, stehen durch private Versicherung finanzierten Systemen mit weitgehend privat organisierter Leistungserbringung, wie z. B. in der Schweiz, gegenüber. Die „Bismarckschen Systeme" mit dem Prinzip einer durch die Solidargemeinschaft geprägten, gesetzlichen Krankenversicherung finden wir in Deutschland, Frankreich, Belgien, Holland und Österreich.

Charakteristische Eigenschaften	Steuerfinanziertes System (Beveridge-Typ[1])	Prämienfinanziertes System (Bismarck-Typ[2])	Privatversicherungssystem
Typ	Staatlicher Gesundheitsdienst	Sozialversicherungen	Pluralistisch (Medicare/Medicaid/Managed Care)
Allgemeine Definition	Durch die Regierung gesteuerte Versorgung mit Gesundheitsdiensten	Gesundheitsversorgung als Grundrecht	Gesundheitskosten sind weitgehend Konsumentenkosten
Finanzierung	Steuerfinanziert, Beteiligung durch jeden Steuerzahler	Finanzierungsbeteiligung durch Arbeitgeber/Arbeitnehmer	Weitgehend Privatfinanzierung
Organisation der Leistungsanbieter	Staatlich	Privat/staatlich	Weitgehend privat
Dienstleistungsumfang	Eher versorgungsorientiert	Eher nachfrageorientiert	Nachfrageorientiert
Staatliche Interventionen	Durchgreifend/direkt	Überwiegend direkt	Schwach/indirekt
Abgabetransfer	Indirekt	Weitgehend indirekt	Direkt und indirekt
Position professioneller Vereinigungen	Nicht sehr stark	Stark	Sehr stark
Meinungsbildung	Top-down	Bottom-up	Bottom-up
Beispiele	Skandinavische Länder, Großbritannien, Italien, Spanien, Griechenland, Kanada	Japan, Deutschland, Frankreich, Belgien, Niederlande, Österreich	USA, Schweiz

[1] Sir William Henry Beveridge (1879–1963), Gründer des britischen National Health Service (NIH) 1948
[2] Fürst Otto Eduard Leopold von Bismarck (1815–1898) errichtete das erste nationale Gesundheitssystem in Deutschland um 1880.
Quelle: EFPIA

Abb. 11: Überblick der Gesundheitssysteme

Die pharmazeutischen Unternehmen

Zwischenzeitlich zeigen die nationalen Märkte nur noch wenig Unterschiede in Bezug auf die den pharmazeutischen Markt dominierenden Unternehmen in Süd- und Mitteleuropa, d. h. in den Ländern der EU-15 bzw. den zur EFPIA gehörenden Ländern. Geführt von Pfizer – gestärkt durch Übernahmen von Warner-Lambert und Pharmacia – dominieren multinationale Unternehmen die regionalen Märkte. Dabei stehen die TOP 10 im jeweiligen Markt für 40 bis 50 Prozent Markanteil.

Die Rangliste der TOP 25 hat sich in den letzten Jahren nur wenig geändert.

Unternehmen	Euro Mio	Marktanteil
1. Pfizer	8 255	8,2 %
2. GlaxoSmithKline	6 065	6,1 %
3. Aventis	5 443	5,4 %
4. AstraZeneca	4 790	4,8 %
5. Novartis	4 717	4,7 %
6. Merck & Co.	4 089	4,1 %
7. Roche	3 973	4,0 %
8. Sanofi-Synthelabo	3 771	3,8 %
9. Bristol-Myers-Squibb	2 824	2,8 %
10. Johnson & Johnson	2 794	2,8 %
Zwischensumme **10 führende Unternehmen in Europa**	**46 721**	**46,6 %**
Gesamtsumme Europa	**100 171**	**100,0 %**
Quelle: European Association of Pharmacentral Full-line Wholesalers, 2003		

Abb. 12: Führende Pharma-Unternehmen in Europa

Zumindest finden sich in der Liste der TOP 10-Unternehmen in Europa noch fünf europäische Unternehmen, während unter den weltweit führenden zehn Unternehmen nur noch drei europäische Vertreter zu finden sind. Durch die kürzliche Übernahme von Aventis durch Sanofi-Synthelabo sind die deutschen Vertreter in diesen Rängen jedoch verschwunden und finden sich mit Boehringer-Ingelheim, Schering und Bayer erst auf Platz 14, 18 und 19 der weltweiten Rangliste wieder.

1.	Pfizer	26.	Baxter
2.	GlaxoSmithKline	27.	Akzo Nobel
3.	Merck	28.	Fujisawa
4.	Johnson & Johnson	29.	Daiichi
5.	Aventis	30.	Genentech
6.	AstraZeneca	31.	Shionogi
7.	Novartis	32.	Forest labs
8.	Bristol-Myers Squibb	33.	Purdue Pharma
9.	Wyeth	34.	Solvay
10.	Eli Lilly	35.	Serono
11.	Abbott Labs	36.	Altana
12.	Roche	37.	Allergan
13.	Sanofi-Synthélabo	38.	Schwarz Pharma
14.	Boehringer Ingelheim	39.	King
15.	Amgen	40.	Otsuka
16.	Takeda	41.	Genzyme
17.	Schering-Plough	42.	Watson
18.	Schering AG	43.	Tanabe Seiyaku
19.	Bayer	44.	Biogen Idec
20.	Sankyo	45.	Alcon Labs
21.	Eisai	46.	Mylan Labs
22.	Yamanouchi	47.	Shire
23.	Novo Nordisk	48.	Kyowa
24.	Merck KGaA	49.	Chiron
25.	Teva	50.	Ono

Quelle: Pharmaceutical Executive, 2004

Abb. 13: Die weltweit umsatzstärksten Pharma-Unternehmen

Anders in den neuen Ländern der EU und den anderen o. g. Ländern. Hier haben aufgrund von anderen den Markt bestimmenden Faktoren zum Teil regionale/lokale Player noch ihre starke, einstmals durch staatliches Monopol gestützte Position halten können. Auch haben europäische Unternehmen wie Sanofi-Aventis, Roche oder sogar Servier, die den osteuropäischen Markt besser adressiert haben und teilweise über Jahrzehnte alte Beziehungsnetzwerke verfügten, dort besser Fuß fassen können als ihre multinationalen, zumeist in den USA beheimateten Wettbewerber. Umso mehr als die Betrachtungen in den folgenden Kapiteln zeigen werden, dass nicht alle Märkte in gleicher Weise für das Blockbuster-Geschäftsmodell geeignet sind, das die TOP 10 der Industrie in den reifen, westlichen und zum Teil reichen Märkten hat wachsen lassen.

Pricing

Hinsichtlich der regional pro Markt zu erzielenden Arzneimittelpreise existieren nach wie vor große Unterschiede, auch wenn sich durch die Handelsabkommen innerhalb der EU und den dadurch entstandenen Parallelhandel das Niveau der Einzelmärkte nach dem EU-Beitritt von Portugal und Irland deutlich angenähert hat.

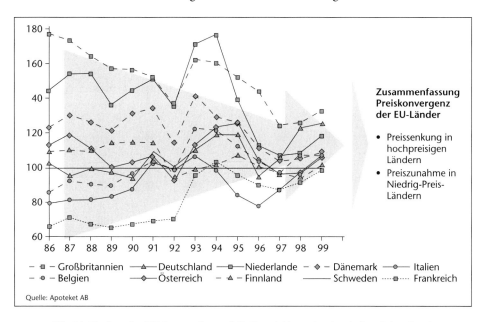

Abb. 14: Einfluss der EU-Integration auf die Entwicklung der Apothekeneinkaufspreise

Durch Vergabe von Maximalpreis-Vorgaben wie z. B. in Griechenland, über Kosten-Nutzen-Vergleiche wie in Großbritannien, durch pauschale Rabatte wie in Deutschland, Großbritannien oder kürzlich in Spanien, aber auch über Rückerstattungs-Klassen (die nur für einige Arzneimittel volle Rückerstattung und für andere lediglich Teilerstattung vorsehen) sowie durch umfangreiche Zuzahlungsregeln und deren Ausnahmen greifen alle nationalen Systeme mehr oder minder in das Preisgefüge ein, so dass letztendlich viele wenig vergleichbare Insellösungen in dem einen Europa entstehen.

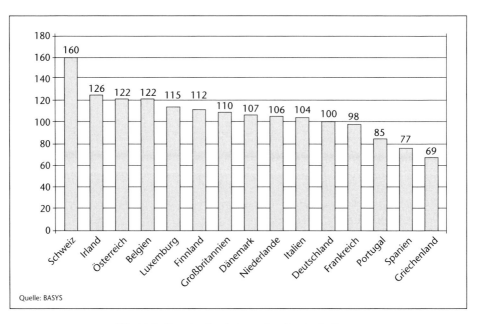

Abb. 15: Indices der Apothekenverkaufspreise in Europa

Health und Beauty Retail

Neu als Markt, aus Sicht der pharmazeutischen Industrie, ist hingegen der Health- und Beauty-Markt, der in den vergangenen Jahren in Europa stark gewachsen ist. Steigende Lebenserwartung, zunehmender Wohlstand, aber auch eine Verschiebung der Werte hin zu Schönheit und Fitness lassen dieses Marktsegment boomen. Arzneimittel, die dieses Segment bedienen, wie Viagra, Levitra, Cialis (erektile Dysfunktion) oder Propecia (Haarausfall) und andere berücksichtigen solche Marktentwicklungen. Die Wachstumsraten der Health- und Beauty-Märkte in den westlichen Ländern Europas liegen zum Teil weit über 20 Prozent.

Mit der Marktentwicklung geht eine Verschiebung und Liberalisierung der Vertriebswege und Handelskanäle einher, die in weiten Teilen auch durch die nationalen Systeme im Rahmen ihrer Kostensenkungsbemühungen getrieben wird. So stehen frei verkäufliche Arzneimittel mehr und mehr in Drogeriemärkten, Supermärkten oder aber im Versandhandel, mit und ohne Internet, zur Verfügung. Nicht immer ist dabei klar, wie nationales und EU-Recht miteinander harmonieren.

Europa ist ein geopolitischer Raum mit gleichen Werten und einer eng verbundenen kulturellen Vergangenheit, geprägt durch zunehmende Transparenz bei Preisen und Leistungen auf der einen Seite und nationale Rechtsstaatlichkeit und kulturelle Besonderheiten auf der anderen Seite. Noch ist es eine echte Herausforderung für jeden international agierenden Manager, der einen einheitlichen Produktauftritt und

Magnifying Opportunities

Billions of pharmaceutical products are used every day, but needs still remain unfulfilled. Every day, physicians and patients miss the better therapeutic options and you could be overlooking opportunities to have your product prescribed, used, applied, or recommended.

Psyma is dedicated to finding those potential opportunities. We focus on improving product strengths, uncovering unmet needs, and understanding the hidden drivers of patient and physician behavior. We sharpen clinical endpoints, test handling, pinpoint communication targets, and optimize pricing strategies.

Driven by the passion to improve therapy solutions. Since 1957. Worldwide

**WHEN GLOBAL EXPERTISE MATTERS
IN MEDICAL MARKETING RESEARCH**

Psyma International Medical Marketing Research GmbH

PHONE +49-911-957-85-0
EMAIL info@psyma-international.com
URL www.psyma-international.com

harmonische Preisgestaltung anstrebt, möglichst wenig regionalem Vertriebs- und Marketingaufwand ausgesetzt zu sein. Eine Illusion? Nicht ganz!

Wir werden sehen, dass weite Teile der Marketingmaßnahmen durch einen europäischen Ansatz geprägt werden können und müssen. Insbesondere bei der Preisfindung ist der nationale Einzelweg längst obsolet und gefährdet nachhaltig mögliche Erträge jedes Unternehmens. Die Kunst liegt in der Balance, den maximal möglichen europäischen Rahmen zu setzen, ohne nationale Besonderheiten außer Acht zu lassen.

> **Hinweis:**
>
> Umsatzangaben im Buch beziehen sich immer, sofern nicht anders vermerkt, auf Ex-Factory-Angaben (Herstellerabgabepreis).

3 Europäische Pharmamärkte im Vergleich

Roland Lederer

Belgien	36
Dänemark	39
Deutschland	41
Finnland	45
Frankreich	47
Griechenland	49
Großbritannien	51
Irland	53
Italien	55
Luxemburg	56
Niederlande	57
Österreich	60
Portugal	62
Schweden	64
Schweiz	65
Spanien	67
Tschechische Republik	70

In der Folge sollen die europäischen Pharmamärkte im Einzelnen kurz beschrieben und mit den wesentlichen Kennzahlen und Besonderheiten des jeweiligen Marktes vorgestellt werden.

Belgien

Fläche: 32 545 km²
Einwohner: 10,35 Millionen
Apotheken: 5 300 (1 950 Einwohner je Apotheke)
Ärzte: 38 800 (270 Einwohner je Arzt)

Belgien, das Land mit der höchsten Apothekendichte Europas, konnte seit 1994 ein konstantes Wachstum im pharmazeutischen Markt aufweisen, lediglich 1996 war ein geringer Umsatzrückgang zu verzeichnen. Während 1999 im Gesamtmarkt noch 2,58 Mrd. Euro erwirtschaftet wurden, lag der Umsatz 2002 bereits bei 3,04 Mrd. Euro. Die Wachstumsrate betrug zuletzt 6,6 Prozent. Schwerpunktmäßig wird der Umsatz zu ca. 76 Prozent über öffentliche Apotheken erzielt, der Rest entfällt auf den Bereich der Krankenhausapotheken.

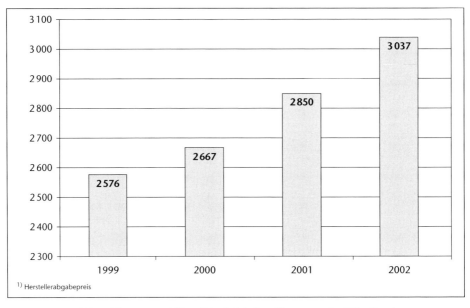

¹⁾ Herstellerabgabepreis

Abb. 1: Umsatzentwicklung¹⁾ im belgischen Pharmamarkt (Mio. Euro)

In den Einzelmärkten entfallen mehr als die Hälfte der Arzneimittelumsätze auf die vier umsatzstärksten Indikationsgruppen kardiovaskuläres System, Zentralnervensystem, Antiinfektiva sowie Verdauungstrakt und Stoffwechsel.

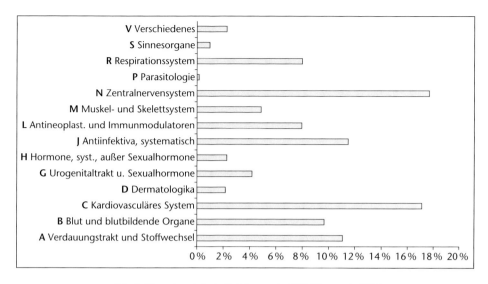

Abb. 2: Umsatzanteile in Belgien nach ATC-Klassen in 2002

Innerhalb dieser Indikationsgebiete, hier vor allem in dem Therapiebereich kardiovaskuläres System, finden sich auch die umsatzstärksten Produkte wieder. Unter diesen verzeichnet Lipitor, ein cholesterinsenkendes Mittel der Firma Pfizer, einen überproportionalen Anteil am Umsatz.

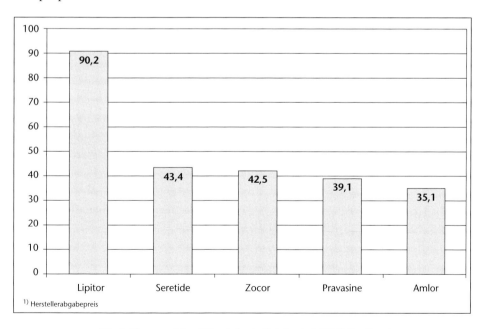

Abb. 3: Umsatzstärkste[1] Produkte in Belgien in 2003 (Mio. Euro)

Trotz der steigenden Ausgaben im Gesundheitsbereich und staatlicher Bemühungen, diese zu begrenzen, lag der Generika-Anteil 2001 lediglich bei rund 3 Prozent. Generell ist hier zwar ein Marktwachstum zu beobachten, im internationalen Vergleich jedoch ist der Anteil sehr gering. Generika haben allerdings dazu beigetragen, dass die Erstattung von Originalpräparaten um bis zu 26 Prozent gesunken ist. Auch Parallelimporte spielen im Preiswettbewerb nur eine untergeordnete Rolle, da diese erst seit 2001 gesetzlich zugelassen sind.

Knapp über 74 Prozent der getätigten Arzneimittelumsätze entfielen 2002 auf die erstattungsfähigen Medikamente. Der Anteil nicht erstattungsfähiger, rezeptpflichtiger Erzeugnisse ging von 14,3 Prozent (2001) auf 11,7 Prozent (2002) zurück. Gegenläufig steigerte sich der Marktanteil der rezeptfreien Präparate im gleichen Zeitraum von 12,8 Prozent auf 14,1 Prozent. Die Umsätze verteilten sich in diesen Klassifikationen wie folgt:

	2001	2002
Erstattungsfähig	72,9 %	74,2 %
Nicht erstattungsfähig, rezeptpflichtig	14,3 %	11,7 %
Nicht erstattungsfähig, rezeptfrei	12,8 %	14,1 %

Abb. 4: Umsatzanteile in belgischen Apotheken

Im Verband der pharmazeutischen Industrie, Association Générale de l'Industrie du Médicament, sind ca. 140 pharmazeutische Hersteller organisiert. Diese repräsentieren etwa 94 Prozent der gesamten Branche. Jedoch sind darunter nur 29 nationale Unternehmen und lediglich sechs Betriebe, die schwerpunktmäßig ihre Forschung in Belgien durchführen. Insgesamt 85 Unternehmen sind hauptsächlich im Importgeschäft tätig, somit übersteigen die Außenhandelsumsätze den Binnenmarkt deutlich. Innerhalb der pharmazeutischen Industrie konzentrieren sich nach den Datenquellen von INSIGHT Health mittlerweile 32 Prozent Marktanteil auf die fünf größten Unternehmen (darunter Glaxo SmithKline, Astra Zeneca und Pfizer), mehr als die Hälfte des Marktes verteilt sich auf die zehn größten Anbieter.

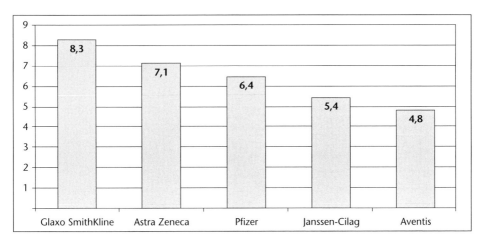

Abb. 5: Umsatzstärkste Hersteller in Belgien in 2002 (Marktanteil in %)

Dänemark

Fläche: 43 094 km²
Einwohner: 5,4 Millionen
Apotheken: 280 (19 280 Einwohner je Apotheke)
Ärzte: 18 000 (300 Einwohner je Arzt)

Dänemark weist eine der geringsten Apothekendichten in Europa auf. Das Land verzeichnete im Jahr 2002 ein Umsatzwachstum von 11,6 Prozent, und im Folgejahr wuchs der Markt um weitere 5,9 Prozent auf insgesamt 1,3 Mrd. Euro.

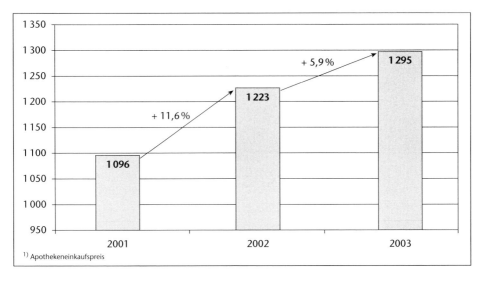

Abb. 6: Unsatzentwicklung[1] im dänischen Pharmamarkt (Mio. Euro)

Der Umsatzanteil der öffentlichen Apotheken im Jahr 2003 betrug 79 Prozent. In diesem Bereich wurden bereits 2001 86 Prozent des Umsatzes mit verschreibungspflichtigen Medikamenten erzielt. Dieser Wert legte im Jahr 2002 noch einmal um 10,6 Prozent zu. Nicht verschreibungspflichtige Medikamente haben sich in dem Zeitraum nur unterproportional zum Marktwachstum entwickelt.

In den Einzelmärkten lagen die höchsten Umsätze in den vier Indikationsgruppen Zentralnervensystem, kardiovaskuläres System, Respirationssystem sowie antineoplastische Mittel und Immunmodulatoren. Letztere verbuchten auch die höchsten Zuwachsraten von 32 Prozent in 2002 und 25 Prozent in 2003.

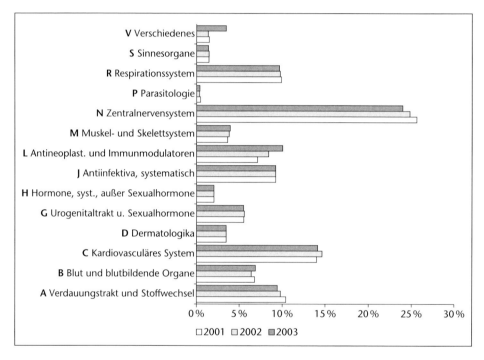

Abb. 7: Umsatzanteile in Dänemark nach ATC-Klassen

Auch in Dänemark herrscht eine große Umsatzkonzentration der Pharmahersteller. Die führenden 25 Anbieter halten einen Marktanteil von 78 Prozent. Auf die wichtigsten fünf Pharmaunternehmen in Dänemark, darunter Astra Zeneca, Pfizer und Glaxo SmithKline, entfällt ein gemeinsamer Marktanteil von 34 Prozent.

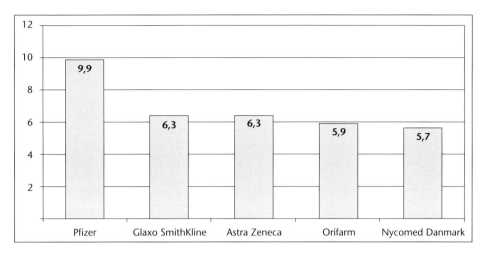

Abb. 8: Umsatzstärkste Hersteller in Dänemark in 2003 (Marktanteil in %)

Insgesamt sind 198 pharmazeutische Hersteller im dänischen Markt tätig, unter diesen befinden sich zehn Re- bzw. Parallelimporteure sowie rund 80 Produzenten.

Deutschland

Fläche: 357 026 km^2
Einwohner: 82,53 Millionen
Apotheken: 21 500 (3 840 Einwohner je Apotheke)
Ärzte: 291 000 (280 Einwohner je Arzt)

Mit einem Marktvolumen von 23,4 Mrd. Euro in 2004 ist Deutschland der drittgrößte Pharmamarkt weltweit. In den Jahren 1999 bis 2003 fand nach den Marktdaten von INSIGHT Health ein kontinuierliches Branchenwachstum statt. 2004 stagnierte dieses als Folge der Anfang des Jahres in Kraft getretenen Gesundheitsreform. Durch das GKV-Modernisierungsgesetz fanden einige grundlegende Änderungen im deutschen Arzneimittelmarkt statt. Die Pharmaindustrie musste in diesem Jahr einen erhöhten Herstellerrabatt an die gesetzliche Krankenversicherung abführen, das Niveau wurde aber bereits 2005 wieder auf den alten Stand von sechs Prozent zurückgesetzt. Die Ablösung der Arzneimittel-Substitution durch den Apotheker, die so genannte Aut-Idem-Regelung, sollte Mitte des Jahres durch niedrigere Festbeträge den Preiswettbewerb im generikafähigen Markt ausdehnen. Seit Anfang 2005 fallen auch bestimmte patentgeschützte Wirkstoffe unter die Festbetragsregelung. Auf Patientenseite gab es eine Mehrbelastung durch die Einführung der Praxisgebühr, sowie eine erhöhte Medikamentenzuzahlung. Letzte wichtige Auswirkung des GKV-Modernisierungsgesetzes war der Ausschluss von rezeptfreien Medikamenten aus der Erstattungspflicht.

Auswirkungen dieser Regelungen spiegeln sich entsprechend im Marktwachstum rezeptpflichtiger und freiverkäuflicher Medikamente wider. 2004 lag der Gesamtumsatz der rezeptpflichtigen Medikamente bei 16,5 Mrd. Euro, während bis Ende 2003 ein stetiges Umsatzwachstum auf 16,2 Mrd. Euro zu verzeichnen war. Die gleiche Entwicklung war bei rezeptfreien Präparaten zu verfolgen, seit Anfang 2004 mussten Hersteller dieser Präparate einen Rückgang des Gesamtumsatzes um fast 10 Prozent auf einen Stand von 4,1 Mrd. Euro hinnehmen.

Der Umsatz der öffentlichen Apotheken nimmt mit 88 Prozent eine dominierende Stellung am Gesamtmarkt ein und lag im Jahr 2004 bei 20,6 Mrd. Euro. Über Krankenhäuser wurden hingegen nur 2,8 Mrd. Euro erwirtschaftet.

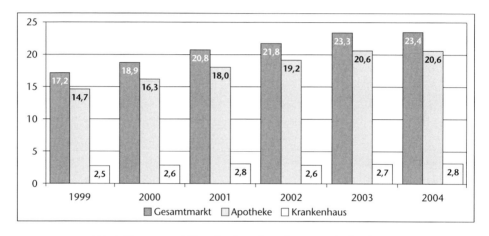

Abb. 9: Umsatzentwicklung im deutschen Pharmamarkt (Mrd. Euro)

Gliedert man den Markt nach Indikationsgebieten, so wurden 2004 die höchsten Arzneimittelumsätze im Bereich kardiovaskuläres System, Zentralnervensystem sowie Verdauungstrakt und Stoffwechsel erzielt.

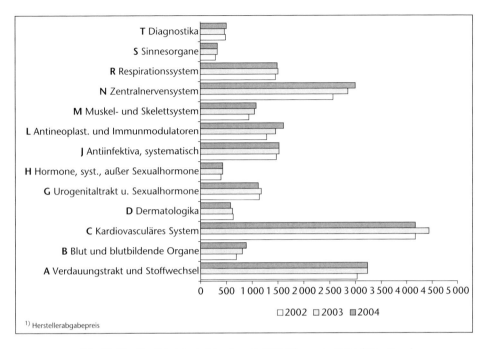

Abb. 10: Umsätze[1] in Deutschland nach ATC-Klassen in 2004 (Mio. Euro)

Auch die wichtigsten Produkte befinden sich überwiegend innerhalb dieser Indikationsgebiete. Darunter fallen beispielsweise Sortis, Durogesic Membranpflaster und Pantozol. Im kardiovaskulären Bereich war das Produkt Sortis von Pfizer lange Zeit Marktführer. Pfizer hatte jedoch unter Berufung auf Innovationsschutz die Eingliederung von Sortis in eine Festbetragsstufe zum Anfang des Jahres 2005 abgelehnt, so dass die Patienten hohe Differenzbeträge selbst tragen müssen. Die Verordnungen von Sortis sind im ersten Quartal 2005 in diesem Kontext um 81 Prozent zurückgegangen.

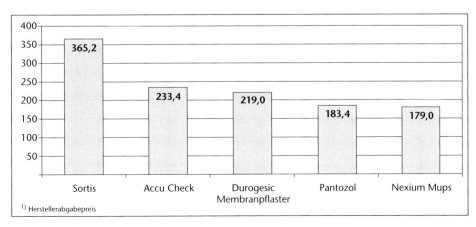

Abb. 11: Umsatzstärkste[1] Produkte in Deutschland in 2004 (Mio. Euro)

In Deutschland sind insgesamt über 2 000 Hersteller tätig, davon jedoch nur knapp 400 mit einem signifikanten jährlichen Umsatz von über einer Million Euro. Die fünf umsatzstärksten Anbieter, darunter Aventis, Pfizer und Ratiopharm hielten im Jahr 2004 einen Marktanteil von 25,4 Prozent. Zum Vergleich: die führenden zehn Hersteller repräsentieren einen Marktanteil von 36,7 Prozent, die führenden 25 erzielten 57,2 Prozent und die führenden 100 Anbieter 86,6 Prozent des Arzneimittelumsatzes.

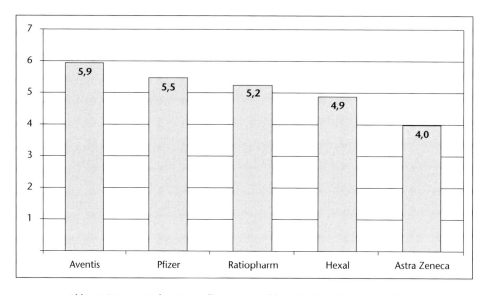

Abb. 12: Umsatzstärkste Hersteller in Deutschland in 2004 (Marktanteil in %)

Der Generika-Anteil stieg in den vergangenen beiden Jahren aufgrund des Patentablaufs einiger umsatzstarker Substanzen (z. B. Simvastatin) in 2004 auf 27,6 Prozent. Dies entspricht einem Gesamtvolumen von über 5,6 Mrd. Euro. Das Marktsegment ist durch hohen Wettbewerbsdruck gekennzeichnet und von hohen Rabattanteilen geprägt. Insgesamt führte dies zu einem stetigen Absinken des realen Preisniveaus, so erreichte der Anteil der Generika am Markt mit 47,8 Prozent nach Menge einen wesentlich höheren Wert als nach Umsatz.

Ein weiteres wichtiges Marktsegment sind die Re- und Parallelimporte. Diese profitierten von verschiedenen kostensenkungspolitischen Maßnahmen und erlangten hier Marktanteile von bis zu 7 Prozent. Über das GKV-Modernisierungsgesetz wurden zum 01.01.2004 neue Mindestpreisabstände für Importe definiert, so dass es zu einer Konsolidierung und einer Anteilsnivellierung auf 4,5 Prozent bis 5 Prozent kam.

Finnland

Fläche: 337 030 km²
Einwohner: 5,23 Millionen
Apotheken: 1 800 (2 900 Einwohner je Apotheke)
Ärzte: 15 800 (335 Einwohner je Arzt)

Der finnische Pharmamarkt wuchs in den letzten Jahren kräftig und verdoppelte dabei annähernd sein Volumen innerhalb von zehn Jahren. Ursächlich hierfür waren vor allem demographische Entwicklungen und der Einsatz innovativer und damit wirksamerer, aber auch teurerer Medikamente. So lag der Gesamtumsatz der Branche 2003 bei mehr als 1,5 Mrd. Euro im Vergleich zu unter 1 Mrd. Euro, die 1998 über den Sektor erwirtschaftet wurde. Neben der Hauptabgabe über Apotheken entfallen etwa 21 Prozent des Gesamtumsatzes auf Krankenhäuser.

		1998	1999	2001	2002	2003
Gesamtmarkt		961	1 045	1 143	1 282	1 503
Je Vertriebskanal	Apotheken	750	827	903	1 009	1 181
	Krankenhaus	211	218	240	273	322

Abb. 13: Umsatzentwicklung im finnischen Pharmamarkt (Mio. Euro)

2004 war ein weiteres Umsatzwachstum von 8 Prozent auf 1,6 Mrd. Euro zu verzeichnen. 2003 entfielen insgesamt nur noch 12,5 Prozent der realisierten Umsätze auf rezeptfreie Arzneimittel. Im Jahr 1998 lag deren Anteil noch bei 16,7 Prozent. Ein wichtiger Grund für diese Entwicklung war die Aufnahme neuer Präparate in das „special reimbursement system", aus dem nicht erstattungsfähige Medikamente ausgegrenzt wurden. Über dieses System werden dem Patienten 75 bzw. 100 Prozent anstatt der üblichen 50 Prozent, nach Abzug der Selbstbeteiligung, rückerstattet.

Hierdurch erhöhten sich die staatlichen Gesundheitskosten jedoch erheblich, so dass es zu weiteren Maßnahmen gekommen ist. Kostendämpfend sollte zusätzlich ab 2003 eine verstärkte Substitution von Originalpräparaten durch Generika wirken. Entsprechend beeinflussten Generika auch im Jahr 2004 das Marktwachstum, so dass Ende des Jahres ein generikafähiger Markt in Höhe von 28 Prozent existierte.

Zusätzlich wurde 2004 ein neues 2-Phasen-System für das „reimbursement system" eingeführt, wonach Medikamente, für die ein Festpreis existiert, zuerst in die Kategorie der „basic reimbursements" (50 Prozent Erstattungsfähigkeit) fallen und erst nach zwei Jahren in die Kategorie der „special reimbursements" aufgenommen werden können.

In dem Markt lagen die größten Umsatzanteile im verschreibungspflichtigen Bereich innerhalb der Indikationen Zentralnervensystem (18,4 Prozent), Herz-Kreislauf-Therapeutika (17,8 Prozent) und Verdauungstrakt und Stoffwechsel (11,7 Prozent).

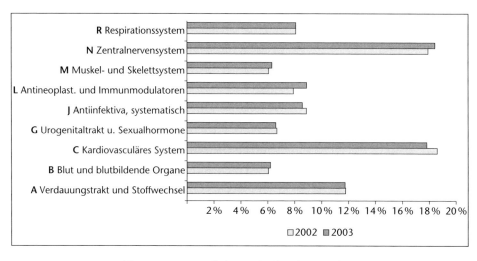

Abb. 14: Umsatzanteile in Finnland nach ATC-Klassen

Dabei wurden die höchsten Umsätze über die Produkte Lipitor, Zyprexa und Seretide getätigt. Betrachtet man die umsatzstärksten zehn Produkte, so wurden 2004 über diese insgesamt 191,2 Mio. Euro erzielt. Pfizer konnte beispielsweise alleine durch den Absatz von Lipitor in Finnland einen Umsatz in Höhe von 36,9 Mio. Euro erreichen. Generell haben ausländische Erzeugnisse einen hohen Marktanteil in Finnland. Zu den größten fünf Herstellern zählen Pfizer, Astra Zeneca, Glaxo SmithKline und Novartis. 2003 hielten die Top 5 einen Marktanteil von 42 Prozent. Hierunter fällt auch Orion Pharma als rein finnisches Unternehmen.

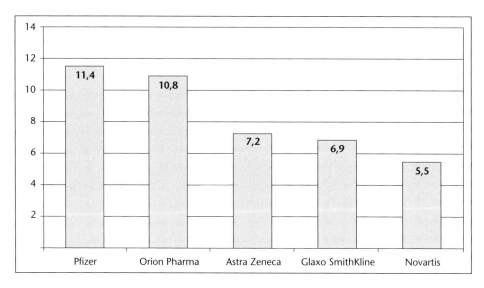

Abb. 15: Umsatzstärkste Hersteller in Finnland in 2003 (Marktanteil in %)

Bei den freiverkäuflichen Medikamenten blieb die Nachfragestruktur innerhalb der letzten Jahre nahezu unverändert. Die am stärksten nachgefragten Erzeugnisse befanden sich in den Gruppen entzündungshemmender Mittel, Magen-Darm-Präparate und Dermatologika. 2004 betrug der Gesamtumsatz von freiverkäuflichen Medikamenten 156 Mio. Euro, das Wachstum war dabei moderat und lag bei 3,1 Prozent gemessen am Vorjahresvolumen.

Frankreich

Fläche: 543 965 km^2
Einwohner: 62,0 Millionen
Apotheken: 22 700 (2 730 Einwohner je Apotheke)
Ärzte: 175 500 (350 Einwohner je Arzt)

Frankreich konnte durch die früh eingeleitete Internationalisierung von der weltweiten Nachfrageexpansion stark profitieren und wurde so zur derzeit wichtigsten Produktionsplattform Europas und zum drittgrößten Exporteur weltweit. Das Branchenergebnis der französischen Pharmaproduktion wuchs in den letzten Jahren stetig von 23,9 Mrd. Euro in 1999 auf 34,4 Mrd. Euro in 2002.

Die Gesundheitsausgaben des Landes gehören zu den höchsten Europas. Dies liegt zum einen am starken Bevölkerungswachstum und zum anderen an der gestiegenen Nachfrage durch die ältere Generation. So waren 2001 16 Prozent der Bevölkerung über 65 Jahre alt, konsumierten aber 39 Prozent der über Apotheken abgegebenen Medikamente.

Der Apothekenmarkt ist der größte Teilmarkt innerhalb der pharmazeutischen Dispension; die Distribution in Apotheken wird dabei zu über 90 Prozent von pharmazeutischen Großhandlungen übernommen. Höhere Umsatzzuwächse im Vergleich zu den Abgaben in Apotheken wurden allerdings im Krankenhaussektor erzielt. Im Jahr 2002 konnte der Apothekenmarkt lediglich um 4 Prozent zulegen, der Krankenhausmarkt hingegen um 20 Prozent.

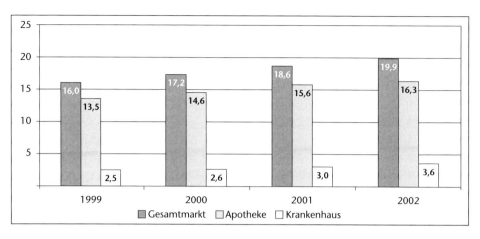

Abb. 16: Umsatzentwicklung im französischen Pharmamarkt (Mrd. Euro)

Innerhalb des Apothekenmarktes wurde der Umsatz größtenteils mit erstattungsfähigen Medikamenten getätigt. Nach einer Phase der Stagnation wurde mit nicht erstattungsfähigen Medikamenten 2002 wieder ein leichtes Umsatzwachstum auf 1,2 Mrd. Euro erwirtschaftet, gleichzeitig sank deren Marktanteil auf 7 Prozent.

	1999	2000	2001	2002
Erstattungsfähig	12,4	13,5	14,5	15,1
Nicht erstattungsfähig	1,1	1,1	1,1	1,2

Abb. 17: Umsätze in französischen Apotheken (Mrd. Euro)

Eine zunehmende Bedeutung im französischen Markt erlangten Generika, diese repräsentierten 2002 jedoch im europäischen Vergleich noch einen niedrigen Marktanteil von 4,1 Prozent. Das Wachstum um 31 Prozent gegenüber dem Vorjahr auf 637 Mio. Euro zeigt ein hohes Marktpotenzial. Als Begründung für diese Entwicklung sind drei Punkte zu nennen. Erstens darf der Apotheker das vom Arzt verschriebene Medikament durch ein Generikum ersetzen, es sei denn, der Arzt hat das Rezept mit einem entsprechenden Vermerk versehen. Zweitens müssen mindestens 25 Prozent der von Ärzten verschriebenen Medikamente Generika sein. Und drittens ist in vielen Fällen seit Juli 2003 der Rückerstattungsbetrag von Originalmedikamenten geringer geworden, da der Basispreis für die Rückerstattung seitdem am Preis der Generika orientiert ist. Arzneimittel mit ausgelaufenem Patent sollen so durch Generika ersetzt werden. Um die Ausgaben des Krankenkassensystems zusätzlich zu senken und den Anteil der Selbstmedikation zu erhöhen, werden regelmäßig Medikamente auf einen geringeren Erstattungssatz zurückgestuft oder es wird ihnen die Erstattungsfähigkeit komplett aberkannt.

Trotz der starken Position der inländischen Pharmaindustrie spielen in Frankreich ausländische Unternehmen eine wichtige Rolle und hielten 2002 51 Prozent der inländischen Produktion. Diese Hersteller stellten 85 Prozent der Einfuhren und 52 Prozent der Ausfuhren. Im Jahr 2002 waren die umsatzstärksten Hersteller Aventis (11 Prozent), Glaxo SmithKline (7 Prozent) und Sanofi (7 Prozent). Betrachtet man die größten zehn Hersteller, erzielten diese bereits 54 Prozent des Gesamtumsatzes.

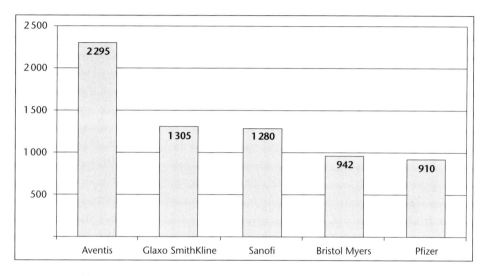

Abb. 18: Größte Hersteller in Frankreich nach Produktionswert (Mio. Euro)

Generell spiegelt dies den Konzentrationsprozess der letzten Jahre unter den Pharmaherstellern wider. Während 1980 noch 400 Produzenten im französischen Markt tätig waren, reduzierte sich deren Anzahl bis 2002 auf 300.

Griechenland

Fläche: 131 940 km²
Einwohner: 11,05 Millionen
Apotheken: 8 700 (1 270 Einwohner je Apotheke)
Ärzte: 43 000 (255 Einwohner je Arzt)

Das Volumen des griechischen Pharmamarktes stieg seit 1999 von insgesamt 2,12 Mrd. Euro auf 3,76 Mrd. Euro im Jahr 2002 und verzeichnete damit kontinuierliche und sehr hohe Zuwachsraten von jährlich 20 Prozent. Die gestiegene Nachfrage lässt sich über den allgemein steigenden Lebensstandard erklären. Der Anteil der Gesundheitsausgaben am Bruttoinlandsprodukt lag jedoch mit ca. 9 Prozent immer noch am unteren Ende des EU-Durchschnitts, so dass in den nächsten Jahren mit weiteren kräftigen Marktzuwächsen zu rechnen ist.

Von den in Griechenland abgesetzten Medikamenten wurden weniger als die Hälfte in Griechenland selbst produziert. 56,8 Prozent (ca. 1,46 Mrd. Euro) des Gesamtumsatzes von 2,571 Mrd. Euro wurden allein im Jahr 2000 eingeführt.

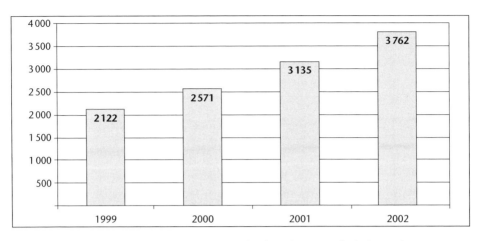

Abb. 19: Umsatzentwicklung im griechischen Pharmamarkt (Mio. Euro)

Starke Zuwächse wurden auch im Bereich Reimporte erreicht, die sich seit 1996 von 50 Mio. Euro auf nahezu 400 Mio. Euro vervielfacht haben und mittlerweile einen wichtigen Absatzanteil in den Apotheken bilden.

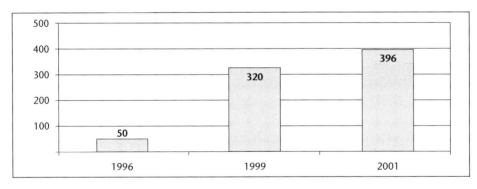

Abb. 20: Reimportentwicklung in Griechenland (Mio. Euro)

Die Apotheken stellen den Hauptabsatzkanal für Medikamente dar. Insgesamt werden hierüber ca. 83 Prozent der Waren abgegeben. Der Umsatz des Vertriebskanals Apotheke blieb in den Jahren 1999 und 2000 mit ca. 1,85 Mrd. Euro gleich, stieg aber im Jahr 2001 auf 2,22 Mrd. Euro. Im Vergleich hierzu wird über Krankenhäuser nur ca. 20 Prozent des Gesamtvolumens abgesetzt, im Jahr 2001 entsprach dies einem Umsatz von 523 Mio. Euro (Vorjahreswert: 423 Mio. Euro).

		1999	2000	2001
Gesamtmarkt		2 122	2 571	3 135
Je Vertriebskanal	Apotheken	1 846	1 846	2 216
	Krankenhaus	423	423	523

Abb. 21: Umsatzentwicklung je Vertriebskanal in Griechenland (Mio. Euro)

Auf Herstellerseite sind ca. 400 Anbieter in Griechenland tätig, wovon jedoch nur wenige eine inländische Arzneimittelproduktion haben. Nur ca. 30 Anbieter vertreiben im Inland produzierte Ware. Dabei spielen die Top 30 Hersteller die Hauptrolle mit einem Marktanteil von über 80 Prozent (Stand 2002). Die fünf größten Hersteller sind Glaxo SmithKline, Roche Hellas, Janssen Cilag, Pfizer und Aventis.

Wichtigste Märkte in Griechenland sind neben dem wachstumsstarken OTC-Bereich die cholesterin- und tryglyzerinhemmenden Mittel mit einem Anteilswachstum zwischen 1998 und 2002 von 3,1 Prozent auf 6 Prozent, sowie Antigiotensin II-Mittel (0,6 Prozent auf 4,0 Prozent) und Antidepressiva (1,9 Prozent auf 3,3 Prozent).

Großbritannien

Fläche: 244 101 km²
Einwohner: 60,3 Millionen
Apotheken: 12 100 (4 980 Einwohner je Apotheke)
Ärzte: 104 400 (580 Einwohner je Arzt)

Der Pharmamarkt des größten Inselstaates Europas wurde in den letzten Jahren besonders von Preisreglementierungen geprägt. Das durchschnittliche Wachstum des Pharmamarktes war in den Jahren 1998 bis 2001 mit jeweils ca. 6 Prozent konstant und nahm ab 2002 mit 11 Prozent wieder zu. Begründen kann man diese Wachstumszunahme mit der demographischen Entwicklung, Ausgabentrends und den gesteigerten Marktpreisen im Bereich innovativer Präparate durch höhere Aufwendungen für Forschung und Entwicklung.

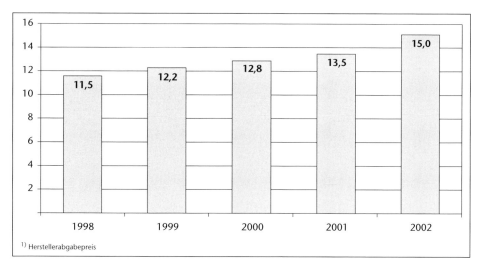

Abb. 22: Umsatzentwicklung[1) im britischen Pharmamarkt (Mrd. Euro)

Die Anzahl der auf Rezept verschriebenen Medikamente hat sich zwischen 1998 und 2002 um rund 20 Prozent erhöht. Davon entfielen 81 Prozent auf England, 9 Prozent auf Schottland, 6 Prozent auf Wales und 4 Prozent auf Nordirland. Die Umsätze dieser Rezepte wuchsen in diesem Zeitraum um rund 30 Prozent auf 12 Mrd. Euro in 2002.

Bei OTC-Produkten lag der Anstieg gut 2 Prozent darüber. Im Jahr 2002 wurde mit OTC-Erzeugnissen ein Umsatz von 3,0 Mrd. Euro erwirtschaftet. Der Markt für freiverkäufliche Medikamente erweist sich dabei von individuellen Präferenzen geprägt und ist stärker fragmentiert als der rezeptpflichtige Markt.

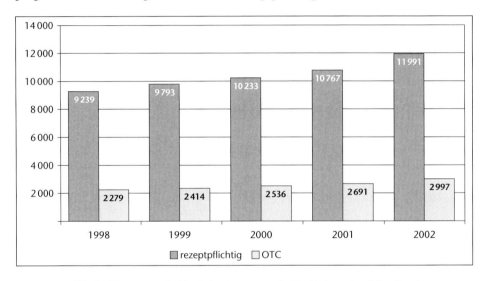

Abb. 23: *Umsätze nach Abgabebestimmungen in Großbritannien (Mio. Euro)*

Die bedeutendste Therapiegruppe bei verschreibungspflichtigen Medikamenten waren laut INSIGHT Health mit 26 Prozent Herz-Kreislauf-Präparate, gefolgt von Arzneimitteln für das Zentrale Nervensystem.

Der Generikaumsatz lag 2001 bei 1 Mrd. Euro. Der mengenmäßige Anteil der auf Rezept abgegebenen Generika hat sich innerhalb von 10 Jahren von 41 Prozent auf 71 Prozent erhöht. Die ehemals realisierten Wachstumsraten in Höhe von 20 Prozent haben sich in diesem Bereich durch zunehmende Konkurrenz und eine relative Sättigung des Marktes auf 10 Prozent verringert. Insgesamt haben Generika erheblich von der Kostensenkungspolitik für den National Health Service profitiert. Im gesamten Niedrigpreissegment besteht auch Wettbewerb durch Parallelimporteure, deren Anteil derzeit bei 15 Prozent liegt.

Im Jahr 2002 erzielte der einheimische Anbieter Glaxo SmithKline den größten Umsatz mit 1,7 Mrd. Euro und einem Marktanteil von 11,2 Prozent. Der Gesamtumsatz der größten fünf Hersteller betrug 5,3 Mrd. Euro, dies entspricht einem Gesamtmarktanteil von 36 Prozent.

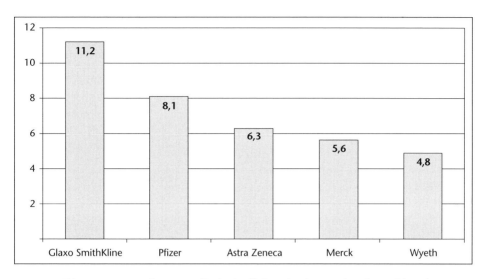

Abb. 24: Umsatzstärkste Hersteller in Großbritannien in 2002 (Marktanteil in %)

Irland

Fläche: 70 280 km²
Einwohner: 3,97 Millionen
Apotheken: 1 250 (3 180 Einwohner je Apotheke)
Ärzte: 8 500 (465 Einwohner je Arzt)

Irland ist schon seit längerem ein wichtiger Produktionsstandort für die pharmazeutische Industrie. Neben der Tatsache, dass die pharmazeutische Produktion schon seit drei Jahrzehnten ein wichtiger Wirtschaftsfaktor des Landes ist, erlebte Irland mit dem EU-Beitritt einen wirtschaftlichen Boom. Im Jahr 2001 betrug das Produktionsvolumen von Pharmazeutika ca. 9,5 Mrd. Euro, was beispielsweise im Vergleich rund der Hälfte der deutschen Inlandproduktion entspricht. Das positive Umfeld hat auch zu Erweiterungsinvestitionen z. B. durch Pfizer Ireland, Merck Sharp & Dohme, Glaxo SmithKline und Elan geführt. Mittlerweile sind 16 der Top 20 global operierenden Unternehmen in Irland in der Produktion aktiv.

Die Ausgaben im irischen Gesundheitsbereich sind im europäischen Vergleich gering und lagen in 2002 bei ca. 10,7 Prozent gemessen am Bruttoinlandprodukt. Allerdings entwickeln sich diese mit erheblichen Wachstumsraten. Die Ausgaben von verschreibungspflichtigen Medikamenten über die staatlichen Health Boards stiegen von 2000 bis 2002 von 530,7 Mio. Euro auf 817,6 Mio. Euro mit Zuwachsraten von 21 Prozent (2001) und 27 Prozent (2002).

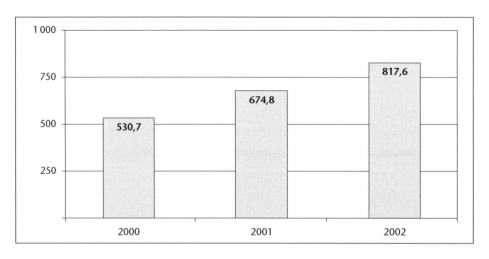

Abb. 25: Ausgaben des Health Boards bei verschreibungspflichtigen Medikamenten in Irland (Mio. Euro)

Neben dem Faktor der alternden Bevölkerung und den mittlerweile früheren Diagnosen bei chronischen Krankheiten ist auch der steigende Anspruch der Iren an die Gesundheitsversorgung ein Faktor, der ausgehend von dem noch niedrigen Pro-Kopf-Verbrauch, weiteres Wachstum erwarten lässt.

Den Ausgabensteigerungen will man nun durch größeren Einbezug von Generikaabgaben begegnen. 2001 waren 22 Prozent der verschriebenen Medikamente Generika, wobei das Vergütungssystem für Apotheken in Irland den Trend zu „branded generics" begünstigt. Daher stellen diese einen Anteil von 17 Prozent im Gegensatz zu „non-branded generics" mit 5 Prozent am Gesamtumsatz von Generika.

Die 1 250 Apotheken spielen bei der Abgabe von Medikamenten die wesentliche Rolle. Das Sortiment teilt sich in die verschreibungspflichtigen Präparate, die in 2001 60 Prozent am Anteil der Medikamente ausmachten. Ein geringerer Anteil von 15 Prozent entfiel auf apothekenpflichtige OTC-Erzeugnisse, 2 Prozent auf unbeschränkte OTC-Produkte und 23 Prozent auf nicht medizinische Produkte.

	Anteil
Rezeptpflichtig	60 %
Apothekenpflichtige OTC	15 %
Unbeschränkte OTC	2 %
Nicht-medizinische Produkte	23 %

Abb. 26: Umsatzanteile im irischen Apothekenmarkt (% Marktanteil)

Wichtigste „Käufer" von nahezu 80 Prozent der kompletten Apothekenabgaben sind die staatlichen Health Boards. Apotheken, die an diesem Vergabesystem teilnehmen wollen, müssen entsprechende Verträge abschließen. Marktpreise von Medikamenten werden in diesem System übergeordnet festgelegt, so dass Margenverhandlungen innerhalb des traditionellen Handelsumfeldes (Großhandel und Apotheke) weniger relevant sind.

Italien

Fläche: 301 336 km^2
Einwohner: 57,95 Millionen
Apotheken: 16 600 (3 490 Einwohner je Apotheke)
Ärzte: 339 300 (170 Einwohner je Arzt)

Charakteristisch für Italien ist die Zweiteilung des Landes; dem stark industrialisierten Norden steht der strukturschwache und landwirtschaftlich geprägte Süden gegenüber.

Der italienische Pharmamarkt unterliegt steten Veränderungen. Die in den vergangenen Jahren erfolgte Dezentralisierung des italienischen Staatswesens führte zur Übertragung vieler Regulierungskompetenzen an die Regionen, unter anderem auch für Teilbereiche des Gesundheitswesens. Diese veränderten Zuständigkeiten brachten regional unterschiedliche Bestimmungen für das Gesundheitswesen und führten zu häufig wechselnden Marktbedingungen und damit zu einer verstärkten Verunsicherung der Marktteilnehmer. Eine weitere Folge der Dezentralisierung ist ein zunehmendes regionales Gefälle bei der Arzneimittelversorgung.

Das Volumen des italienischen Pharmamarktes lag im Jahr 2002 bei 17,2 Mrd. Euro. Dabei betrug der Umsatzanteil der Apotheken 68 Prozent (11,7 Mrd. Euro) und der Krankenhausanteil lag bei 32 Prozent (5 Mrd. Euro). Das Wachstum schwächte sich im Jahr 2002 auf 5,7 Prozent ab; im Jahr 2001 konnte noch eine Steigerung von 12,8 Prozent erreicht werden. Auf den Markt der Selbstmedikation entfallen ca. 40 Prozent des Gesamtumsatzes.

Lediglich 3 bis 4 Prozent der Arzneimittelausgaben werden derzeit für Generika aufgewendet. Dieser geringe Anteil resultiert daraus, dass Generika erst seit 2002 im italienischen Pharmamarkt verfügbar sind. Daher wird allgemein in den kommenden Jahren mit einem starken Wachstum des Generikamarktes.

Der bedeutendste Teilmarkt im Jahr 2002 war der Bereich der Herz-Kreislauf-Präparate mit einem Anteil von 34 Prozent am Gesamtmarkt. Weitere wichtige Teilmärkte waren Arzneimittel für den Verdauungstrakt und Stoffwechsel sowie die systemischen Antiinfektiva.

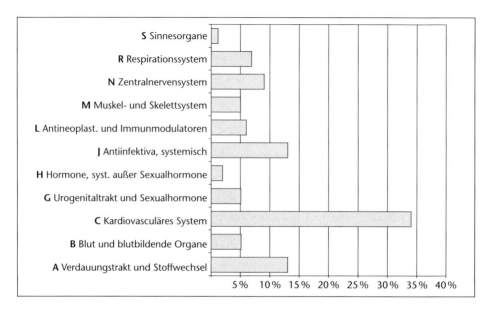

Abb. 27: Umsatzanteile in Italien nach ATC-Klassen in 2002

Der Pharmasektor ist durch die starke Präsenz internationaler Unternehmen geprägt, die im Jahr 2002 einen Anteil von 71,5 Prozent repräsentierten. Unter den 295 Herstellern besteht noch eine Vielzahl kleiner und mittelständischer Unternehmen, die oftmals in Familienhand liegen. Die großen italienischen Pharmaunternehmen haben im Jahr 2003, nach einem exportbedingten Umsatzboom in 2002, ihre Wachstumsdynamik wegen der Reduktion der öffentlich festgesetzten Arzneimittelpreise wieder verringert. Der in Florenz ansässige Marktführer Menarini erzielte im Jahr 2002 einen Umsatz von 1,66 Mrd. Euro. Insgesamt liegt der Produktionswert der pharmazeutischen Industrie bei ca. 17,5 Mrd. Euro.

Luxemburg

Fläche: 2 586 km^2
Einwohner: 0,45 Millionen
Apotheken: 80 (5 625 Einwohner je Apotheke)
Ärzte: 1 300 (345 Einwohner je Arzt)

Luxemburg hat mit seinen 450 000 Einwohnern naturgemäß eine eher geringe Bedeutung als Pharmamarkt. Der Umsatz in den Apotheken, gemessen am Volumen der Großhandelslieferungen, nahm seit 2001 jährlich um 10 Mio. Euro zu und erreichte 2003 einen Wert von 118 Mio. Euro.

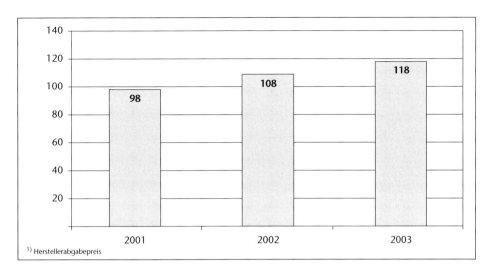

Abb. 28: Umsatzentwicklung[1] im luxemburgischen Pharmamarkt (Mio. Euro)

Ein Umsatzvolumen von mehr als 10 Mio. Euro weisen die Therapiegruppen kardiovaskuläres System, Zentralnervensystem und Verdauungstrakt/Stoffwechsel auf. Ein starkes Umsatzwachstum von 25 Prozent wurde in 2003 in der Therapieklasse Blut und blutbildende Organe erzielt.

Etwa 30 der in Luxemburg tätigen Hersteller haben einen Jahresumsatz von über einer Million Euro. Marktführer sind Glaxo SmithKline und Astra Zeneca mit jeweils 8,9 Prozent Marktanteil, gefolgt von Pfizer (8,1 Prozent), Merck Sharp & Dohme (6,7 Prozent) und Sanofi Synthelabo (5,4 Prozent). Auf die umsatzstärksten 10 Anbieter konzentriert sich ein Marktanteil von 55,3 Prozent, die Top 25 repräsentieren drei Viertel des Marktes.

Niederlande

Fläche: 41 526 km^2
Einwohner: 16,31 Millionen
Apotheken: 1 650 (9 885 Einwohner je Apotheke)
Ärzte: 49 000 (330 Einwohner je Arzt)

Auch die Niederlande verzeichneten, wie andere europäische Staaten, in den letzten Jahren einen Anstieg der Arzneimittelausgaben. Der Gesamtmarkt entwickelte sich nach den Daten der INSIGHT Health von 2,44 Mrd. Euro im Jahr 2001 auf 2,94 Mrd. Euro in 2004, was einem Anstieg von 20,5 Prozent in diesem Zeitraum entspricht.

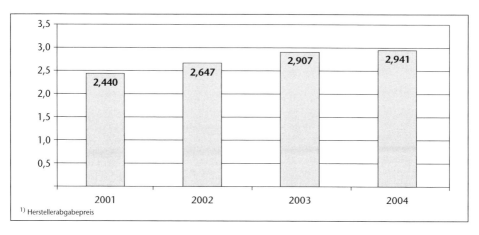

Abb. 29: Umsatzentwicklung[1) im niederländischen Parmamarkt (Mrd. Euro)

Die Ausgaben für erstattungsfähige Medikamente, die in den Niederlanden einen Großteil der Apothekenabgaben ausmachen (ca. 97 Prozent), haben insgesamt einen starken Anstieg verzeichnet. Verantwortlich hierfür ist neben demographischen Faktoren die zunehmende Alterung, der steigende Verbrauch von kostenintensiveren Präparaten und eine höhere Anzahl erstattungsfähiger Medikamente. Die Arzneimittelausgaben in Apotheken wuchsen zudem, weil zunehmend stationäre Behandlungen in Krankenhäusern verkürzt wurden und damit höhere Ausgaben in der ambulanten Therapie entstanden.

Dabei spielen die öffentlichen und von Hausärzten betriebenen Apotheken die wichtigste Rolle in der Medikamentenabgabe: deren Anteil liegt bei nahezu 83 Prozent im Vergleich zum Krankenhaussektor (14 Prozent) und den Drogerien und Supermärkten (3 Prozent).

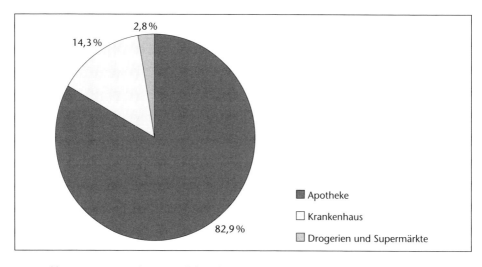

Abb. 30: Umsatzanteil je Vertriebskanal in den Niederlanden in 2002 (Marktanteil in %)

Wiederholt wurde der Gesetzgeber aufgrund der Ausgabensteigerungen in den Apotheken auf den Plan gerufen. Es wurde schon frühzeitig ein Vergütungssystem für Arzneimittel implementiert, bei dem „austauschbare" Produkte in Gruppen zusammengefasst werden, für die Erstattungsobergrenzen festgelegt werden. Die staatlichen Reglementierungen haben auch zu einem stärkeren Anstieg des Generikaanteils geführt. Dieser lag bei den erstattungsfähigen Arzneimitteln im Jahr 2002 bei 19,6 Prozent. Da die Regelungen für die Preisbildung stark bindend wirken, haben sich in den Niederlanden die Original- und Generikapreise angenähert. In 2002 lag die Differenz im Durchschnitt bei lediglich 4 Prozent. Neben dem generischen Markt spielen auch Reimporte eine gewichtige Rolle. Deren Marktvolumen liegt bei über 13 Prozent.

Die höchsten Umsätze wurden nach Erhebungen der INSIGHT Health 2003 in den Therapie-Gruppen kardiovaskuläres System, Verdauungstrakt und Stoffwechsel und Zentralnervensystem erwirtschaftet. Ein besonders starkes Wachstum war in der Gruppe Blut und blutbildende Organe zu verzeichnen (2002: +51 Prozent und 2003: +38 Prozent). Dabei wurde der Markt vor allem durch die Top Produkte Lipitor, Seretide, Pantozol und Omeprazol angetrieben.

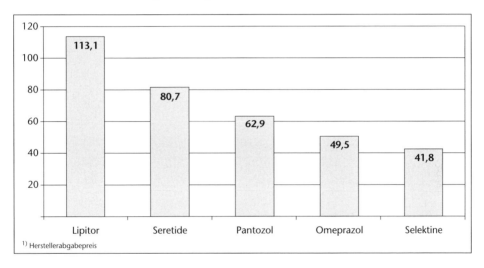

Abb. 31: Umsatzstärkste[1) Produkte in den Niederlanden 2004 (Mio. Euro)

Insgesamt sind in den Niederlanden 83 Hersteller mit einem Umsatz von über einer Million Euro tätig. Die fünf umsatzstärksten Anbieter hielten 2002 einen Marktanteil von 31,5 Prozent. Der Marktführer Glaxo SmithKline besitzt allein einen Marktanteil von 8,3 Prozent, gefolgt von Astra Zeneca und Merck Sharp & Dohme.

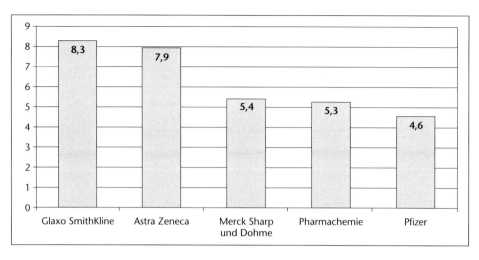

Abb. 32: Umsatzstärkste Hersteller in den Niederlanden in 2002 (Marktanteil in %)

Insgesamt repräsentieren die führenden 10 Pharmahersteller bereits 48,8 Prozent und die führenden 25 vier Fünftel des Marktes.

Österreich

Fläche: 83 858 km²
Einwohner: 8,16 Millionen
Apotheken: 1 100 (7 160 Einwohner je Apotheke)
Ärzte: 24 200 (335 Einwohner je Arzt)

Österreich verzeichnete im Pharmamarkt ein starkes Wachstum, die Umsätze bei Arzneimitteln stiegen z. B. im Jahr 2002 um rund 9 Prozent gegenüber 2001. Krankenkassen und Patienten gaben 2003 darauf wiederum 6,4 Prozent mehr für Pharmazeutika aus, und der österreichische Markt legte trotz aller Kostendämpfungsversuche auch in 2004 um 6 bis 7 Prozent wieder kräftig zu. Diese Zuwächse waren zuletzt überwiegend preisbedingt, da der Absatz nur um 2,8 Prozent wuchs. Um dieses Wachstum einzudämmen, setzte man auf den stärkeren Einsatz von Generika. So belief sich deren Anteil in 2002 noch auf 6,1 Prozent, 2004 bereits auf knapp 10 Prozent.

Österreichs Pharmamarkt erreichte im Jahr 2002 ein wertmäßiges Nettovolumen von 1,89 Mrd. Euro mit einem Absatz von 192 Mio. Packungen. Davon wurden 1,43 Mrd. Euro über öffentliche Apotheken sowie hausapothekenführende Ärzte – eine Marktbesonderheit in Österreich – abgesetzt. Der kleinere Teil (460 Mio. Euro) erfolgte über Krankenhäuser.

Die Anzahl der Apotheken ist in den letzten 15 Jahren stetig gewachsen und steigt weiter. Nachdem von 1993 bis 2002 insgesamt 164 neue Apotheken entstanden, kommen weiterhin jedes Jahr 10 bis 20 hinzu. Die Apothekendichte in Österreich ist damit jedoch immer noch geringer als in vergleichbaren Ländern und besitzt weiteres Expansionspotenzial. In dünn besiedelten Gebieten wird die Funktion der Apotheke weiter von der ärztlichen Hausapotheke wahrgenommen.

Mit einem Anteil von gut zehn Prozent des Gesamtmarktes außerhalb der Krankenhäuser ist der OTC-Markt in Österreich geringer als in vergleichbaren Ländern. Die niedrige Apothekendichte, Werbeeinschränkungen und eine noch fehlende Kultur der Selbstmedikation beschränken das Wachstum dieses Marktes. Daher entfiel der Großteil der Apothekenumsätze mit 1,2 Mrd. Euro auf erstattungsfähige Arzneimittel. Der Umfang des Selbstmedikationsmarktes lag bei 131 Mio. Euro, und die von Patienten bezahlten, rezeptpflichtigen Medikamente erreichen einen Wert von 96 Mio. Euro.

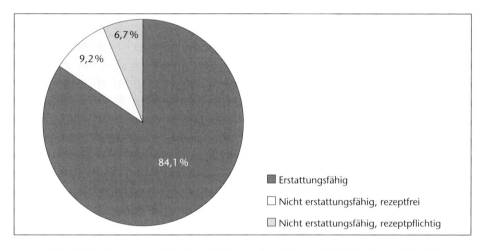

Abb. 33: Sortimentsanteile in österreichischen Apotheken in 2002 (Marktanteile in %)

Im Jahr 2003 dominierten schweizerische Unternehmen den Markt. Roche Austria verzeichnete 133 Mio. Euro Umsatz und Novartis 114 Mio. Euro. Aufgrund des fortschreitenden Konzentrationsprozesses erreichten die fünf führenden Anbieter zusammen einen Umsatz von 577 Mio. Euro in 2003; dies entspricht einem Anteil von 26,9 Prozent.

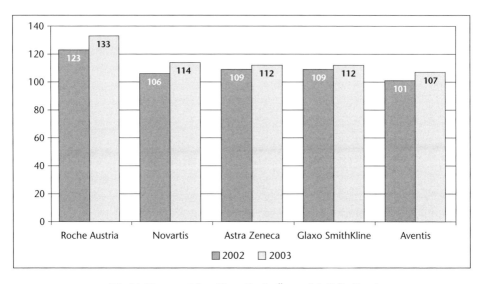

Abb. 34: Umsatzstärkste Hersteller in Österreich (Mio. Euro)

Als Produktionsstandort der pharmazeutischen Industrie ist Österreich im Vergleich zu seinen Nachbarländern weniger bedeutend. Die Produktion von Arzneimitteln erfolgt nahezu ausschließlich auf Basis ausländischer Lizenzen. Rund 25 Unternehmen sind mit eigener Produktion in Österreich vertreten. Die Anzahl der in der Alpenrepublik tätigen Hersteller beträgt 220, wobei 160 industrielle Hersteller existieren und 60 Apotheken ebenfalls als Hersteller agieren.

Portugal

Fläche: 92 345 km²
Einwohner: 10,52 Millionen
Apotheken: 2 500 (4 205 Einwohner je Apotheke)
Ärzte: 31 800 (330 Einwohner je Arzt)

Der portugiesische Pharmamarkt hat sich in den letzten Jahren stark verändert. So gab es bis 1996 kein Patentgesetz, wodurch Originalpräparate leicht kopiert werden konnten. Daher belief sich deren Anteil bis 2000 nur auf rund 25 bis 30 Prozent des nationalen Umsatzes. Etwa ein Prozent entfiel auf Generika und der Rest auf Kopien und Lizenzpräparate. Durch entsprechende Gesetze bekamen Unternehmen, die Kopien herstellten, die Möglichkeit, diese schrittweise in Generika umzuwandeln. Aus Sicht des Staates soll der verstärkte Zugriff auf Generika die ansteigenden Kosten wesentlich dämpfen. 2003 lag der Generikaanteil bereits bei 7,0 Prozent.

Der Umsatz des Gesamtmarktes betrug im Jahr 2000 2,9 Mrd. Euro und wuchs bis auf 3,6 Mrd. Euro im Jahr 2003. Zukünftig wird der portugiesische Arzneimittelmarkt voraussichtlich wert- und mengenmäßig nur geringe Wachstumsraten aufweisen, da durch die staatlichen Kostendämpfungsmaßnahmen die Steigerungsraten der Vergangenheit von jährlich 10 bis 15 Prozent nicht mehr erreicht werden können.

Seit dem Jahr 2000 war im Apothekenmarkt ein deutlicher Umsatzanstieg bis hin zu 2,9 Mrd. Euro im Jahr 2002 zu verzeichnen. Die Krankenhausumsätze lagen 2000 bei 491 Mio. Euro und stiegen bis 2002 auf 548 Mio. Euro. Im Jahr 2003 war ausschließlich ein Wachstum im Krankenhausmarkt von 4,9 Prozent zu verzeichnen; der Apothekenmarkt stagnierte leicht. Mengenmäßig nahm der Gesamtmarkt lediglich um zwei Prozent zu.

		2000	2001	2002	2003
Gesamtmarkt		2 899	3 133	3 445	3 661
Je Vertriebskanal	Apotheken	2 408	2 609	2 897	3 001
	Krankenhaus	491	524	548	650

Abb. 35: Umsatzentwicklung im portugiesischen Pharmamarkt (Mio. Euro)

2,2 Mrd. Euro der Arzneimittelumsätze entfielen im Jahr 2000 auf verschreibungspflichtige und 186 Mio. Euro auf nicht verschreibungspflichtige Medikamente. 2003 wurden in den Bereichen Umsätze in Höhe von 2,8 Mrd. Euro bzw. 251 Mio. Euro getätigt.

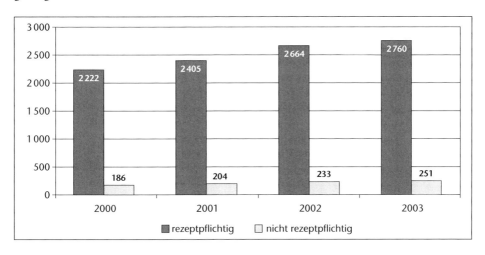

Abb. 36: Umsätze in portugiesischen Apotheken (Mio. Euro)

In Portugal vereinen 15 Unternehmen über die Hälfte des Marktvolumens auf sich. Die drei größten Hersteller Pfizer, Merck und Novartis haben zusammen bereits einen Marktanteil von 20 Prozent. Die insgesamt 130 pharmazeutischen Unternehmen sind im Verband APIRARMA organisiert. Anteilsmäßig überwiegen in Portugal die Niederlassungen ausländischer Firmen. Es gibt nur wenige portugiesische Hersteller und neben diesen noch eine Reihe kleinerer Laboratorien und Importhäuser.

Schweden

Fläche: 449 964 km²
Einwohner: 9,01 Millionen
Apotheken: 800 (11 260 Einwohner je Apotheke)
Ärzte: 27 500 (325 Einwohner je Arzt)

Schweden teilt sich geografisch und ökonomisch in den stärker entwickelten Süden und den sehr schwach besiedelten Norden. Die schwedische Pharmaindustrie hatte in den letzten Jahrzehnten ein starkes Wachstum zu verzeichnen und ist heute eine der wichtigsten Wachstumsbranchen überhaupt. So lag der Produktionswert im ersten Halbjahr 2003 bereits um 13 Prozent über dem Wert des Vergleichszeitraums 2002. Über 90 Prozent der pharmazeutischen Produktion wird exportiert.

Das Marktvolumen wuchs in den Jahren 1998 bis 2002 um 33 Prozent von 2,3 Mrd. Euro auf 3,1 Mrd. Euro. 2003 wurde nur ein geringeres Umsatzplus von 1,9 Prozent realisiert, da zwei umsatzstarke Medikamente ihren Patentschutz verloren haben und somit Generika an Marktanteil hinzu gewannen. Zusätzlich wurden die Zuschüsse für Medikamentenzuzahlungen durch die Landkreise, die als regulierungsbefugte Regionalverwaltung im Gesundheitssystem fungieren, auf fünf Prozent begrenzt. Die Umsätze von pharmazeutischen Produkten werden aber aller Wahrscheinlichkeit nach in Schweden in den nächsten Jahren weiter zulegen, da die schwedische Bevölkerung im skandinavischen Vergleich zu einem hohen und weiterhin steigenden Anteil altert. So sind 17 Prozent der schwedischen Bevölkerung mittlerweile älter als 65 Jahre, 9 Prozent älter als 75 Jahre und 5 Prozent älter als 80 Jahre. Daher dürften in Zukunft in noch größerem Umfang Medikamente gegen altersbedingte Krankheiten gefragt sein. Zusätzlich werden auch Markteinführungen neuer, teurerer Medikamente das Wachstum bestimmen.

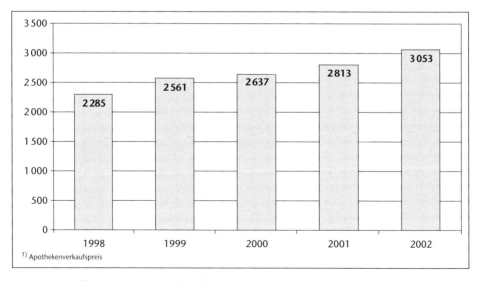

Abb. 37: Umsatzentwicklung[1] im schwedischen Pharmamarkt (Mio. Euro)

2003 wurden 9,3 Prozent der realisierten Umsätze über Krankenhäuser getätigt. Die hierüber erzielten Umsätze waren über mehrere Jahre stärkeren Schwankungen unterworfen und lagen 2002 bei 285 Mio. Euro.

Durch Apotheken wurden zu 7,8 Prozent rezeptfreie und zu 82,9 Prozent rezeptpflichtige Medikamente in den Markt gegeben. Der Gesamtumsatz der rezeptpflichtigen Medikamente in Schweden stieg über die Jahre 1998 bis 2002 stetig von 1,8 Mrd. Euro auf 2,5 Mrd. Euro.

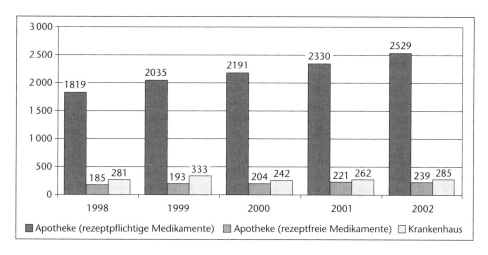

Abb. 38: *Umsatzentwicklung*[1] *je Vertriebskanal in Schweden (Mio. Euro)*

In den letzten Jahren hat sich besonders der Absatz von Antidepressiva sowie von blutdruck- und cholesterinsenkenden Mitteln erhöht. Von Herstellerseite aus gab es in jüngster Vergangenheit grundlegende Veränderungen im schwedischen Markt durch Fusionen und Übernahmen. Insgesamt existierten 2002 noch 119 Unternehmen der pharmazeutischen Industrie. Heute dominieren die zwei Pharmakonzerne Pharmacia (Teil von Pfizer) und AstraZeneca den Markt, seit dem Zusammenschluss mit Pharmacia verfügt Pfizer über etwa 15 Prozent Marktanteil. Neben den beiden großen Unternehmen bestehen einige mittelgroße Firmen, die über eigene Forschungs- und Entwicklungseinrichtungen verfügen. Die Forschungsbereiche der schwedischen Firmen liegen mit an der Spitze im internationalen Vergleich. Die Aufwendungen für diesen Bereich stellen derzeit etwa 21 Prozent des Gesamtumsatzes dar.

Schweiz

Fläche: 41 285 km²
Einwohner: 7,42 Millionen
Apotheken: 1 660 (4 470 Einwohner je Apotheke)
Ärzte: 24 000 (310 Einwohner je Arzt)

Die Schweiz ist traditionell ein starker Standort der pharmazeutischen Industrie. Dies stellt sich zum einen über die starke Position der heimischen Pharmaindustrie, auch im europäischen Vergleich, und zum anderen über die positive Einstellung der schweizer Bevölkerung zu den Möglichkeiten der pharmazeutischen Industrie und deren Leistungen zur Gesundheitsversorgung dar.

Der Schweizer Pharmamarkt zeigte in 2003 noch ein starkes Wachstum mit einem deutlichen Plus von über 7 Prozent auf ca. 2,54 Mrd. Euro. Jedoch verlangsamte sich der Zuwachs im Jahr 2004 auf 4,5 Prozent. Zwar wuchs der Bereich kassenpflichtiger Arzneimittel mit 8 Prozent über dem Gesamtmarkt; jedoch ging der Absatz von OTC-Artikeln stark zurück. Außerdem nahm der Gesamtabsatz (Menge) der Arzneimittel um über 3 Prozent ab, d. h. das Marktwachstum wurde vor allem durch hochpreisige, innovative Arzneimittel angetrieben.

Wichtiger Bestandteil der gesundheitspolitischen Versuche zur Kostenreduktion im System spielen Generika. Diese verzeichnen zwar ein dynamisches Wachstum (der Generikamarkt hat sich von 2000 bis 2004 verdreifacht), der Anteil der Generika am Gesamtmarkt ist jedoch immer noch niedrig (Volumen 2004: 117 Mio. Euro). Die Maßnahmen zielten in den letzten Jahren deshalb darauf, durch höhere generische Verschreibungen bei Ärzten und wirkstoffgebundene Substitutionen beim Apotheker den Generikaanteil weiter hochzusetzen. Hieraus und durch den Ablauf von Originalpatenten kann ein weiteres Wachstum im Generikamarkt abgeleitet werden.

Wichtigster Absatzkanal für pharmazeutische Produkte sind naturgemäß die Apotheken. Jedoch bestehen durch dispensierende Ärzte und die Spitäler zwei weitere wichtige Kanäle für den Absatz von Arzneimitteln. Die Apotheken halten hier „nur" einen Anteil von ca. 55 Prozent, die dispensierenden Ärzte 23 Prozent und die Spitäler rund 19 Prozent. Drogerien spielen im Gesamtabsatz mit ca. 3 Prozent nur eine untergeordnete Rolle.

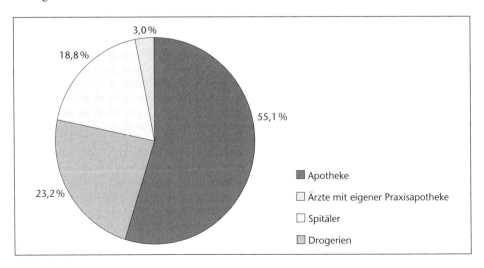

Abb. 39: Anteil Vertriebskanäle Schweiz in 2003 (Marktanteil in %)

Wichtigste Indikationsgebiete im Schweizer Markt sind Produkte mit kardiovasculärer Indikation (ca. 18 Prozent), Produkte im Bereich Zentralnervensystem (16 Prozent), Erzeugnisse gegen Infektionskrankheiten (rund 10 Prozent) und Präparate im Bereich Magen-Darm (rund 8 Prozent).

Die Anteile der Schweizer Pharmaunternehmen im heimischen Markt liegen insgesamt bei etwa 28 Prozent. Der restliche Markt wird primär von anglo-amerikanischen und deutschen Unternehmen beherrscht.

Spanien

Fläche: 504 782 km²
Einwohner: 43,2 Millionen
Apotheken: 19 600 (2 200 Einwohner je Apotheke)
Ärzte: 121 400 (335 Einwohner je Arzt)

Den dünn bevölkerten Gebieten im Landesinneren Spaniens steht eine höhere Bevölkerungsdichte in den wirtschaftlich stark entwickelten Gebieten um Madrid und entlang der Küsten gegenüber. Mehr als drei Viertel der Spanier leben heute in Städten. Diese Bevölkerungsverteilung führt auch zu deutlichen Unterschieden in der Qualität der gesundheitlichen Versorgung. Ähnlich wie in Italien kommt es auch in Spanien durch die fortschreitende Dezentralisierung des Staatswesens und die Verlagerung von Zuständigkeiten im Gesundheitswesen auf die Regionen zu Veränderungen und regionalen Ungleichheiten.

Eine demographische Entwicklung zu einer weiter alternden Bevölkerung ist auch in Spanien stark feststellbar. Der Anteil der Personen über 65 Jahre belief sich im Jahr 1970 auf 9,7 Prozent, während sich die Zahl im Jahr 2004 auf 18 Prozent erhöhte. Die Zahl der unter 15-jährigen ging von 29,5 Prozent auf 15,7 Prozent zurück.

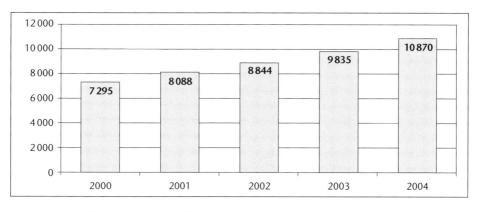

Abb. 40: Umsatzentwicklung im spanischen Pharmamarkt (Mio. Euro)

Spanien stellt insgesamt den fünftgrößten Arzneimittelmarkt innerhalb der EU dar; weltweit liegt das Land an siebenter Stelle. In den letzten Jahren fand ein bedeutendes Umsatzwachstum im Pharmamarkt statt. Die Wachstumsrate des Marktes, gemessen am Umsatz, lag im Jahr 2001 bei 10,9 Prozent, im Jahr 2002 bei 9,3 Prozent und 2003 bei 11,2 Prozent. 2004 wuchs der Markt um weitere 10,5 Prozent auf 10,9 Mrd. Euro. Der Anteil der Generika am Gesamtmarkt betrug 2004 nur ca. 5 Prozent.

Zur Dämpfung des Ausgabenwachstums im Gesundheitswesen hat das Gesundheitsministerium ein Abkommen mit den Herstellern getroffen, welches einerseits ein Referenzpreismodell beinhaltet und andererseits verstärkte Ausgaben für Forschung und Entwicklung vorsieht. Das Referenzpreismodell wurde, obwohl von der pharmazeutischen Industrie stark kritisiert, zum Januar 2004 nochmals verschärft.

Die Umsätze der Vertriebskanäle Apotheke und Krankenhaus sind in den Jahren 2000 bis 2004 kontinuierlich gestiegen. Der Vertriebskanal Apotheke realisierte 2004 einen Umsatz von 8,6 Mrd. Euro (Anteil 76 Prozent) und die Krankenhäuser erzielten einen Umsatz von 2,3 Mrd. Euro.

Die Apotheken werden dabei zum weitaus größten Teil durch pharmazeutische Großhändler beliefert (Anteil Direktgeschäft: rund 3 Prozent), im Bereich der Krankenhäuser hingegen ist der Direktgeschäftsanteil erheblich, lediglich 2 Prozent der Distribution erfolgt hier über den Großhandel.

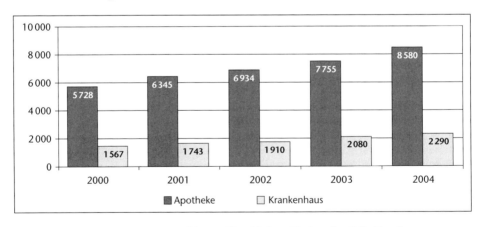

Abb. 41: *Umsatzentwicklung je Vertriebskanal in Spanien (Mio. Euro)*

Der Anteil der verschreibungspflichtigen Medikamente lag im Apothekenmarkt deutlich höher als der von nicht verschreibungspflichtigen. So wurden in 2004 8,24 Mrd. Euro Umsatz über verschreibungspflichtige und nur 0,34 Mrd. Euro über nicht verschreibungspflichtige Produkte erzielt. Der nicht verschreibungspflichtige Bereich stagniert dabei seit Jahren; er lag schon in 2000 lediglich auf dem Niveau von 0,32 Mrd. Euro.

Die höchsten Umsätze im Apothekenmarkt im Jahr 2001 wurden für Arzneimittel der Indikationen kardiovasculäres System, Zentralnervensystem sowie Verdauungstrakt und Stoffwechsel getätigt.

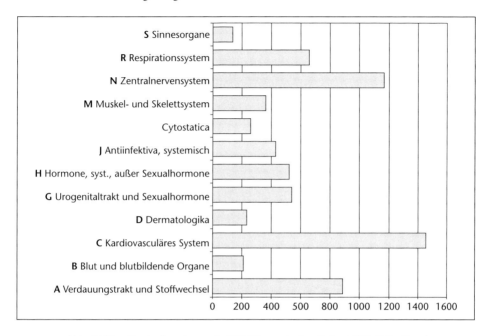

Abb. 42: Umsätze in Spanien nach ATC-Klassen in Apotheken 2001 (Mio. Euro)

In Spanien agieren 262 pharmazeutische Hersteller. Die fünf umsatzstärksten Unternehmen erwirtschafteten laut INSIGHT Health im Jahr 2002 hierbei 32,1 Prozent des gesamten Umsatzvolumens.

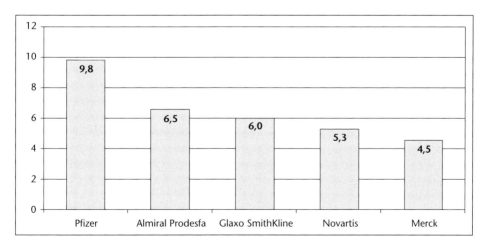

Abb. 43: Umsatzstärkste Hersteller in Spanien in 2002 (Marktanteil in %)

Tschechische Republik

Fläche: 78 884 km²
Einwohner: 10,3 Millionen
Apotheken: 2 200 (4 680 Einwohner je Apotheke)
Ärzte: 30 600 (383 Einwohner je Arzt)

In der Tschechischen Republik, als einem der jüngsten EU-Mitgliedstaaten, wurden im Pharmamarkt im Jahr 2004 1,75 Mrd. Euro realisiert, was einen Anstieg um circa 7 Prozent gegenüber dem Vorjahr bedeutete. 2003 lagen die Gesundheitsausgaben bei 7,4 Prozent des Bruttoinlandsprodukts. 28 Prozent der Aufwendungen entfielen dabei auf Arzneimittel. Bereits innerhalb der ersten neun Monate 2004 wurden für Pharmazeutika 4,5 Prozent mehr als im Vorjahreszeitraum ausgegeben. Mengenmäßig entsprach dies 240,7 Mio. Packungen, 18,5 Prozent weniger als im Vergleichszeitraum. 88 Mio. Packungen entstammten dabei der inländischen Produktion. Der Rest wurde importiert, vor allem aus der Slowakischen Republik (29,3 Mio. Packungen).

Neben den 2 200 Apotheken, von denen der Großteil heute privatisiert ist, gibt es 230 Arzneimittelausgabestellen in kleineren Ortschaften. Im Zuge der Liberalisierung des Gesundheitssystems wurde der unbeschränkte Mehr- und Fremdbesitz eingeführt. Dadurch haben einige Apothekenketten bereits heute eine beachtliche Größe erreicht (Lloyds: 100 Apotheken, Europharm: circa 60 Apotheken, Česká lékárna: 33 Apotheken).

Durch eine reglementierende Preispolitik versucht die Regierung, den stark gestiegenen Kosten entgegenzuwirken. Zweimal jährlich wird eine Art Positivliste herausgegeben. Diese beinhaltet die festgelegten Höchstpreise und Festbeträge für erstattungsfähige Präparate. Die Festbetragsregelungen orientieren sich am billigsten Produkt und basieren auf der therapeutischen Äquivalenz verschiedener Präparate. Einen entsprechend hohen Marktanteil haben in Tschechien Generika und preiswerte Produkte inländischer Hersteller. Marktführer im Generikasegment ist Zentiva, ein einheimisches Unternehmen.

4 Die Gesundheitssysteme im Einzelnen

Klaus W. Uedelhofen

Einleitung	72
Dänemark, Finnland und Schweden	73
Deutschland	77
Frankreich	84
Griechenland	87
Großbritannien	88
Italien	91
Niederlande	93
Polen	97
Schweiz	99
Slowakei	101
Spanien und Portugal	104
Tschechische Republik	107
Türkei	109
Ungarn	111
Die Länder im statistischen Vergleich	114

Einleitung

Die Betrachtung der einzelnen Gesundheitssysteme in Europa zeigt ein immer noch sehr differenziertes und uneinheitliches Bild. Zwar lassen sich die nationalen Systeme in Gruppen einteilen, die gewissen gemeinsamen Grundausprägungen folgen, ihre historische Entwicklung, einzelne Ausprägungen und die ständigen Transformationen führen jedoch zu einer stark heterogenen Gesundheitslandschaft. Finanzierung, Steuerung, Versorgung, ja selbst Patientenverhalten sind zwischen den Ländern zum Teil sehr unterschiedlich. Die hohe politische Bedeutung des Themas Gesundheitsversorgung für die einzelnen Länder lässt den Weg von stark regulierten Einzelstrukturen zu einem europäischen Systemansatz als äußerst lang erscheinen.

Das Streben nach effizienter und kostenbewusster Gesundheitspolitik in allen Ländern wird zum gemeinsamen Problem. Eine engere Zusammenarbeit in Europa schafft mehr Erfahrungsaustausch über die beste medizinische und strukturelle Lösung sowie eine bessere Kontrolle und eine schnellere Handlungsfähigkeit bei gesundheitlichen Risiken wie zum Beispiel Grippe-Epidemien oder anderen übertragbaren Krankheiten. In Zeiten schwindender Grenzen und größerer Patientenmobilität gilt es neue Fragen zu beantworten. Die EU-Osterweiterung stellt unser bisheriges Gesundheitssystem zusätzlich vor neue Aufgaben. Denn der offene Zugang zu einer qualitativ hochwertigen medizinischen Versorgung und neuen Behandlungsverfahren, die nicht in allen Ländern Europas Standard sind, könnte zu Lasten einiger weniger gehen.

In der Europäischen Union gibt es auf Teilgebieten eine Art Gemeinschaftskompetenz der EU für die öffentliche Gesundheit. Die Kommission der Europäischen Union hat die Gesundheit zu einer ihrer Hauptprioritäten erhoben und ist dabei, ein gemeinschaftlich besser koordiniertes gesundheitspolitisches Konzept zu entwickeln. Ein zentraler Bestandteil dieser Strategie ist das Aktionsprogramm im Bereich der öffentlichen Gesundheit für die Europäische Gemeinschaft. Dieses Programm läuft seit Anfang 2003 und endet im Jahr 2008. Das Aktionsprogramm verfolgt drei Hauptziele: Erstens soll der Informations- und Wissensstand verbessert werden. Das „Monitoring" soll helfen, Gesundheitssysteme international zu vergleichen und zu erörtern, wie man Probleme am besten lösen kann. Zweitens gilt es, eine handlungsfähige Struktur zu entwickeln, um schneller und koordinierter auf Gesundheitsgefahren reagieren zu können. Und drittens will man den Präventionsgedanken innerhalb der EU-Bevölkerung stärken und so Krankheiten, die durch Alkohol, Nikotin, falsche Ernährung, Bewegungsmangel, Stress oder Drogenmissbrauch verursacht werden, im Vorfeld bekämpfen.

Das Programm kann und soll nicht die Souveränität nationaler Gesundheitssysteme berühren. Die Gestaltung, die medizinische Versorgung und die Organisation der einzelnen Gesundheitssysteme obliegen weiterhin allein den Mitgliedstaaten. Wie die folgende Betrachtung zeigt, ergeben sich in den einzelnen Ländern ganz unterschiedliche Probleme und Herausforderungen. In anderen Bereichen lassen sich jedoch auch Best Practices im nationalen Benchmark erkennen. Die hohe Komplexität und mannigfaltigen Stellschrauben in einem Gesundheitssystem lassen vermuten, dass die Diskussion weiterhin ein kontinuierlicher Prozess der Kompromisslösungen bleiben wird.

Dänemark, Finnland und Schweden

Die skandinavischen Staaten haben gemeinsam etwa 21 Millionen Einwohner[1]. Schweden hat mit 10,1 Millionen dabei knapp doppelt so viele Einwohner wie Dänemark mit 5,6 Millionen Einwohnern und Finnland mit 5,3 Millionen Einwohnern. Das Bruttoinlandsprodukt (BIP) zu Kaufkraftstandards (KKS) liegt in allen Ländern zwischen 15 und 20 Prozent über dem EU-25 Durchschnitt. Dänemark erwirtschaftete absolut 196 Mrd. Euro, also 28 400 Euro KKS pro Kopf und wächst in den letzten Jahren nach einer Depression in 2003 mit etwa 2 Prozent. Finnland produziert 148 Mrd. Euro Volkseinkommen, 25 500 Euro KKS pro Kopf und wächst recht konstant zwischen 2 und 3 Prozent pro Jahr. Schweden erwirtschaftete gesamt 280 Mrd. Euro, 26 260 Euro KKS pro Kopf mit Wachstumsraten von 1,5 Prozent in 2003 jedoch über 3 Prozent in 2004. Die Arbeitslosigkeit in Dänemark (5,4 Prozent) und Schweden (6,3 Prozent) ist deutlich niedriger als in Finnland mit 8,8 Prozent. Die Gesundheitsausgaben[2] sind in Schweden mit 9,2 Prozent vom BIP am höchsten und betragen absolut 2 671 Euro KKS pro Kopf. Dänemark investiert 9 Prozent, das sind absolut leicht mehr mit 2 741 Euro KKS pro Kopf. Finnlands Gesundheitsinvestitionen sind die niedrigsten in Skandinavien und betragen 7,3 Prozent vom BIP und 2 062 Euro KKS pro Kopf. Außer Finnland befinden sich die Skandinavier somit im oberen Mittelfeld im europäischen Vergleich. In allen skandinavischen Ländern wird der Gesundheitszustand als gut oder sehr gut bezeichnet, wobei Dänemark bei der typischen Verbesserung von Lebenserwartung und Mortalität hinter den anderen Ländern liegt.

Struktur und Finanzierung des Gesundheitssystems

Alle skandinavischen Länder unterhalten ein steuerfinanziertes universelles System für alle Einwohner nach dem Wohnsitzprinzip. In Dänemark gibt es zur Abwicklung eine öffentliche regional organisierte Krankenversicherung. In Schweden und Finnland erfolgt die Verwaltung durch kommunale Behörden. Die Abdeckung von Geldleistungen aus dem Gesundheitssystem (Lohnfortzahlungen etc.) erfolgt durch obligatorische Versicherungssysteme für Arbeitgeber und Selbständige bzw. in Finnland für die gesamte Bevölkerung. Das dänische Gesundheitssystem wird hauptsächlich auf Ebene der vierzehn Länder gesteuert. Der Staat übernimmt die generelle Gesetzgebung und setzt Ziele für ein nationales Budget, das jedoch nicht rechtlich bindend für die Länder ist. Die kommunale Ebene übernimmt hauptsächlich Funktionen der Leistungserbringung. Die Hauptfinanzierung erfolgt durch einkommensbasierte Steuern auf allen föderalen Ebenen. Der Staat setzt Höchstgrenzen für die Länder- und Kommunalsteuern, die sich anteilig auf das Einkommen sowie Grundbesitz beziehen. 83 Prozent der dänischen Gesundheitsausgaben sind öffentlich. 1,6 Prozent werden durch private Krankenzusatzversicherungen getragen, d. h. 15,4 Prozent der gesamten Ausgaben sind private Out-of-pocket-Zahlungen, was etwa 400 Euro pro Kopf entspricht. Etwa 30 Prozent der Bevölkerung sind bei non-profit privaten Krankenversicherungen zusatzversichert, um Zuzahlungen für Arzneimittel abzudecken und bestimmte Formen der Krankenhausbehandlung oder Leistungen, wie z. B. Sehhilfen, zu finanzieren oder die pauschale Absicherung kritischer Erkrankungen sicherzustellen. Der Trend zur privaten Zusatzabsicherung ist dabei stetig steigend.

Das finnische Gesundheitssystem ist ebenfall sehr dezentralisiert in seiner Verantwortlichkeit, 448 Kommunen organisieren die Gesundheitsversorgung, wobei deren Größe zwischen 100 und 500 000 Einwohnern liegt. Für die Krankenhausversorgung gibt es 20 Bezirke. 75,7 Prozent der Gesundheitsausgaben in Finnland werden durch den Staat finanziert, 2,4 Prozent durch private Versicherungen. 21,9 Prozent Out-of-pocket-Zahlungen entsprechend etwa 390 Euro pro Kopf. Etwa 80 Prozent des öffentlichen Anteils werden durch Einkommensteuern und indirekte Steuern auf nationaler und kommunaler Ebene finanziert. Der Staat subventioniert die einzelnen Kommunen. 20 Prozent trägt die eine nationale beitragsfinanzierte Gesundheitsversicherung, die aber hauptsächlich Geldleistungen des Gesundheitssystems, wie z. B. Lohnfortzahlung und die Erstattung von Arzneimittelausgaben, sicherstellt und wiederum durch den Staat subventioniert wird. Neben dem staatlichen Leistungserbringungssystem gibt es private Anbieter und Leistungserbringung durch große Firmen und Arbeitgeber. Die Existenz mehrerer öffentlicher Finanzierungsquellen erweist sich in dem System als äußerst problematisch.

Auch in Schweden gilt Gesundheitsversorgung als öffentliche Aufgabe. Das schwedische System ist ebenfalls dezentral organisiert mit Gesamtverantwortung durch das nationale Gesundheitsministerium. Es gibt 20 Regionen und 289 Kommunen, wobei die ambulante und stationäre Leistungserbringung hauptsächlich durch die regionale Ebene über eine staatliche Krankenversicherung gesteuert wird. Mit 85,3 Prozent ist der öffentliche Anteil der Gesundheitsausgaben unter den skandinavischen Ländern in Schweden am höchsten. Er wird durch Einkommensteuern und indirekte Steuern finanziert. Da es fast keine privaten Versicherungen gibt, tragen 14,7 Prozent die privaten Haushalte. Die finanziellen Ressourcen werden über zweckgebundene, z. B. Arzneimittelerstattung, und nicht zweckgebundene Transferzahlungen an die Regionen weitergeleitet.

Leistungsumfang und Steuerungsinstrumente

In Dänemark wird in zwei Kategorien bei der Wahl des Arztes unterschieden. In der ersten Kategorie besteht freie Wahl des Arztes einmal pro Halbjahr unter den zugelassenen Ärzten eines Bezirks. Der Zugang zum Facharzt ist an eine Überweisung gebunden. In der zweiten Kategorie besteht generelle freie Arztwahl beim Haus- und Facharzt. 90 Prozent aller Behandlungen erfolgen durch den Allgemeinarzt, es gibt nur relativ wenige Fachärzte. Es gilt grundsätzlich das Sachleistungsprinzip, wobei in der Kategorie zwei diejenigen Kosten, die den durch die Krankenversicherung erstatteten Betrag der Kategorie eins übersteigen, vom Patienten selbst getragen werden. Die Selbstbeteiligung an ambulant verschriebenen Arzneimitteln orientiert sich an den Ausgaben pro Jahr. Seit Januar 2004 sind die ersten 70 Euro, die für Arzneimittel ausgegeben werden, nicht erstattungspflichtig. Werden mehr als 70 Euro, aber weniger als 170 Euro pro Jahr für Arzneimittel ausgegeben, werden 50 Prozent erstattet, bei 170 Euro bis 399 Euro sind 70 Prozent erstattungsfähig; steigen die Ausgaben über 399 Euro, werden 85 Prozent erstattet. Bei unter 18-Jährigen sind auch bei Ausgaben unter 70 Euro Erstattungen von 50 Prozent möglich. Bei chronisch Erkrankten liegt der maximale jährliche private Kostenaufwand bei 514 Euro. Es werden auch nichtverschreibungspflichtige Präparate zur Behandlung von chronisch Kranken erstattet. Insgesamt sind 14 Prozent der Ausgaben alternative Präparate oder sogar nicht autorisierte Erstattungen. In der Gesamtbetrachtung beläuft sich die private Beteiligung an den Arzneimittelausgaben auf etwa 50 Prozent. Die Arzneimittelausgaben pro Kopf sind in Dänemark relativ niedrig. Infolge von Preisanstiegen wurde Anfang 2000 ein Referenzpreissystem auf Basis eines Vergleichs ausgewählter europäischer Länder festgelegt, nachdem zuvor bereits Preise eingefroren oder auch Zwangsrabatte durchgesetzt worden waren. Über ein so genanntes G-Schema sollen Ärzte zum Verschreiben von Generika angehalten werden. Die Substitution von Originalpräparaten durch Generika ist vorgeschrieben, es sei denn der Arzt schließt dies aus. Etwa 50 Prozent der dänischen Arzneimittelausgaben entfallen auf Generika. Praxisrichtlinien zur Therapie werden von den Universitäten und einem unabhängigen Institut für rationale Pharmakotherapie erarbeitet. Das Institut nimmt auch die Einschätzung hinsichtlich pharmakologischer und ökonomischer Aspekte vor. Darüber hinaus gibt es regionale Initiativen, das Verschreibungsverhalten zu beeinflussen. Die Zulassung und Erstattung von Arzneimitteln erfolgt durch die Dänische Medicines Agency (DMA). Die Zulassung basiert rein auf Wirksamkeit und Sicherheit, Kosteneffektivität wird nicht miteinbezogen. Eine inhaltlich basierte Positivliste gibt es also nicht, wobei die Erstattungsfähigkeit eine Quasi-Positivliste darstellt. Die Preisbildung ist grundsätzlich frei.

In Finnland bestehen nur begrenzte Wahlmöglichkeiten. Die Gesundheitsversorgung wird durch öffentliche Gesundheitszentren (Terveyskeskus) und Krankenhäuser erbracht. Fachärztliche und stationäre Versorgung erfolgt durch Überweisung. In den öffentlichen Versorgungseinrichtungen sind die Ärzte angestellt, beim Besuch des privaten Arztes zahlt der Patient die Rechnung selbst. Für die Versorgung durch einen Allgemeinmediziner tragen die Patienten je nach Gemeinde bis zu 11 Euro für die ersten drei Konsultationen in einem Kalenderjahr oder eine Jahresgebühr von 22 Euro. Die meisten anderen Behandlungen sind frei, für die ambulante Behandlung werden 22 Euro, für ambulante Chirurgie 72 Euro und die stationäre Behandlung 26 Euro pro Tag erhoben. Für einen Hausbesuch am Wochenende oder nachts fallen 15 Euro an. Die gesamte Selbstbeteiligung des Patienten ist auf 590 Euro gedeckelt, bei Krankenhausbehandlungen fallen auch danach 12 Euro pro Tag an. Die Selbstbeteiligung des Patienten für verschriebene liegt bei 8,41 Euro plus 50 Prozent der darüber hinaus gehenden Kosten. Bei schweren und chronischen Krankheiten werden die

Kosten für bestimmte, in einer Liste benannte Arzneimittel nach Abzug einer pauschalen Selbstbeteiligung von 4,20 Euro zu 75 Prozent bzw. 100 Prozent erstattet. Die Selbstbeteiligung ist auf einen Höchstbetrag von 594 Euro im Laufe eines Kalenderjahres begrenzt, übersteigende Beträge werden voll erstattet. OTC-Präparate werden im Einzelfall auf Rezept durch den Arzt erstattet. Die Zulassung von Arzneimitteln erfolgt durch die nationale Arzneimittelbehörde. Die Preisgestaltung wird durch ein Gremium des Gesundheitsministeriums vorgenommen, das die durch das nationale Versicherungssystem erstattungsfähigen Präparate durch Festlegung des Großhandels- und Apothekenabgabepreises regelt. Die Verwendung von Generika ist noch bescheiden und wurde erst in den 90ern gestattet. Alle Unternehmen, die erstattungsfähige Präparate vertreiben, müssen nach bestimmten Richtlinien Kosten-Nutzen-Darstellungen einreichen. Die Einstufung in die beiden oberen Erstattungsstufen erfordert die Darlegung des therapeutischen Nutzens, was dazu führt, dass manche Präparate zunächst zwei Jahre in einer niedrigeren Erstattungsklasse liegen und dann hoch gestuft werden. Durch ein staatlich initiiertes Programm soll eine Evidenzbasierte Verschreibungspraxis gefördert werden.

In Schweden besteht freie Arztwahl im öffentlichen Gesundheitswesen sowie unter privaten vertraglich gebundenen Ärzten, die einer regionalen Behörde angegliedert sind. Der freie Zugang zum Facharzt ist möglich, jedoch wird die Überweisung durch den praktischen Arzt bevorzugt. Der Patient bezahlt eine anteilige Selbstbeteiligung beim Allgemeinarzt zwischen 11 und 16 Euro und beim Facharzt zwischen 16 und 27 Euro, der Rest wird dem Arzt durch die Versicherung bezahlt. Die Zuzahlungen für verschriebene Arzneimittel werden separat von anderen Zuzahlungen durch die Schwedische Apothekervereinigung verwaltet und sind landesweit gleich. Der Patient trägt sämtliche Arzneimittelkosten bis einschließlich 97 Euro – während einer Periode von zwölf Monaten maximal 198 Euro – selbst. Kosten zwischen 97 Euro und 183 Euro werden zu 50 Prozent erstattet. Kosten zwischen 183 Euro und 356 Euro werden zu 75 Prozent erstattet. Kosten zwischen 356 Euro und 463 Euro werden zu 90 Prozent erstattet. Und Kosten über 463 Euro werden vollständig erstattet. Die gesamten Arzneimittelausgaben in Schweden sind relativ gering im europäischen Vergleich, sind jedoch während der 90er Jahre stark gestiegen. Zur besseren Ausgabensteuerung wurden die Arzneimittelbudgets dezentralisiert. Arzneimittel werden in verschreibungsfähige Präparate, OTC und spezielle Arzneimittel eingeteilt, die nur von Kliniken eingesetzt werden dürfen. Die Hersteller können ihren Preis frei festlegen und müssen einen Erstattungspreis bei der staatlich festlegenden Behörde beantragen. Die Verhandlungen erfolgen vertraulich, der Hersteller muss jedoch den Preis in bestimmten europäischen Ländern und der Schweiz offen legen. Krankenhäuser verhandeln unabhängig davon. Es gibt weiterhin eine Empfehlungsliste in jedem Distrikt sowie eine Positiv- und eine Negativliste. Die Positivliste legt fest, für welche Präparate eine Verschreibung erforderlich ist, um erstattet werden zu können, sie enthält auch OTC-Präparate, die in anderen Ländern erstattet werden. Die Negativliste enthält alle Präparate, die selbst bei Verschreibung nicht erstattet werden. Insulin wird ohne Zuzahlung abgegeben. Die generische Substitution wurde in 2002 eingeführt.

Ausblick

Die staatlichen Gesundheitssysteme der skandinavischen Länder haben soziale und in der Bevölkerung anerkannte Versorgungssysteme geschaffen. Das System in Schweden drückt in besonderer Weise das soziale Denken nach dem Zweiten Weltkrieg aus. Die regionale Ausgestaltung und Einkommensteuer basierte Finanzierung kann jedoch zu regionalen Ungerechtigkeiten im Leistungsangebot führen. Dass die Gesamtkosten jedoch nicht stärker steigen als in anderen Systemen, zeigt, dass hohe Out-of-pocket-Zahlungen das System vor Übervorteilung schützen und keinesfalls zu einer schlechteren Gesundheitsversorgung führen müssen.

Deutschland

Mit seinen etwa 82,5 Millionen Einwohnern lebt etwa ein Fünftel der europäischen Bevölkerung in Deutschland. Es ist damit der größte und wichtigste Gesundheitsmarkt Europas und drittgrößter weltweit. Das BIP beträgt 2 178 Mrd. Euro gesamt und 24 900 Euro KKS pro Kopf. In der mittlerweile üblichen Betrachtung der Gesundheitsausgaben in Prozent des BIP liegt Deutschland mit 10,9 Prozent weltweit an dritter Stelle hinter den USA und der Schweiz. In den letzten Jahrzehnten lag es auch unter den Spitzenreitern bei der Kostenzunahme (+ 4,7 Prozent seit 1970). Absolut werden in Deutschland etwa 2 989 Euro KKS pro Einwohner ausgegeben. Zumindest, was die üblichen Indikatoren anbelangt, resultiert die reine Bereitschaft einer Volkswirtschaft, einen relativ hohen Teil seines Einkommens für Gesundheit auszugeben offenbar nicht in einer signifikant besseren Gesundheit der Deutschen. Die Lebenserwartung mit 78,3 Jahren bei Geburt (2002) hat sich zwar gegenüber 1960 um neun Jahre verlängert, liegt jedoch unter der von anderen europäischen Ländern. In den neuen Bundesländern liegt sie übrigens noch deutlich niedriger als in den alten Bundesländern. Trotz erheblicher Verbesserungen seit den 80er Jahren liegt die Sterberate für alle Herz-Kreislauf-Erkrankungen und ischämische Herzkrankheiten über dem EU-Durchschnitt. Die Inzidenz für Lungenkrebs ist während der 90er Jahre stark angestiegen und trotz vieler Anstrengungen zeigen die Hauptrisikofaktoren Bluthochdruck, erhöhter Cholesterinspiegel und Übergewicht immer noch eine hohe Prävalenz. Dagegen ist die Kindersterblichkeit in Deutschland weltweit mit am niedrigsten. Gemäß dem umstrittenen World Health Report 2000 der WHO rangiert die Gesamtleistung des deutschen Gesundheitssystems weit hinter anderen europäischen Ländern auf Rang 25.

Struktur und Finanzierung des Gesundheitssystems

Das Fundament des deutschen versicherungsbasierten Gesundheitssystems wurde 1883 von Reichskanzler von Bismarck gelegt und in zahlreichen anderen Ländern übernommen. Die Grundstruktur blieb mehr oder weniger seitdem in den alten Bundesländern erhalten. Im Gegensatz dazu hatten die neuen Bundesländer während der Zeit der DDR ein vollkommen staatlich finanziertes und erbrachtes Gesundheitssystem seit dem Zweiten Weltkrieg bis zur Vereinigung 1990. Die Krankenversorgung und die gesundheitliche Betreuung der deutschen Bevölkerung erfolgt ganz überwiegend durch obligatorische, solidarische, beitragsfinanzierte Systeme der gesetzlichen Sozialversicherung. Nach Angaben des statistischen Bundesamts waren 1999 nur 0,2 Prozent der Bevölkerung ohne Krankenversicherungsschutz. Besondere Eigenschaften des Gesundheitssystems sind zum einen die politisch föderale Struktur Deutschlands aus dem Bund und den 16 Bundesländern mit jeweils eigenen Verfassungen, Gesetzen und Entscheidungsträgern, was auch in Gesundheitsfragen zu einer Befugnisaufteilung führt. Zum anderen sind wesentliche Elemente der Entscheidungsfindung und -umsetzung bezüglich der gesetzlichen Sozialversicherungen zusätzlich an Körperschaften öffentlichen Rechtes delegiert worden, die der staatlichen Aufsicht unterliegen. Dieser „Korporatismus" hat mehrere wichtige Aspekte. Zum einen gibt der Staat explizit Rechte an die Selbstverwaltung ab, wodurch sein Einfluss z. B. bei der Umsetzung wichtiger Reformen begrenzt ist. Weiterhin haben diese Körperschaften das Recht und die Pflicht, mit weiteren Körperschaften Verträge auszuhandeln und für ihre Mitglieder Leistungen zu erbringen oder zu finanzieren. Dabei sind – bislang – die Einkäufer von Leistungen, die Kostenträger und die Leistungserbringer streng voneinander getrennt. Die Komplexität des Systems wird dadurch gesteigert, dass sowohl die Einkäufer als auch die Leistungserbringer dezentralisiert sind. Die etwa 350 gesetzlichen Krankenversicherungen (GKV) sind in regionalen und bundesweiten Verbänden organisiert. Seit 1995 können die Mitglieder ohne Rücksicht auf ihre Berufs- oder Betriebszugehörigkeit zwischen einer Vielzahl von Krankenkassen am Wohn- oder Beschäftigungsort wechseln. Die Wettbewerbsparameter sind weiter sehr eingegrenzt und beziehen sich weitgehend auf die unterschiedliche Höhe der Beitragssätze. Dem Solidarprinzip folgend werden die unterschiedlichen Risikostrukturen der Kassen untereinander finanziell ausgeglichen. Auch angesichts der Verwaltungskosten von bis zu 10 Prozent ist zu fragen, welche Vorteile eine derart zergliederte Kostenträgerstruktur bei fehlendem echtem Wettbewerb haben soll.

Die Körperschaften auf Seiten der Leistungserbringer haben einen Sicherstellungsauftrag bzgl. der akuten medizinischen Versorgung. Die kassenärztlichen Vereinigungen verhandeln den Leistungskatalog und das Entgelt mit den entsprechenden Spitzenverbänden und Landesverbänden der Kostenträger quasi kollektiv. Dies bedeutet zum einen eine Monopolstellung der kassenärztlichen Vereinigungen in Bezug auf ambulante Leistungen und zum anderen, dass eine direkte Einflussnahme des Kostenträgers auf den Leistungserbringer in Bezug auf Qualität und Entgelt ausgeschlossen ist. Auf der Krankenhausebene fand bislang eine Verhandlung der Kostenträger mit der einzelnen Einrichtung statt, wobei versucht wurde, die Krankenhausgesellschaften in ihrer korporatistischen Funktion zu stärken. In Konsequenz führte die bisherige Praxis jedoch zu teils erheblichen Unterschieden in den Entgelten für die gleiche Leistung. Die wohl wichtigste Konsequenz der Trennung von ambulanten und stationären Leistungserbringern und Budgets ist die Manifestation einer sektoralen Trennung, welche aus heutiger medizinischer und wirtschaftlicher Bewertung als Hemmschuh für die strukturelle Entwicklung des deutschen Gesundheitssystems gesehen werden kann.

In Deutschland sind etwa 88 Prozent der Bevölkerung gesetzlich versichert. Selbständige und Bezieher höherer Einkommen, die die Beitragsbemessungsgrenze von ca. 3 375 Euro pro Monat überschreiten, können sich freiwillig gesetzlich oder privat versichern. 9 Prozent sind Mitglieder der privaten Krankenversicherung (PKV), 6 Prozent sind freiwillig gesetzlich versichert. Die größten Krankenkassen sind die Allgemeinen Ortskrankenkassen (AOK) mit knapp 40 Prozent der Bevölkerung als Mitglieder. Die Versicherten erhalten ihre Leistungen in aller Regel als Sach- und Dienstleistungen, die über eine Krankenversicherungskarte direkt zwischen Kasse und Leistungserbringer abgerechnet werden. Privatversicherte werden in aller Regel gegen Rechnung behandelt und bekommen die Kosten durch ihre PKV erstattet. Die Beiträge zur GKV werden je zur Hälfte von den Arbeitnehmern und den Arbeitgebern getragen und ihre Höhe wird bemessen nach einem Prozentsatz des versicherungspflichtigen Arbeitsentgelts. Der Beitragssatz, der zwischen den Kostenträgern etwas unterschiedlich sein kann, beträgt derzeit im Durchschnitt 14,3 Prozent (erstes Halbjahr 2004) und ist im Vergleich zu 13,2 Prozent im Jahr 1993 tendenziell gestiegen, liegt jedoch deutlich höher als in den 70er Jahren, als er ca. 8 Prozent betrug. Ab 2006 sollen 0,25 Prozent des Arbeitgeberanteils zusätzlich durch die Arbeitnehmer übernommen werden, um dadurch die Lohnnebenkosten zu senken. Es existiert eine beitragsfreie Mitversicherung von Ehegatten und Kindern.

Eine besondere Rolle in Deutschland spielt die so genannte Beitragssatzstabilität in der GKV, die im Jahre 1978 im Rahmen des Kostendämpfungsgesetzes im Gesundheitswesen im Sozialgesetzbuch (SGB) V kodifiziert wurde und der noch immer eine große gesundheitspolitische Bedeutung zukommt. Abgesehen davon, dass sich eine optimale Quote der Gesundheitsausgaben am BIP weder ausgaben- noch einnahmenseitig wissenschaftlich ableiten lässt, drückt sich in diesem Ziel das Problem des deutschen Finanzierungsmodells aus: Auf das Instrument der Beitragserhöhung kann kaum zurückgegriffen werden, da eine zusätzliche Erhöhung der Lohnnebenkosten die Konkurrenzfähigkeit der deutschen Unternehmen im internationalen Wettbewerb nachhaltig beeinträchtigen würde, was in Zeiten zunehmenden globalen Wettbewerbs und konjunktureller aber auch struktureller wirtschaftlicher Probleme in Deutschland gravierend ist. Abgesehen von der Frage, ob das deutsche Gesundheitssystem für das, was es leistet, absolut gesehen zu teuer ist oder nicht, liegt im Zeitraum 1992 bis 2001 das Verhältnis der Gesundheitsausgaben der GKV zum BIP konstant bei etwas über 6 Prozent. Die Gesundheitsausgaben zu Lasten der GKV sind also nicht schneller gestiegen als die gesamtwirtschaftliche Leistung, sondern entwickeln sich proportional zum Bruttoinlandsprodukt. Der kontinuierliche Druck auf den Anstieg der Beitragssätze beruht also darauf, dass dem hohen Ausgabenwachstum unterproportionale Zuwächse der Einnahmen gegenüberstehen bzw. auf dem Zurückbleiben der Bemessungsgrundlage der Beiträge, nämlich der Bruttolohn- und Bruttogehaltsumme. Die Entwicklung der beitragspflichtigen Einnahmen pro Mitglied der GKV fällt seit Jahren hinter dem BIP pro Erwerbstätigem zurück.

Als Ausweg werden Möglichkeiten zur Verbreiterung der Bemessungsgrundlage für die GKV diskutiert. Diese reichen vom Einbeziehen zusätzlicher Mitgliedsarten, z. B. Abschaffung der PKV oder Einbeziehung der Beamten und soziale Beitragsanpassung bei den Rentnern, bis zur Einbeziehung anderer Einkommensarten – z. B. Kapitaleinkünfte –, um die Einnahmen der GKV zu stabilisieren oder sogar zu erhöhen. Letzteres bringt einen erheblichen Verwaltungsaufwand mit sich. Eine weniger aufwändige Finanzierungsalternative stellen Pauschal- oder Kopfprämien für Versicherte dar, die jeder Versicherte in gleicher Höhe – unabhängig vom erzielten Einkommen – an die GKV entrichtet. In diesem Modell wird der soziale Ausgleich über das Steuer-Transfersystem erfolgen, wie dies beispielsweise in der Schweiz der Fall ist. Kopfpauschalen haben arbeitsmarktpolitisch den Vorteil, dass sie die Gesundheitskosten vom Arbeitseinkommen abkoppeln und damit den Faktor Arbeit entlasten.

Mit knapp 80 Prozent Anteil der öffentlichen Gesundheitsausgaben an den Gesamtausgaben liegt Deutschland etwas über dem Durchschnitt der betrachteten europäischen Länder mit etwa 75 Prozent. Neben den Sozialversicherungen wird das Gesundheitswesen durch weitere Ausgabenträger finanziert. Rund 12 Prozent der Gesamtausgaben fallen in Form von Selbstbeteiligungen und direkten Konsumausgaben der privaten Haushalte an. Einen Überblick über die Gesamtfinanzierung gibt folgende Abbildung.

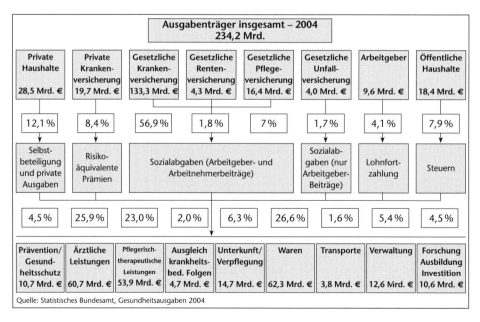

Abb. 1: Ausgabenträger und -empfänger im deutschen Gesundheitswesen

Leistungsumfang und Steuerungsinstrumente

Der Leistungsumfang der GKV gilt im internationalen Vergleich als sehr umfangreich. Ein gesetzlich festgelegter Leistungskatalog existiert bisher nicht. Die Krankenkassen übernehmen die Behandlungskosten bei freier Wahl unter den an der vertragsärztlichen Versorgung teilnehmenden Ärzten. Der Patient kann auch direkt den Facharzt aufsuchen. Seit Anfang 2004 werden 10 Euro Praxisgebühr bei der Konsultation des Arztes erhoben. Wer zuerst zum Hausarzt geht und sich ggf. an weitere Ärzte überweisen lässt, zahlt die Praxisgebühr nur einmal pro Quartal. Derzeit entstehen weitergehende Hausarztmodelle initiiert durch die Krankenkassen, bei denen man die gesamte Praxisgebühr sparen kann. Außer im Notfall bedarf die Einweisung in ein Krankenhaus der ärztlichen Überweisung. Zu den Kosten trägt der Patient mit einer Zuzahlung von 10 Euro pro Tag bis zum 28. Behandlungstag pro Kalenderjahr bei. Für verschreibungspflichtige Arznei- und Verbandsmittel fällt eine Zuzahlung von 10 Prozent des Preises an, dabei mindestens 5 Euro und maximal 10 Euro pro Mittel. Mittel, die weniger als 5 Euro kosten, zahlt der Patient selbst. Verschreibt der Arzt ein Medikament, das teurer ist als ein festgelegter Festpreis, so trägt der Patient die Differenz selbst. Bis Ende 2003 wurden in Deutschland sogar nicht verschreibungspflichtige Arzneimittel bei Verordnung durch den Arzt erstattet. Diese werden jedoch ebenso wie Lifestyle-Präparate nicht mehr erstattet. Weiterhin entfiel 2004 der Zuschuss zu Sehhilfen und das Sterbegeld; weitere Leistungen, wie z. B. künstliche Befruchtung, wurden rationiert. Generell gelten bei den privaten Zuzahlungen Belastungsgrenzen von 2 Prozent und bei chronischen Patienten 1 Prozent der Bruttoeinnahmen zum Lebensunterhalt. Eine generelle Ausnahme der Selbstbeteiligung gilt bei Kindern. Insgesamt ist festzustellen, dass sowohl die Arzneimittelausgaben mit 14,5 Prozent von den Gesamtausgaben als auch der bislang privat zu tragende Anteil mit etwa 25 Prozent (Stand 2002) im Ländervergleich eher gering ist.

Die ambulante Versorgung wird fast ausschließlich von niedergelassenen Haus- und Fachärzten gewährleistet, die in Einzel- und Gemeinschaftspraxen arbeiten. Besonders auffällig ist der starke Anstieg bei den Fachärzten, während in ländlichen Gebieten die hausärztliche Versorgung immer schwieriger sicherzustellen ist. Für die stationäre Versorgung sind ca. 2 200 Krankenhäuser zuständig. Sowohl, was die Versorgung mit Akutbetten anbelangt, als auch bei der Verweildauer bestehen in Deutschland noch Aufholpotenziale im Vergleich zu anderen Ländern. Die Einführung eines neuen Vergütungssystems wird hierbei die Privatisierung, den Zusammenschluss und das Ausscheiden von stationären Einrichtungen treiben. Verschreibungspflichtige Arzneimittel werden in Deutschland über 21 000 öffentliche Apotheken vertrieben. Darüber hinaus gibt es Krankenhausapotheken, die zumeist ökonomische Vorteile dadurch erhalten, dass die Einstellung eines Patienten auf ein bestimmtes Präparat in der Klinik erfolgt. OTC-Präparate gelangen zunehmend auch über den Lebensmitteleinzelhandel und Drogerieketten in den Markt.

Aufgrund der ständig steigenden Kosten wurden in Deutschland in den letzten Dekaden zahlreiche Rationierungsmaßnahmen ergriffen. Im Bereich der ambulanten

Leistungserbringung wurden die budgetierten Leistungen gedeckelt, so dass Ärzte durch Ausweitung ihrer Behandlungen Einnahmeverluste hinnehmen. Im stationären Sektor erfolgt die Umstellung von einem faktischen Kostendeckungsprinzip über ein Fallpauschalensystem ab 2003 zu einem DRG (Diagnosis Related Group) basierten Vergütungssystem, das nach dem Vorbild Australiens sehr komplex adaptiert wurde. Infolge dieser Umstellung entsteht ein dramatischer Umbruch und Verdrängungswettbewerb im stationären Sektor, dem bis zu 25 Prozent der bestehenden Einrichtungen zum Opfer fallen könnten. Auch die Arzneimittelkosten standen häufig im Fokus: Negativliste, Förderung von Generika, Aut-idem-Substitution für ein günstigeres Präparat und ein umfangreiches Festpreissystem sind in Deutschland existierende Kostensenkungsinstrumente. Mit dem GKV-Modernisierungsgesetz (GMG), das zum 1.1.2004 in Kraft trat, wurden diese noch erweitert. Obwohl das Gesetz als eines der großen Sozialreformen bundesdeutscher Geschichte angekündigt wurde, wird ihm vorgeworfen, schlussendlich nur eine „Notoperation" und ein weiteres Kapitel vergeblicher Kostensenkungsinstrumente zu sein. Unter dem Motto „Mehr Mitsprache, Mehr Qualität, Mehr Effizienz" umfasst das Gesetz zahlreiche Veränderungen. Zur Erhöhung der Transparenz wurde die Patientenquittung eingeführt, die dem Patienten die Übersicht der vorgenommenen Leistungen bieten soll. Ab 2006 soll eine elektronische Gesundheitskarte Fehlversorgung vermeiden und Rezepte elektronisch abwickeln. Weiterhin sollen die GKV ihre Kosten transparenter darstellen und Vorstandsgehälter offen legen; überdurchschnittliche Verwaltungskosten werden gedeckelt. Die Krankenkassen werden verpflichtet, ihren Mitgliedern ein Hausarztsystem anzubieten, d. h. dass Patienten, die den Hausarzt als Gatekeeper für weitere Leistungen zuerst konsultieren, einen Bonus erhalten. Boni sollen auch für die Teilnahme an Vorsorgeuntersuchungen und an speziellen Chronikerprogrammen gewährt werden. Letztere werden erstmals durch eigene Budgets aus dem Risikostrukturtopf der Kassen motiviert. Die Problematik der sektoralen Trennung wird durch die gezielte, auch finanzielle Förderung medizinischer Versorgungszentren adressiert. In ihnen können sich ambulante und stationäre Einrichtungen sowie Therapeuten aus anderen Heilberufen zusammenschließen und den Behandlungsprozess im Interesse der Patienten effizienter und effektiver koordinieren. Die Umsetzung ist jedoch in rechtlichen und wirtschaftlichen Details äußerst schwierig. Daneben können Krankenhäuser im ambulanten Bereich hoch spezialisierte fachärztliche Leistungen anbieten. Auch die Qualität der ärztlichen Behandlung soll durch flächendeckende Einführung eines Qualitätsmanagements in Praxen und Krankenhäusern gesteigert werden.

Während viele der genannten Maßnahmen zeitlich noch nicht greifen bzw. konkretisiert sind, sind kurzfristig vor allem diejenigen wirksam, die die Arzneimittelversorgung betreffen. Pharmazeutische Unternehmen mussten im Jahr 2004 einen 16-prozentigen Herstellerabschlag für alle festbetragsfreien verschreibungspflichtigen Arzneimittel an die GKV leisten. Außerdem wurde das Festbetragssystem wieder auf patentgeschützte Arzneimittel ausgeweitet. Dadurch sollen Preiserhöhungen durch so genannte „Scheininnovationen" ausgeschlossen werden. Ein durch die Selbstverwaltung neu geschaffenes „Institut für Qualität und Wirtschaftlichkeit" soll zukünftig den Nutzen von Arzneimitteln bewerten, wobei dem Institut selbst vorgeworfen wird, eine Scheininnovation zu sein. Über die Festlegung einer Positivliste für die nicht verschreibungspflichtigen Präparate fallen diese fast komplett aus der Erstattung. Die Aut-idem-Regelung wurde verschärft und Importarzneimittel, die bevorzugt abzugeben sind, müssen mindestens 15 Prozent billiger sein als das Originalpräparat. Außerdem ist die Preisbildung für nicht verschreibungspflichtige Arzneimittel frei, d. h. aus der Arzneimittelpreisverordnung herausgenommen. Die Apotheken berechnen nun einen Festzuschlag von 3 Prozent und 8,10 Euro je erstattungsfähigem Präparat anstatt der früheren rein prozentualen Aufschläge. Zusätzlich wurde den Apothekern der Besitz von mehr als einer Apotheke erlaubt – derzeit bis zu drei „Filialen" – und der Versandhandel mit Arzneimitteln freigegeben.

Ausblick

Die Herausforderungen an etablierte Gesundheitssysteme treffen Deutschland in besonderem Maße. Die Bevölkerung der wohlhabenden Industrienationen wird durchschnittlich immer älter. Diese demografische Entwicklung beeinflusst das Gesundheitswesen in zweifacher Weise. Der Anteil der Rentner an der Gesamtbevölkerung wächst zunehmend. Da ein Rentner jedoch weniger an der Finanzierung der Gesundheitsversorgung beteiligt ist, ergibt sich im Kontext umlagefinanzierter Systeme eine negative Einnahmenentwicklung. Zudem steigen die Gesundheitsausgaben, da ältere Menschen im Durchschnitt einer intensiveren medizinischen Betreuung bedürfen. Es ergibt sich eine Scherenentwicklung zwischen Einnahmen und Ausgaben des Systems. Für Deutschland wird ein Anstieg des Bevölkerungsanteils der über 60-Jährigen von heute 24 Prozent auf ca. 37 Prozent im Jahr 2050 prognostiziert. Die Relation der Geburtenziffer zur Todesrate (= Geburtenrate) zählt zu den niedrigsten in Europa, wofür vor allem gesellschaftspolitische Rahmenbedingungen, aber auch eine sinkende Fruchtbarkeit als Gründe gelten. Nur Japan hat unter den OECD-Ländern ein ungünstigeres Verhältnis zwischen älteren und jüngeren Menschen. Weiterhin führen der medizinisch-technische Fortschritt in Diagnose und Therapie, z. B. durch Gen- und Biotechnologie und regenerative Medizin, und ein höheres Anspruchsverhalten der Patienten zu einer Steigerung der machbaren Behandlungsqualität. Diese ist zum Teil mit höheren Kosten verbunden und führt zu einer Diskussion um das medizinisch Notwendige, das man solidarisch finanzieren sollte. Neben den genannten Kostentreibern hat das deutsche Gesundheitssystem gravierende Ineffizienzen aufgrund der gewachsenen Strukturen und seiner Dezentralität. Die traditionell angebots- statt leistungsorientierte Gestaltung, die sektorale Trennung zwischen ambulanter und stationärer Versorgung mit eigenen Budgets und mangelnde Transparenz über Behandlungsabläufe und deren Koordination konnten auch in jahrzehntelangen Reformen keine gravierenden Fortschritte erzielen. Die grundsätzliche Veränderung des Systems ist daher Bestandteil der aktuellen politischen Debatte.

Frankreich

Frankreich ist das zweitgrößte Land der EU. Nach dem Zweiten Weltkrieg noch eher ländlich geprägt, leben heute drei Viertel der 62 Millionen Einwohner zählenden Gesellschaft in größeren Städten. Die Wirtschaftskraft von 26 150 Euro KKS pro Kopf liegt zwischen Großbritannien und Deutschland und beträgt gesamt 1 625 Mrd. Euro. Mit 9,7 Prozent Arbeitslosenquote und hohem Staatsdefizit hat es aber auch viele der ökonomischen und strukturellen Probleme wie Deutschland zu bewältigen. Die Franzosen investieren etwa 30 Prozent ihres Bruttoinlandsproduktes in soziale Absicherung wie Renten, Gesundheit, Arbeitslosenunterstützung, Familie und Kinder sowie Behinderung. Mit 150 Mrd. Euro beziehungsweise 9,7 Prozent vom BIP stehen die Franzosen an dritter Stelle in der EU, das entspricht 2 903 Euro pro Kopf KKS. Seit 1970 ist dieser Anteil um 4,3 Prozent-Punkte angestiegen. Das Gesamtbild des Gesundheitsstatus in Frankreich enthält Widersprüche. Im internationalen Vergleich leben Frauen mit einer Lebenserwartung von 81,3 Jahren länger und ältere Menschen bleiben bei besserer Gesundheit. Der Anteil der älter als 65-Jährigen betrug in 2002 17,3 Prozent und wird auch in Frankreich auf 20,3 Prozent in 2020 ansteigen, was jedoch unterhalb des prognostizierten EU-Durchschnitts von 21,0 liegt. Auch in Bezug auf Herzkreislaufkrankheiten liegt Frankreich gut im Vergleich und die Mortalität durch Alkohol, Zirrhosen und Krebs reduziert sich. Anderseits hat Frankreich eine hohe Mortalität bei jungen Männern aufgrund von Nikotin und Unfällen. Hinzu kommen substantielle geografische Unterschiede bezüglich des Gesundheitszustandes.

Struktur und Finanzierung des Gesundheitssystems

Das französische Gesundheitssystem liegt zwischen einem staatlich dominierten (Beveridge) und einem Bismarckschen, rein versicherungsbasierten Modell. Es basiert auf einem obligatorischen Sozialversicherungssystem, bei dem die Mitgliedschaft vorrangig von dem Kriterium der Beschäftigung (Arbeitnehmer, Selbständige) und subsidiär von dem des Wohnsitzes bestimmt wird. Es wird gesteuert vom Staat über Parlament, Regierung und verschiedene Ministerien und den gesetzlichen Krankenversicherungen sowie in geringen Maßen kommunalen Einrichtungen auf *Département*-Ebene. Das komplexe Zusammenspiel dieser Institutionen wurde maßgeblich durch die Juppé-Reform 1996 beeinflusst, in der neben der generellen parlamentarischen Kontrolle über das Gesundheitssystem ein stärkerer Einfluss der Regionen mit eigenen Institutionen festgelegt wurde. Jedes Jahr verabschiedet das Parlament seitdem auf Basis der Berichte der nationalen Gesundheitskonferenz und einer unabhängigen Rechnungsstelle (Cour des comptes) ein Gesundheitsgesetz, das das Gesamtbudget (ONDAM) prospektiv für das nächste Jahr deckelt und einzelne Erstattungen und Benefits regelt. Das Gesundheitsministerium hat weit reichende Aufgaben der Aufteilung des Budgets auf Sektoren und bei den stationären Budgets auf Regionen sowie in der Steuerung und Überwachung der Leistungserbringer. Es setzt Preise und Richtlinien für medizinische Behandlungen (National Agency for

Accreditation and Evaluation of Health Care (ANAES)), Produkte und Arzneimittel (Economic Committee for Medical Products (CEPS)) fest und stimmt den Verträgen zwischen den Krankenversicherungen und den Interessenvertretungen der Leistungserbringer zu. Der verpflichtende gesetzliche Krankenversicherungsschutz in Frankreich wurde zunehmend von einzelnen Berufsgruppen auf die Gesamtbevölkerung ausgeweitet. Generell bezieht sich der Versicherungsschutz auch auf die Angehörigen und Lebensgemeinschaften. Etwa 97,8 Prozent sind in den Versicherungsarten Régime generale (Angestellte), Mutualité sociale agricole (Landwirte) und CANAM (Selbständige und Freiberufler) abgedeckt, der Rest in verschiedenen weiteren kleineren Versicherungen. Zwischen den Versicherungsarten erfolgt ein Demographie-basierter Finanzausgleich.

Die gesetzliche Krankenversicherung trägt nur 76 Prozent (2002) der gesamten Gesundheitsausgaben. Daher haben immer mehr Franzosen in den letzten Jahren eine zusätzliche freiwillige Absicherung (Mutuelles). In 2000 waren es 86 Prozent der Bevölkerung. Diese freiwilligen Versicherungen tragen weitere ca. 13,2 Prozent der Kosten, 10,8 Prozent tragen die Bürger selbst. Die Finanzierung bzw. Beitragserhebung ist in den verschiedenen gesetzlichen Versicherungsarten unterschiedlich. Bis 1998 wurde ein Drittel der Einnahmen durch lohnabhängige Arbeitnehmerbeiträge und etwa zwei Drittel durch Arbeitgeberbeiträge (Beitragssatz 2004: ~ 12,8 Prozent) erhoben. Ein besonderes Kennzeichen des französischen Systems ist die Umstellung eines Großteils der Arbeitnehmerbeiträge in eine Art Steuer (contribution sociale generale CSG) (~5 Prozent), die auf das Gesamteinkommen und nicht die Lohnsumme erhoben wird. Trotz einer geringeren Lohnabhängigkeit sind 51 Prozent der gesetzlichen Gesundheitsausgaben Lohnnebenkosten, wie folgende Abbildung zeigt.

	Einkommen der gesetzlichen Krankenversicherung (general scheme)			
	1990		2000	
	in Mio. EUR	%	in Mio. EUR	%
Arbeitnehmerbeiträge	20,1	32,2	3,4	3,4
Arbeitgeberbeiträge	39,3	63,1	49,8	51,1
Beiträge gesamt	**59,4**	**95,2**	**53,2**	**54,5**
CSG (Pauschalabgabe Arbeitnehmer)	0,0	0,0	33,8	34,6
Spezielle Steuer (Tabak, Dosen, Alkohol)	1,0	1,6	3,3	3,3
Besteuerung der Pharmaindustrie	0,0	0,0	0,7	0,8
Steuern gesamt	**1,0**	**1,6**	**37,8**	**38,7**
Staatl. Beitrag zur Beitragskompensation	0,3	0,5	4,8	4,9
Risikostrukturausgleich	0,7	1,1	0,3	0,3
Sonstiges	1,0	1,5	1,5	1,6
Gesamt	**62,3**	**100,0**	**97,6**	**100,0**
Quelle: WHO, Commission des Comptes de la Securité Sociale 2001				

Abb. 2: Veränderung der Finanzierungsbasis in Frankreich

Leistungsumfang und Steuerungsinstrumente

In Frankreich gibt es freie Arztwahl, Verschreibungsfreiheit und ein dichtes Netz an staatlichen und privaten sozialen Sicherungssystemen mit hohem medizinischem Standard. Der Patient streckt die Behandlungskosten beim Hausarzt vor und nimmt so die besonders hohen gesundheitlichen Leistungen bewusster und eigenverantwortlicher in Anspruch. Das System der Abrechnung bei den Kassen bleibt dadurch transparenter und kontrollierbarer. Es besteht ein Referenzsystem zwischen Allgemeinmediziner und Facharzt. Die Selbstbeteiligung für Arzneimittel ist in drei Stufen eingeteilt: 35 Prozent, 65 Prozent für Mittel zu Behandlung leichter Störungen und Erkrankungen und 100 Prozent für Bagatellarzneimittel. Es existiert keine Selbstbeteiligung bei chronischen Kranken für dieselbe Krankheit. Die Ausgaben für Arzneimittel entsprechen etwa 21 Prozent der Gesamtausgaben, davon macht die private Beteiligung ein Drittel aus. Ein strenges staatliches Aufsichtsgremium (Commission on Transparency and the Economic Committee for Medical Products – CEPS) wacht über die Arzneimittelpreise, welche heute im europäischen Vergleich zu den günstigsten gehören. Dabei beziehen die Hersteller zunehmend Volumen und Werbeausgaben mit in die Verhandlungen ein. Bezüglich der Erstattung gibt es Rahmenvereinbarungen zwischen Pharmaindustrie und Staat. Die Positivliste umfasst etwa 4 500 Wirkstoffe und erstattungsfähige Produkte. Diese machen 91,5 Prozent des Apothekenumsatzes aus. Generika werden präferiert eingesetzt, machen jedoch immer noch einen geringen Anteil der gesamten Arzneimittelausgaben aus (1999 2 Prozent). Auch das Verschreibungsverhalten der Ärzte wird diesbezüglich beeinflusst. Seit 1999 ist wiederholt ein „Delisting" und Herunterstufen von Präparaten in niedrigere Erstattungsstufen vorgenommen worden. Für 5 Prozent des Marktes existiert ein Referenzpreissystem.

Ausblick

Das französische Gesundheitssystem repräsentiert ein Mischsystem in vielerlei Hinsicht. Pflichtversicherung und freiwillige Versicherung, private und öffentliche Leistungserbringung, staatliche Kontrolle, freier Zugang und komplexe pluralistische Managementstrukturen. Das System reflektiert somit eine Balance zwischen Werten wie Gerechtigkeit, Freiheit und Effizienz, ist aber strukturell äußerst schwierig. Hohe Defizite in den letzten Jahren führten zu zahlreichen Kostensenkungsreformen. Nutzenbasierte Erstattungsmodelle wurden ausgeweitet, die stationäre Landschaft konsolidiert und ein DRG-System befindet sich in der Testphase. Auch soziale Ungleichheiten in der Versorgungsqualität wurden identifiziert. Ihre zunehmende Bedeutung veranlast die freiwilligen Versicherungen, Managed-Care-Elemente in das System mit einzubringen. Dennoch gehört Frankreichs Gesundheitssystem nach Meinung der Weltgesundheitsorganisation (WHO) in punkto Qualität und Versorgung zu den besten der Welt.

Griechenland

Griechenland zählte 2004 elf Millionen Einwohner. Diese erwirtschafteten ein BIP von etwa 164 Mrd. Euro, das sind knapp unter 19 000 Euro KKS pro Kopf und somit 70 Prozent vom EU-Durchschnitt vor der Erweiterung in 2004. Bei relativ geringem Wachstum hat das Land eine hohe Inflation von fast 4 Prozent. Dennoch investierten die Griechen 9,5 Prozent ihres Nationalproduktes in die Gesundheit, das sind absolut 1 925 Euro KKS pro Kopf. Im Zehn-Jahres-Vergleich haben die Ausgaben um immerhin zwei Prozentpunkte zugenommen. Was die Qualität der Gesundheitsversorgung anbelangt, so hat Griechenland eine der höchsten Lebenserwartungen in der EU bei den Männern, die der Frauen liegt im EU-Durchschnitt. Auch die Krebsprävalenz ist relativ niedrig. Es fällt jedoch auf, dass eine weitere Verbesserung des Gesundheitszustandes bei den Griechen in den letzten Jahren nicht zu verzeichnen ist.

Struktur und Finanzierung des Gesundheitssystems

In Griechenland gibt es ein obligatorisches Sozialversicherungssystem für Arbeitnehmer und gleichgestellte Gruppen. Es besteht Versicherungspflicht für alle Arbeitnehmer, Rentenempfänger und Arbeitslose. Unterhaltsberechtigte Familienmitglieder des Versicherten sind anspruchsberechtigt. Das System ist jedoch relativ komplex. Die Verträge mit den Leistungserbringern beispielsweise werden je nach Berufsgruppen von unterschiedlichen Ministerien ausgehandelt. Es gibt etwa 240 Krankenkassen, darunter vier große Organisationen, die IKA, OGA, OAEE und OPAD, in denen zusammen etwa 95 Prozent der Bevölkerung versichert sind. Die Finanzierung des Systems variiert von Krankenkasse zu Krankenkasse. Sie erfolgt aus einer Mischung aus Steuern und meistens einkommensabhängigen Versicherungsbeiträgen, die von Arbeitnehmern und Arbeitgebern aufgebracht werden, und einem nicht unbeträchtlichen Anteil privater Ausgaben. Der staatliche Anteil ist jedoch beträchtlich gestiegen. Es gilt das Sachleistungsprinzip. Auffällig ist ein relativ hoher privater Anteil an den Leistungserbringern, 26 Prozent der stationären Betten fallen unter private Trägerschaft. Der öffentliche Anteil an den Gesundheitsausgaben wird unterschiedlich beziffert. Betrachtet man die „offiziellen" Ausgaben, so sind es etwa 70 Prozent. Es gibt jedoch relativ viele „unoffizielle" Zahlungen, die hauptsächlich an Ärzte fließen, um einen besseren Service zu gewährleisten oder Wartelisten zu umgehen. Demnach sind gemäß OECD nur 52,9 Prozent der Gesundheitsausgaben echte öffentliche Ausgaben. D. h. mit 47 Prozent tragen die Patienten fast die Hälfte aller Gesundheitsausgaben selbst. In der ESY-Reform 2000 wurden zahlreiche Vorschläge für die Modernisierung des Systems erarbeitet, die vor allem die Beschaffung von Gesundheitsleistungen durch eine gemeinsame Versicherung, die Dezentralisation der Administration und private Managementstrukturen in öffentlichen Krankenhäusern vorsah. Freie Arztwahl besteht in Griechenland nicht. Der Versicherte lässt sich von dem örtlich zuständigen Arzt des Versicherungsträgers behandeln. Dementsprechend ist der Zugang zum Facharzt nur unter bestimmten Bedingungen möglich.

Leistungsumfang und Steuerungsinstrumente

Die Behandlung beim Arzt unterliegt keiner Selbstbeteiligung, auch nicht bei der stationären Behandlung. Die Griechen beteiligen sich mit 25 Prozent an den Kosten aller verschriebenen Arzneimittel. Für bestimmte Krankheiten beträgt die Selbstbeteiligung nur 10 Prozent, wie z. B. bei Parkinson. Auch Rentner, die eine Mindestrente beziehen, zahlen nur 10 Prozent. Keine Selbstbeteiligung zahlen chronisch Kranke und Schwangere sowie Personen, die einen Arbeitsunfall hatten. Ausgaben für Arzneimittel machten etwa 2 Prozent des Bruttosozialproduktes und 15 Prozent der Gesamtausgaben aus. Der gesamte Privatanteil wird hier auf 28 Prozent geschätzt. Die griechische Pharmazeutische Industrie ist stark konzentriert. Die Lizenzierung, Überwachung und Verwaltung von Arzneimitteln unterliegt der National Drug Organisation (NDO), die dem Gesundheitsministerium untergeordnet ist. Es gibt ca. 7 600 Apotheken und 130 pharmazeutische Großhändler. Es gibt in Griechenland nach wie vor kaum Steuerungssysteme, den Arzneimittelverbrauch zu senken. So werden weniger teure Arzneimittel vom Markt genommen und durch teurere ersetzt, was zu einem stärkeren Preis- als Mengenanstieg führte. Alle Arzneimittel unterliegen jedoch der staatlichen Preiskontrolle. Bislang haben nicht alle Krankenversicherungen eine Positiv- und/oder Negativliste. Eine landesweite Positivliste ist in der Planung. Studien zeigten weiterhin, dass 35 Prozent der verschriebenen Präparate nicht auf der Positivliste standen. Durch Einführung von Sanktionen sank dieser Anteil auf 15 Prozent. Generika werden nicht explizit begünstigt, jedoch werden sie automatisch in die Positivliste aufgenommen, wenn das Originalpräparat auf ihr steht und sie 20 Prozent günstiger als dieses sind. Das Referenzpreissystem wurde angepasst und führte kaum zu einer Verringerung des Arzneimittelverbrauchs. Die Steuerung des Verschreibungsverhaltens ist limitiert. Selbst die Trennung zwischen verschreibungsfähigen und reinen OTC-Produkten war in den 90er Jahren noch nicht umgesetzt.

Ausblick

Zusammenfassend ist festzustellen, dass das griechische Gesundheitssystem komplex strukturiert ist und Leistung steuernde Elemente noch weitgehend fehlen. Steigerung, Einheitlichkeit und Sicherstellung der Versorgungsqualität sind ebenso Aufgaben für anstehende Reformen wie die Einführung eines Überweisungssystems.

Großbritannien

Die Gesamtbevölkerung in Großbritannien betrug im Jahre 2002 60 Millionen Einwohner. Davon waren 47,7 Prozent erwerbstätig. Die Arbeitslosenquote betrug nur 4,7 Prozent. Das BIP mit 1 716 Mrd. ist das zweitgrößte in der EU und beträgt 27 820 Euro KKS pro Kopf. Die Staatsquote liegt unter 40 Prozent des BIP und ist niedriger als in den anderen „großen" EU-Ländern. Die Todesfälle sind von 1970 bis 1999 um ca. 4 Prozent gesunken, wohingegen im gleichen Zeitraum die Geburtsziffer überproportional um ca. 23 Prozent abnahm. Mit etwas mehr als 25 Prozent sind die Ausgaben für die soziale Absicherung deutlich unter dem europäischen Durchschnitt. Der Anteil der über 65-Jährigen mit heute 15,9 Prozent wird zwar ebenfalls stark steigen, jedoch auch in 2020 nicht über 18 Prozent liegen. Mit 7,7 Prozent Gesundheitsausgaben vom BIP liegen die Briten am unteren Ende im europäischen Vergleich. Auch ihr Anstieg ist mit knapp einem Prozent-Punkt in den letzten 10 Jahren relativ gering. Pro Kopf investieren die Briten nur 1 716 Euro KKS pro Kopf in die Gesundheit. Der Preis dafür sind lange Wartezeiten, z. B. bis zu fünf Monate auf einen nicht akuten operativen Eingriff, qualitative Mängel und strukturelle Angebotsdefizite. Aufgrund massiver Kritik an den Warteschlangen entschloss sich die britische Regierung, die Finanzmittel für das Gesundheitswesen in Zukunft erheblich auszuweiten.

Struktur und Finanzierung des Gesundheitssystems

Die gesundheitliche Versorgung der Bevölkerung Großbritanniens wird durch den im Jahre 1948 gegründeten National Health Service (NHS) sichergestellt. Der NHS ist größtenteils ein steuerfinanziertes und staatlich verwaltetes Gesundheitssystem. Unabhängig von Einkommen, Versichertenstatus und Staatszugehörigkeit können alle Menschen die gleichen Gesundheitsleistungen in Anspruch nehmen. Zu der umfassenden Gesundheitsversorgung des NHS zählen die allgemein- und fachärztliche sowie die ambulante und stationäre Versorgung. Die zahn- und augenärztliche Versorgung wird ebenso bereitgestellt wie die Unterbringung in Pflegeeinrichtungen, Rehabilitationsmaßnahmen und die Versorgung mit Medikamenten. Die britische Gesundheitsversorgung basiert auf dem so genannten Gatekeeper-Prinzip. Als Casemanager begleitet der Hausarzt den Patienten während des gesamten Krankheitsprozesses. Seine Vergütung erfolgt über Kopfpauschalen. Das Leistungserbringerangebot wird staatlich durch die Primary Care Groups (PCGs = Netzwerk der Hausärzte) geplant, deren Vertragspartner sowohl die freiberuflich tätigen Allgemein- und Zahnmediziner, Augenoptiker und Apotheker, als auch die Krankenhäuser (NHS-Trusts) sind. Im Gegensatz dazu befinden sich die Einrichtungen, die für die ambulante Pflege und soziale Betreuung der Community Services zuständig sind, in kommunaler oder privater Trägerschaft und werden als Non-profit-Organisationen vertraglich an den NHS gebunden.

Die Komplexität der Mittelaufbringung in Großbritanniens Gesundheitssystem ist weitaus geringer als in anderen Ländern. Es existiert ein öffentliches Gesundheitsbudget, das durch alle Arten von Steuern aufgebracht wird und die wichtigste Finanzierungsquelle im britischen Gesundheitssystem darstellt. Der öffentliche Anteil an der Finanzierung des britischen Gesundheitssystems beträgt 83,4 Prozent. Der Anteil der gesamten privaten Ausgaben konnte im gleichen Jahr auf 16,6 Prozent beziffert werden und wird nur von Schweden, Dänemark und Tschechien unterboten. Eine Steuerfinanzierung wird durch den National Insurance Fund (NIF) ergänzt, eine durch die Beiträge von Arbeitnehmern, Arbeitgebern und Selbstständigen finanzierte Einrichtung, die für die Vergütung von medizinischen Diensten im Rahmen der

Renten-, Arbeitslosen- und Arbeitsunfähigkeitsversicherung aufkommt. Die Patienten haben nur die Möglichkeit, durch private Krankenversicherungen (~ 4 Prozent der Ausgaben) oder Out-of-pocket-Zahlungen die Wartelisten der Leistungserbringer zu umgehen. Da manche Patienten – etwa 15 Prozent der Bevölkerung verfügt über eine private Zusatzversicherung – die Prämien für private Krankenversicherungen nicht aufbringen können, greifen sie auf das Mittel der Out-of-pocket-Zahlungen im Krankheitsfall zurück.

Leistungsumfang und Steuerungsinstrumente

Die Trägerschaft der stationären und ambulanten Versorgungseinrichtungen Großbritanniens liegt überwiegend in staatlicher Hand. Etwa 75 Prozent der General Practitioner Großbritanniens arbeiten in Gesundheitszentren. Den Hausarzt kann der Patient frei wählen. Im Gegensatz zu Deutschland arbeiten die Fachärzte ausschließlich in Krankenhäusern und nicht in freien Praxen. Die Vernetzung von ambulanten und stationären Leistungen wurde durch die Öffnung der Krankenhäuser zu Beginn des NHS für die ambulante fachärztliche Behandlung ermöglicht. An den Behandlungsleistungen des NHS trägt der Patient keine Selbstbeteiligung. Die Verschreibung von Arzneimitteln wird durch Positiv- und Negativlisten reguliert. Eine weitere Steuerung des Arzneimittelverbrauchs erfolgt über Zuzahlungsregelungen für Patienten. Mit 9,74 Euro je verordnetem Produkt zahlt der Patient im europäischen Vergleich relativ viel dazu. Durch jährliche (140 Euro) oder viermonatige (51 Euro) Vorauszahlungsscheine ergeben sich erhebliche Vorteile für diejenigen, die ständig auf Medikamente angewiesen sind. Ausgenommen von den Selbstbeteiligungen sind Kinder und Jugendliche, Schwangere und andere sozial geförderte Gruppen. Der Arzneimittelanteil an den Gesundheitsausgaben liegt bei 15,8 Prozent; 37,5 Prozent werden durch die Selbstbeteiligungen aufgebracht. Im Arzneimittelbereich werden die Preise für verschreibungspflichtige Medikamente zwischen dem Verband der Pharmazeutischen Industrie und dem Gesundheitsministerium ausgehandelt (Pharmaceutical Price Regulation Scheme). Die NHS-Trusts beziehen ihren Arzneimittelbedarf nicht über den Einzelhandel, sondern über öffentliche Ausschreibungen.

Durch das zehnjährige Programm „The New NHS" sollen alle Bereiche des NHS in die Qualitätssicherung integriert werden. So wurden Behandlungsleitlinien zur Vereinheitlichung der Behandlungsqualität entwickelt. Von besonderer Bedeutung ist das neu geschaffene National Institute for Clinical Excellence (NICE). Zu den Aufgaben des NICE zählen neben der Erstellung von Leitlinien die Methodenentwicklung für Clinical Audits und die Informationssammlung und -verbreitung zu allen Aspekten der Clinical Governance, insbesondere zu Fragen der Kosteneffektivität bei der Leistungserbringung. Es soll damit auch die Grundlagen für die einheitliche Fortschreibung des Grundleistungskatalogs erarbeiten. Weiterhin sollen Bedienstete des NHS entsprechend den nationalen Vorgaben in die Qualitätssicherung eingebunden werden. Zur Umsetzung und Wirksamkeit der Qualitätssicherungsmaßnahmen wurde die Commission for Health Improvement (CHI), welche regelmäßig Gesundheitseinrichtungen begutachten soll, eingerichtet. Weitere Maßnahmen sind die Veröffentlichungen von Leistungsvergleichen und öffentliche Befragungen der Patienten und des Gesundheitspersonals zur medizinischen Versorgung. Seit 1995 ist ein ökonomisches Register für Evaluationsstudien (NHS Economic Evaluation Database) verfügbar.

Ausblick

Der NHS mit seinem umfassenden Versicherungsschutz beinhaltet sämtliche Hauptbestandteile aller solidarisch finanzierten Sicherungssysteme. Er bietet einen einkommensunabhängigen Anspruch auf Behandlung, Versorgungsgerechtigkeit durch einen einheitlichen Leistungskatalog und weitgehend kostenfreie Sachleistungen. Das für die Gesundheitsversorgung aufgestellte Globalbudget ist ein zweckmäßiges Instrument zur Kostenkontrolle. Durch den eng gesetzten finanziellen Rahmen verhindert es jedoch dringend notwendige Modernisierungen und Kapazitätsausbauten. Um der Rationierung des Systems zu entgehen, weichen viele Patienten auf die teureren, privaten Finanzierungsarrangements aus. Eine Unterstützung der Rationalisierungsbemühungen erfolgt durch die Weiterentwicklung und Umsetzung von medizinischen und organisatorischen Qualitätsstandards. Großbritannien verfügt hierbei im internationalen Vergleich über fortschrittliche Strukturen. Die Patientensouveränität ist im NHS jedoch sehr begrenzt.

Italien

Mit knapp 58 Millionen Einwohnern ist Italien das viertgrößte Land der EU. Sein Wirtschaftswachstum in den letzten beiden Jahren lag nur bei knapp einem Prozent und damit bei der Hälfte des EU-Durchschnittswachstums. In 2004 erwirtschafteten die Italiener ein Volkseinkommen von 1 355 Mrd. Euro, was 24 600 Euro KKS pro Kopf entspricht und somit leicht über dem EU-25 Durchschnitt und leicht unter dem alten EU-15 Durchschnitt liegt. Die Arbeitslosenquote betrug 8 Prozent, was genau dem Durchschnitt der EU-15 entspricht. Die Gesundheit ließen die Italiener sich in 2003 8,5 Prozent des BIP kosten, das heißt pro Kopf 2 298 Euro KKS. Die Struktur der Bevölkerung hat sich in den 90er Jahren stark verändert. Da Italien eine der niedrigsten Fruchtbarkeitsraten der Welt hat und die Lebenserwartung gestiegen ist, kommt sein – in der EU niedrigstes – Bevölkerungswachstum hauptsächlich durch Einwanderung zustande. Bereits zum Jahrhundertwechsel kamen auf 100 14-Jährige oder Jüngere 125 65-Jährige oder Ältere. Mit 18,6 Prozent hat Italien den höchsten Anteil an dieser Altersgruppe und für 2050 wird ihr Anteil mit über 35 Prozent prognostiziert. Die Lebenserwartung liegt über dem EU-Durchschnitt und die Kindessterblichkeit bleibt bei den höchsten. Durch ein starkes ökonomisches Nord-Süd-Gefälle bestehen auch erhebliche regionale Unterschiede im Gesundheitszustand. So gibt es auf Sardinien 15,3 Prozent, die älter als 65 Jahre sind, während es in Ligurien 24,7 Prozent sind. Die Geburtenrate dort beträgt 6,6 pro 1000 Einwohner. In Bozen ist sie doppelt so hoch.

Struktur und Finanzierung des Gesundheitssystems

Italien hat ein regional basiertes nationales Gesundheitssystem (*SSN*), das umfassende Gesundheitsversorgung nach dem Sachleistungsprinzip erbringt. Es ist beitrags- und steuerfinanziert und gilt für die ganze Bevölkerung nach dem Wohnsitzprinzip. Abhängige Familienangehörige sind anspruchsberechtigt. Das System ist auf nationaler, regionaler und lokaler Ebene organisiert. Während das Ministerium für Arbeit, Soziale Dienste und Gesundheit den generellen Rahmen setzt und die Finanzierung sicherstellt, stellen die regionalen Regierungen im Rahmen eines nationalen Gesundheitsplans die Gesundheitsversorgung in Abhängigkeit von der Bevölkerungsanzahl durch ein Netzwerk lokaler Health-Management-Organisationen sicher. Die lokale Ebene besteht aus den Gesundheitseinheiten, öffentlichen Krankenhaus-Organisationen und privaten akkreditierten Leistungserbringern. Das nationale Gesundheitssystem wurde 2000 in ein Nationales Solidaritätssystem umbenannt, das bis 2013 auch eine fiskalische Dezentralisierung umsetzen soll. Das nationale Gesundheitssystem in Italien finanziert sich aus regionalen Steuern auf produktive Tätigkeiten, die 1997 Sozialversicherungsbeiträge ersetzten. Hinzu kommen zentral erhobene generelle Steuern und verschiedene weitere regionale Abgaben sowie Zuzahlungen. 75,3 Prozent der Gesundheitsausgaben sind öffentlich getragen, d. h. 25 Prozent werden privat finanziert. 20 bis 30 Prozent der Italiener haben eine private „Zusatzversicherung", die ihnen die Leistungen nicht akkreditierter Leistungserbringer ermöglicht, die zumeist schneller und oftmals komfortabler sind. Da der private und öffentliche Sektor jedoch schlecht integriert sind, ersetzen diese privaten Behandlungen die des nationalen Systems häufig, anstatt sie zu ergänzen. Da die privaten Krankenversicherungen laut OECD nur einen Anteil von 1 Prozent abdecken, ist der Out-of-pocket-Anteil mit 23,8 Prozent in Italien ähnlich hoch wie in anderen südlichen Ländern der EU.

Leistungsumfang und Steuerungsinstrumente

Die Italiener haben freie Wahl des Arztes unter den Vertragsärzten einer Region. Für den Zugang zu einem Facharzt ist eine Überweisung des praktischen Arztes notwendig und der Versicherte hat Fachärzte der Region zu besuchen (*Unita Sanitaria Locali, USL*). Italien hat die höchste Ärztedichte in den betrachteten Ländern und nur 16 Prozent der Ärzte sind Allgemeinmediziner. Der praktische Arzt erhält eine Pro-Kopf-Pauschale, der Versicherte trägt keine Kosten der Behandlung. 36 Euro Selbstbeteiligung werden pro Verordnung besonderer Untersuchungen oder je Besuch bei einem Facharzt oder Physiotherapeuten bezahlt. Je Verordnung dürfen maximal 8 Leistungen der gleichen Fachrichtung bzw. maximal 6 Leistungen im Rahmen der Sportmedizin oder Rehabilitation in Anspruch genommen werden. Das Krankenhaus oder die Vertragsklinik kann in der Region frei gewählt werden. Die Kosten für die Behandlung im Mehrbettzimmer werden komplett übernommen. Zugelassene Arzneimittel sind in drei Kategorien eingeteilt. Medikamente der Kategorie A – grundlegende Präparate für die Behandlung sehr ernster Krankheiten – sind kostenlos mit

Ausnahme einer festen Rezeptgebühr. Kategorie B umfasst Medikamente für Krankheiten, die nicht so gravierend wie unter Kategorie A sind. Sie sind für bestimmte Personengruppen ebenfalls kostenlos, alle anderen zahlen den halben Preis. Sonstige und nicht verschreibungspflichtige Medikamente gehören zur Kategorie C und müssen zu 100 Prozent vom Patienten selbst bezahlt werden. Insgesamt betragen die Arzneimittelausgaben 22,4 Prozent der gesamten Gesundheitsausgaben. In Summe werden 47,9 Prozent davon privat gezahlt. Zahnersatz wird nicht übernommen und Prothesen sowie Hilfsmittel werden von den lokalen Gesundheitsdiensten geliefert. Das Erstattungssystem entspricht somit einer Positivliste für Arzneimittel. Die Preise werden staatlich nach EU-Durchschnittspreisen festgelegt (Referenzpreissystem), die Ausgaben für Arzneimittel sind budgetiert und es wurden Zwangsrabatte eingeführt. Unternehmen, Großhändler und Apotheken müssen seit 1998 60 Prozent des Defizits des Arzneimittelbudgets ausgleichen, um den Ausgabenanstieg zu kontrollieren. Generika werden erst seit 1995 stärker gefördert. Generika, die mindestens 20 Prozent günstiger sind als das Originalpräparat, werden automatisch in der gleichen Klasse gelistet. OTC-Präparate werden nicht erstattet. Der italienische Generikamarkt ist jedoch noch vergleichsweise unterentwickelt. Arzneimittel werden ausschließlich über Apotheken vertrieben, wobei es staatliche und private Apotheken gibt. Die Dispensierung durch den Arzt wird diskutiert. Die Apothekenmarge ist gesetzlich fixiert unbeachtet weiterer Rabatte, die der Apotheker erhält. Dabei wurden die prozentualen Margen revers gestaltet, um die Attraktivität der Abgabe teurer Präparate zu vermeiden. Trotz mehrerer Versuche, das Verschreibungsverhalten zu kontrollieren, konnte dies den Anstieg der Arzneimittelausgaben nicht begrenzen. Die wirksamste Kontrolle scheinen hier die hohen Patientenzuzahlungen zu sein.

Ausblick

Auch im internationalen Vergleich hat die 1978 vorgenommene Änderung des italienischen Gesundheitssystems eine sozial ausgeglichene und gute Gesundheitsversorgung bewirkt. Die Zufriedenheit mit dem System in der Bevölkerung hat in den 90er Jahren stark zugenommen. Die regionalen Unterschiede und die demographischen Herausforderungen werden auch in Italien neue Reformen und Ideen erfordern.

Niederlande

Während im EU-Durchschnitt 50,3 Prozent aller Bürger mit ihrem jeweiligen Gesundheitssystem sehr oder ziemlich zufrieden sind, weisen die Niederlande mit einem Wert von 72,8 Prozent einen besonders hohen Zufriedenheitsgrad auf. Und das, obwohl sie mit 9,1 Prozent des Bruttoinlandsproduktes im europäischen Vergleich nur knapp mehr als der Durchschnitt ausgeben. Pro Kopf sind das 2 804 Euro KKS. Auch der Kostenanstieg in den letzten Jahren lag unter dem EU-Durchschnitt. Die Bevölkerung der Niederlande betrug 2004 16,3 Millionen Einwohner, die ein Bruttoinlandsprodukt von 465 Mrd. Euro produzieren. Die Wachstumsraten der letzten Jahre waren niedrig, die Inflation relativ hoch, jedoch die Arbeitslosigkeit mit 4,6 Prozent erstaunlich gering. Die niederländische Lebenserwartung liegt traditionell unter den höchsten in der Welt. Ihr Zuwachs ist jedoch in den letzten Jahren infolge schlechter Lebensgewohnheiten vor allem in den Städten stark zurückgegangen.

Struktur und Finanzierung des Gesundheitssystems

Das Gesundheitssystem der Niederlande ist in seiner Grundausprägung ein beitragsfinanziertes Sozialversicherungsmodell. Im Unterschied zu dem System der Bundesrepublik Deutschland ist aber bei breiten Bevölkerungsschichten eine Kombination von privatem und gesetzlichem Versicherungsschutz in der Absicherung des Krankheitsrisikos zu beobachten. Nur eine Grundstufe, die Absicherung gegen die so genannten „großen Krankheitsrisiken", wie chronische, degenerative und psychische Erkrankungen sowie Pflege, wird für alle Niederländer seit 1967 obligatorisch durch eine gesetzliche Allgemeine Versicherung für besondere Krankheitskosten (AWBZ) gewährleistet.

Die zweite Stufe, die die Versorgung bei akuten Erkrankungen sicherstellt, ist für rund zwei Drittel der Bevölkerung, die unter eine bestimmte Einkommensgrenze fallen, ebenfalls als Pflichtversicherung (ZFW) ausgestaltet, die durch gesetzliche Krankenkassen angeboten wird. Personen, die oberhalb dieser Einkommensgrenze liegen (etwa 35 Prozent der Bevölkerung), können den gleichen Leistungsumfang privat versichern. Als dritte Stufe werden sowohl von privaten als auch gesetzlichen Krankenversicherungen verschiedene freiwillige Zusatzversicherungen angeboten. Dieses Angebot wird von etwa 90 Prozent der Bevölkerung hinzu gewählt, weil der Leistungsumfang der ersten beiden Stufen bestimmte Leistungsbereiche, wie sie beispielsweise in der deutschen GKV abgedeckt sind, nicht umfasst.

Der Leistungskatalog der beiden obligatorischen Versicherungspakete (gemäß AWBZ und ZFW) wird mit verschiedenen gesundheitspolitischen Gremien vom Gesundheitsministerium, insbesondere dem Health Care Insurance Council (CVZ), festgelegt. Historisch hervorzuheben ist, dass das AWBZ auch Kosten der Langzeitbehandlung und -pflege abdeckt. Der Anteil der AWBZ-Kosten an den nationalen Gesundheitsausgaben beträgt rund 40 Prozent und wird zu etwa 80 Prozent aus einkommensabhängigen Beiträgen der Versicherten finanziert. Hinzu kommen im Wesentlichen Eigenbeteiligungen der Patienten sowie jährlich neu festgesetzte staatliche Zuschüsse. Gemäß dem Krankenversicherungsgesetz (ZFW) werden im Wege des Sachleistungsprinzips die Kosten für Diagnose und Behandlung akuter Erkrankungen und die Arzneimittelversorgung übernommen. Umfassende zahnärztliche Leistungen sind nur für Kinder und Jugendliche bis zum Alter von 18 Jahren im Leistungspaket enthalten. Die Finanzierung dieser Gesetzlichen Krankenversicherung erfolgt zu rund 75 Prozent über personenbezogene und einkommensabhängige Beiträge (Arbeitnehmer- und Arbeitgeberanteile) sowie moderate Pauschalbeiträge der Versicherten. Darüber hinaus fließen der gesetzlichen Krankenversicherung Einnahmen aus einem Risikostrukturausgleich zwischen gesetzlicher und privater Krankenversicherung, sowie staatliche Zuschüsse zu.

Insgesamt werden die Gesundheitsausgaben in den Niederlanden derzeit zu etwa 67,8 Prozent aus öffentlichen Quellen finanziert, davon zum größten Teil aus der gesetzlichen Versicherung. Mit einem Anteil von 17,1 Prozent der privaten Krankenversicherungen an den gesamten Gesundheitsausgaben hat der private Krankenversicherungssektor in den Niederlanden im europäischen Vergleich die größte Bedeutung. In allen übrigen europäischen Ländern bleibt der Ausgabenanteil der privaten Krankenversicherungen unter 10 Prozent. 15,1 Prozent sind Out-of-pocket-Ausgaben bzw. andere private Quellen.

Leistungsumfang und Steuerungsinstrumente

In der ambulanten Versorgung ist das niederländische Gesundheitswesen durch eine starke Stellung des Hausarztes gekennzeichnet. Gesetzlich und privat Versicherte müssen sich, ähnlich wie im britischen System, bei einem Hausarzt einschreiben. Als Gatekeeper steuert der Hausarzt im Bedarfsfall die Versorgung seiner Patienten durch Fachärzte und stationäre Einrichtungen. Im europäischen Vergleich ist die Zahl der stationären Einweisungen unterdurchschnittlich. Dies könnte ein Beleg für eine erfolgreiche integrierte Versorgung sein, die man auch als konsequente Anwendung des Subsidiaritätsprinzips bezogen auf die Versorgungsstufe interpretieren könnte. Fachärzte arbeiten fast ausschließlich an Krankenhäusern, wobei die meisten derzeit noch als selbständige Belegärzte und nur etwa 15 Prozent als Angestellte des Krankenhauses tätig sind. Die Leistungserbringung erfolgt, unbeschadet einer recht intensiven Kapazitätsplanung und staatlichen Regulierung, die bisweilen in manchen Disziplinen zu Wartezeiten führen kann, sowohl in der ambulanten und stationären Versorgung als auch im Arzneimittelsektor fast ausschließlich durch private, überwiegend Non-profit-Anbieter.

Die Vergütungsstrukturen für Leistungserbringer sind intensiv staatlich reguliert. In der hausärztlichen Versorgung wird die Vergütung zwischen den Ärzteverbänden, den Krankenversicherungen und der Central Agency for Health Tariffs (CTG) ausgehandelt. Die Gesetzliche Krankenversicherung zahlt dem Hausarzt eine jährliche Kopfpauschale je eingeschriebenem Versicherten. Ein Anreiz zur Leistungsausweitung besteht für den Hausarzt aufgrund dieses Vergütungsschemas nicht. Gegenüber den privaten Versicherungen kann der Hausarzt dagegen Einzelleistungen abrechnen.

Die Vergütung für die ambulante Versorgung durch Fachärzte ist in die jährlichen Krankenhausbudgets integriert. Das im Jahr 1988 eingeführte „funktionale Krankenhausbudget" setzt sich aus der Verfügbarkeitskomponente, der Kapazitätskomponente und der Zahl der Fachärzte sowie der stationären und ambulanten Fallzahl zusammen. Die Finanzierung von Arzneimitteln durch die privaten und gesetzlichen Krankenversicherungen erfolgt anhand einer Positivliste. Nicht auf der Positivliste sind z. B. anthroposophische und homöopathische Arzneimittel sowie Medikamente gegen Bagatellerkrankungen. Das heißt, der Versicherte hat ohne Selbstbeteiligung – er zahlt lediglich eine Rezeptgebühr – Anspruch auf ein qualitativ hochwertiges Sortiment von Arzneimitteln. Bei anderen Arzneimitteln erfolgt die Erstattung bis zur Höhe des Durchschnittspreises der Standardpackung der betreffenden Präparatgruppe. Es existiert ein Festbetragssystem, das an die Durchschnittspreise von Belgien, Deutschland, Frankreich und Großbritannien gekoppelt ist und Höchstpreise automatisch für verschreibungspflichtige Arzneimittel und Generika festlegt. OTC-Präparate werden nicht preislich geregelt. Seit 2004 sind alle verschreibungsfreien Präparate von der Erstattung ausgeschlossen. Die Abgabe von billigeren Generika und Importarzneimitteln wird durch eine Beteiligung des Apothekers an der jeweiligen Einsparung gefördert. Die Ausgaben für Arzneimittel betragen 10,4 Prozent der Gesamtausgaben und liegen damit weit unter dem Durchschnitt der betrachteten Länder. Bei der Arzneimittelversorgung haben die Apotheken in den Niederlanden keine Monopolstellung, obwohl die Versicherten in der Regel sogar bei einer Apotheke eingeschrieben sein müssen. Auch Ärzte können Medikamente abgeben, was gerade im ländlichen Bereich praktiziert wird. Bei nicht verschreibungspflichtigen Medikamenten haben Drogerien bereits einen Marktanteil von etwa 85 Prozent. Es sind auch kostengünstige Versand- und Internetapotheken zugelassen, die, wie z. B. DocMorris, für grenzüberschreitendes Aufsehen gesorgt haben.

Die Qualitätssicherung in den Niederlanden übernimmt im europäischen Vergleich eine Vorreiterrolle. Sowohl in der stationären als auch in der ambulanten Versorgung wird intensiv mit dem Instrument der Peer-Reviews gearbeitet. Eine zentrale Vorgabe ist beispielsweise, dass die verschiedenen Einrichtungen im Gesundheitswesen mindestens einmal jährlich in einem Bericht Rechenschaft über ihre Qualitätssicherungsmaßnahmen ablegen müssen.

Ausblick

Das Gesundheitssystem der Niederlande wird als ein gelungenes Beispiel für sozial gebundenen Wettbewerb gesehen, wobei die Rolle des Staates nach wie vor dominant ist. Relativ kostengünstige Versorgung in Verbindung mit einem hohen Qualitätsstandard sorgen für eine recht breite Zufriedenheit der Bevölkerung mit ihrem Gesundheitssystem. Das Hausarztmodell ist dabei ein wichtiges Element. Besonderen Vorbildcharakter hat die Qualitätssicherung mit der Weiterbildungsverpflichtungen der Allgemeinmediziner und der schon recht weit vorangeschrittene Einführung von evidenz-basierter Medizin. Dabei nimmt auch die ökonomische Evaluation von Gesundheitstechnologien einen wichtigen Platz in der niederländischen Wissenschaft und Gesundheitspolitik ein. Experten in Politik und Forschung verfügen über umfangreichere Erfahrung und Kompetenz in der Erforschung der Wirtschaftlichkeit von Gesundheitsleistungen.

Polen

Mit seinen etwa 38 Millionen Einwohnern ist das Nachbarland Polen das größte neue EU-Land. Es wird jedoch prognostiziert, dass die Bevölkerung in den nächsten Dekaden stark abnehmen wird. Das BSP mit 196 Mrd. Euro oder 10 940 Euro KKS pro Kopf liegt etwas über dem Durchschnitt der neuen EU-Beitrittsländer und entspricht knapp 40 Prozent der durchschnittlichen Wirtschaftskraft der „alten EU". Beinahe jeder fünfte Pole ist ohne Arbeit und das Wirtschaftswachstum erholt sich nach einer Schwächephase Anfang 2000. Mit 6,1 Prozent vom BSP oder absolut 694 Euro KKS pro Kopf sind die Gesundheitsausgaben äußerst niedrig. Dessen ungeachtet ist die Lebenserwartung in Polen während der letzten Jahre gestiegen und liegt im Durchschnitt der Beitrittsländer.

Struktur und Finanzierung des Gesundheitssystems

Seit dem Zusammenbruch der Sowjetunion steckt das polnische Gesundheitssystem noch immer in einer Umbruchphase und steht aktuell vor der dritten großen Gesundheitsreform. Nach dem Ende des Sozialismus wurde ein weitgehend staatlich finanziertes Gesundheitssystem beibehalten, das Verträge mit Leistungserbringern, Privatisierung und die Einführung eines Hausarztsystems beinhaltete. Diese wurde 1999 in eine umlagefinanzierte gesetzliche Krankenversicherung nach Bismarckschem Vorbild mit 16 regionalen Krankenkassen umgewandelt. Schon kurz nach der Einführung offenbarte dieses Modell jedoch große Mängel, vor allem wegen seiner Regionalität, praktisch keiner einheitlichen staatlichen Gesundheitspolitik und Milliardendefiziten im stationären Sektor. Nach Patientenprotesten und Streiks der schlecht bezahlten Ärzte und anderer Beschäftigter im Gesundheitswesen kam es 2003 zur zweiten Reform. Das Gesundheitswesen wurde wieder vereinheitlicht und der Natio-nalgesundheitsfond (NFZ) übernahm die Aufgaben der Krankenkassen. Er gliedert sich in 16 regionale Einheiten, die einer Zentrale untergeordnet sind. Der NFZ selbst untersteht dem Gesundheitsministerium, das seinen Finanzplan genehmigen muss. Pflichtversichert sind alle erwerbstätigen polnischen Staatsbürger. Kinder bis zum 26. Lebensjahr und nicht erwerbstätige Ehepartner sind beitragsfrei mitversichert; auch Arbeitslose zahlen keine Beiträge. Minderjährige und Schwangere werden in jedem Fall gesundheitlich versorgt. Der Beitragssatz liegt bei 7,75 Prozent und soll bis 2009 schrittweise auf neun Prozent steigen. Einen Arbeitgeberbeitrag zur Krankenversicherung gibt und gab es in Polen nicht. Nach WHO-Schätzungen tragen polnische Patienten etwa 40 Prozent aller Leistungsausgaben selbst. Dies entspräche einem erheblichen Anstieg gegenüber 2002, in dem die OECD einen öffentlichen Anteil an den Gesundheitsausgaben von knapp 72,4 Prozent registrierte. Nach WHO-Angaben müssen Patienten bis heute oft selbst für Verpflegung und Medikamente aufkommen, private Barzahlungen an Ärzte spielen eine große Rolle.

Leistungsumfang und Steuerungsinstrumente

Zu den Beitragszahlungen der Versicherten kommen Zuzahlungen für Arzneimittel, Hilfsmittel, bestimmte Diagnosemethoden, Unterbringungskosten bei einer Kur und zahnärztliche Leistungen. Ein einheitlicher Leistungskatalog existiert nicht, nur eine Negativliste, die bestimmte Leistungen ausschließt. Dazu zählen aufwändige zahnmedizinische Behandlungen. Bei der ambulanten medizinischen Versorgung ist der Familienarzt wichtigste Anlaufstelle der Patienten. Für Besuche bei einigen Spezialisten, darunter Frauen- und Zahnärzte, Onkologen und Psychiater, ist keine Überweisung nötig. Patienten können den Familienarzt aus einem Netz von Vertragsärzten auswählen und zweimal im Jahr kostenlos wechseln. Insgesamt ist die Ärztedichte mit 2,3 pro tausend Einwohner sehr gering. Ein Familienarzt soll maximal 2 750 Patienten betreuen, was im ländlichen Bereich deutlich über- und im städtischen deutlich unterschritten wird. Obwohl etwa drei Viertel der polnischen Bevölkerung auf dem Land lebt, ist dort die medizinische Versorgung vergleichsweise schlecht. Während Familienärzte für jeden eingeschriebenen Patienten eine jährliche Kopfpauschale von etwa 24 Euro erhalten, werden polnische Fachärzte, die in der Regel in Kliniken arbeiten, leistungsbezogen honoriert. Etwa zwei Drittel der vorwiegend angestellten polnischen Ärzte praktiziert zusätzlich privat, um das monatliche Gehalt aufzubessern. Neben der ambulanten medizinischen Versorgung in Arztpraxen spielen Gesundheitsbetriebe eine wichtige Rolle. Die Entschuldung dieser öffentlichen Gesundheitsbetriebe bleibt somit eine dringende Aufgabe. Die Situation privater Gesundheitsbetriebe ist deutlich besser. Die stationäre Versorgung erfolgt in Krankenhäusern und Polikliniken. Die Pharmaindustrie ist – auch aufgrund steuerlicher Anreize – einer der modernsten Sektoren der polnischen Wirtschaft. Die Preise von Arzneimitteln liegen unter denen vergleichbarer Importpräparate. Sowohl Importe als auch die Verschreibungen sind in den letzten Jahren gestiegen. Die Erstattung von Arzneimitteln hängt von der Art des verschriebenen Präparates ab. Arzneimittel der Grundliste erfordern eine pauschale Zuzahlung, die 0,05 Prozent des Mindestlohnes entspricht. Für Präparate der ergänzenden Liste fallen Zuzahlungen von 30 bis 50 Prozent an. Chronisch Kranke und andere Gruppen sind von der Zuzahlung ausgenommen. Apotheker sind angewiesen, das günstigste Präparat abzugeben.

Ausblick

Es wird deutlich, dass das polnische Gesundheitswesen nicht zur Ruhe kommt. Nach Protesten und Streiks bereits in 2003 und 2004 werden vor allem fehlende Mitwirkungsrechte seitens der Leistungserbringer kritisiert. Viele Ärzte wollten Verträge, die sie zur Mehrleistung bei gleich bleibender Bezahlung zwingen sollten, nicht akzeptieren. Trotz einer Einigung in 2004 erklärte das polnische Verfassungsgericht die derzeitige Organisationsform für verfassungswidrig und die Regierung ist zu neuen Reformen in 2005 verpflichtet. Auch die Bevölkerung ist mit dem existierenden System unzufrieden und die Defizite steigen.

Schweiz

Die neutrale Schweiz repräsentiert sowohl politisch, wirtschaftlich als auch bei der Gesundheitsversorgung einen Sonderfall in Europa. Die 7,4 Millionen Einwohner der Schweiz erwirtschaften ein Bruttoinlandsprodukt von 292 Mrd. Euro. Sie liegt in der Pro-Kopf-Betrachtung zu Standardpreisen 63 Prozent über dem EU-25 Durchschnitt. Bei faktischer Vollbeschäftigung gehört das Land mit einem Pro-Kopf-Einkommen von über 33 000 Euro zu den reichsten Ländern der Welt. Die Schweiz investiert etwas über 28 Prozent in die soziale Absicherung, davon über die Hälfte in das Rentensystem. Die absoluten Pro-Kopf-Investitionen liegen 23 Prozent über dem EU-Durchschnitt. Mit Gesundheitsausgaben von 11,2 Prozent vom BIP nimmt die Schweiz eine Spitzenstellung in Europa ein, auch was den Anstieg in den letzten Jahren anbelangt. Pro Kopf werden 3 656 Euro KKS für Gesundheit ausgegeben. Gemessen an der hohen Lebenserwartung bzw. geringen Kindersterblichkeit liegt die Schweiz in der Spitzengruppe der Länder. Die gesundheitliche Infrastruktur ist exzellent ausgebaut und für die Bevölkerung gut zugänglich. Obwohl der Anteil der über 65-Jährigen heute noch im EU-Durchschnitt liegt, wird ein drastischer Anstieg auf über 24 Prozent bis zum Jahre 2020 prognostiziert.

Struktur und Finanzierung des Gesundheitssystems

Das schweizerische Gesundheitssystem entspricht einem modifizierten Sozialversicherungssystem besonderer Prägung. Liberale Wettbewerbselemente und eine föderale Organisation sind die Charakteristika dieses Systems, das sich deshalb von anderen Sozialversicherungssystemen unterscheidet. Sowohl die Mittelaufbringung als auch die Mittelverwendung wird im Gesundheitssystem der Schweiz weitgehend dem privaten Sektor überlassen. Der Staat interveniert nur dann, wenn der Wettbewerb im privaten Sektor versagt und beispielsweise bestimmte Qualitätsstandards nicht eingehalten werden. Die föderale Organisation des Gesundheitswesens manifestiert sich in 26 leicht heterogenen Gesundheitssystemen der Kantone. Seit Einführung eines neuen Krankenversicherungsgesetzes am 01.01.1996 ist der Abschluss einer Krankenversicherung für alle in der Schweiz wohnenden Bürger obligatorisch. Jeder versicherungspflichtigen Person, d. h. jeder Person mit Wohnsitz in der Schweiz, steht es frei, bei welcher der 145 Krankenkassen sie sich versichert. Der öffentliche Anteil an der Finanzierung der Gesundheitsausgaben betrug 2002 57,9 Prozent, 43 Prozent aus der gesetzliche Sozialversicherung und 14,9 Prozent von Bund und Kantonen. 42,1 Prozent der Finanzierung obliegt den Haushalten, wovon 32,5 Prozent Out-of-pocket und 9,6 Prozent Privatversicherungen sind. Die Versicherungspflicht bezieht sich auf eine Grundsicherung, die alle notwendigen medizinischen Leistungen ohne zeitliche und finanzielle Restriktionen abdeckt. Die Erstattung von Kosten für zahnärztliche Leistungen beschränkt sich beispielsweise auf die Extraktion von Zähnen und Operationen. Im Krankheitsfall müssen die Versicherten im Rahmen eines Selbstbehalts, des so genannten Jahresfranchise, die ersten 150 Euro im Jahr selbst finanzieren. Zusätzlich gilt für alle Grundleistungen eine Selbstbeteiligung von

10 Prozent. Bei Kindern liegt sie bei 5 Prozent. Insgesamt sind jedoch nur bis zu einer jährlichen Höchstgrenze von 550 Euro Out-of-pocket-Zahlungen zu leisten. Für alle Kassen besteht in der Grundversicherung Kontrahierungszwang, der durch einen Risikostrukturausgleich ergänzt wird. Die Beiträge werden als Kopfpauschalen erhoben und nur von den versicherten Personen getragen, da keine Arbeitgeberbeteiligung existiert. Für einkommensschwache Teile der Bevölkerung existiert ein staatliches Zuschuss-System.

Die Krankenkassen streben die generelle Vertragsfreiheit gegenüber den Leistungserbringern an, nicht nur im Rahmen besonderer Versicherungsmodelle. Für den einzelnen Versicherten und Patienten gibt es durch das reformierte Krankenversicherungsgesetz neue Gestaltungsoptionen insbesondere bzgl. der Wahl der Krankenversicherung bzw. der Tarifierung des Krankenversicherungsvertrags. Die Versicherten können jederzeit die Krankenkasse wechseln. Diese neue Form der Konsumentensouveränität fördert in deutlichem Maße den Wettbewerb zwischen den Krankenkassen. Auch die Tarife im Bereich der Grundsicherung sind inzwischen deutlich flexibler geworden. Zunächst kann man für einen konventionellen Vertrag mit wählbarem festem Selbstbehalt und 10 Prozent Kostenbeteiligung auf ambulante Leistungen optieren. Daneben existiert ein Vertrag mit einer Bonusoption, bei der Schadenfreiheit im ersten Jahr mit 15 Prozent Prämienreduktion honoriert wird, die auf bis zu 45 Prozent nach drei Jahren ansteigen kann. Weiterhin werden mittlerweile auch Managed Care-Leistungen durch Health Maintenance Organisations (HMO) angeboten, die durch eine Steuerung der Patientenversorgung und kontinuierliche Fallevaluation Einsparungen realisieren und die Qualität der Versorgung erhöhen sollen. Außerdem werden Leitlinien entwickelt und ein detailliertes Controlling implementiert. Der Gesamteffekt daraus bleibt jedoch begrenzt, weil die neuen Versorgungsmodelle keine flächendeckende Verbreitung haben. Es gibt jedoch Kantone, in denen sich bereits 20 Prozent aller Versicherten für eine Managed Care-Form entschieden haben. Eine Evaluation der ersten HMO in der Schweiz ergab, dass Kostenreduktionen in der Größenordnung von ca. 30 bis 35 Prozent realisiert werden konnten. Gleichzeitig hat sich gezeigt, dass die Einsparungen nicht zu Lasten der Qualität gehen. Versicherte der HMO profitierten von den Einsparungen etwa in Höhe von 20 Prozent ihrer Prämien.

Leistungsumfang und Steuerungsinstrumente

Die Gesundheitsversorgung wird durch freie, niedergelassene Allgemein- und Fachärzte und andere Gesundheitsberufe sowie durch private und staatliche Krankenhäuser erbracht. Eine Angebotssteuerung im ambulanten Bereich findet nicht statt. Die Leistungen werden nach kantonalspezifisch vereinbarten Tarifen abgerechnet. Für die Versicherten besteht freie Arztwahl und freie Krankenhauswahl. Bei den HMO erhalten die Versicherten eine Prämienreduzierung, wenn sie bereit sind, auf die freie Wahl der Leistungserbringer zu verzichten (Gatekeepersysteme). Im Arzneimittelsektor werden die verschreibungs- und erstattungsfähigen Medikamente in einer vom Bund erlassenen Positivliste aufgeführt, die auch Höchstpreise für die Präparate festlegt. Diese umfasst derzeit etwa 7 700 zugelassene und damit verschreibungspflichtige Medikamente, von denen 30 Prozent erstattungsfähig sind. Zur Preisregulierung des Arzneimittelsektors bedient sich die Schweiz eines Referenzpreissystems. Das Bundesamt für Sozialversicherung als zuständige Instanz evaluiert auf Antrag die Entwicklung der Herstellungskosten und zieht Preise anderer Länder als Referenz für die Schweiz heran. Mit 62,2 Prozent wurde im Jahre 1997 der größte Teil der Arzneimittel über Apotheken abgesetzt. Da Ärzte in der Schweiz noch ein Dispensierrecht für Arzneimittel haben, werden 19,2 Prozent der Arzneimittel auf diesem Wege vertrieben. Ein Anteil von 11,8 Prozent wird über Krankenhäuser und 6,8 Prozent über Drogerien vertrieben. Die Ausgaben für Arzneimittel betragen lediglich 10,3 Prozent der gesamten Gesundheitsausgaben, von denen ein Drittel aus Selbstbeteiligungen finanziert wird.

Ausblick

Durch das neue Krankenversicherungsgesetz hat die Schweiz Rahmenbedingungen für einen kontrollierten Wettbewerb gesetzt. Es wird davon ausgegangen, dass die zahlreichen Entwicklungen, die auf den Weg gebracht worden sind, in den nächsten 5 bis 10 Jahren die Effizienz des schweizerischen Gesundheitssystems deutlich erhöhen werden. Für die gesamte Bevölkerung besteht eine umfassende Grundversicherung im Krankheitsfall, deren Finanzierung auf dem Prinzip der Solidarität zwischen Gesunden und Kranken, Jungen und Alten, Männern und Frauen basiert. Innerhalb des gesetzten Rahmens haben die Krankenkassen Gestaltungsspielräume und können neue Versicherungsformen anbieten. Zu den innovativen Elementen des Gesundheitssystems sind sicherlich die verschiedenen Managed Care-Formen zu nennen. Außerdem sollte den Formen des Selbstbehalts bzw. der Selbstbeteiligung im Schweizer System besondere Aufmerksamkeit geschenkt werden. Gerade im ambulanten Bereich kann dies eine wirkungsvolle Methode darstellen, um mehr Kostenbewusstsein bei den Versicherten zu induzieren und möglichem Missbrauch vorzubeugen. Es wird sich in den nächsten Jahren zeigen, ob dieses Mittel tatsächlich auch in der Schweiz die Ressourcenallokation im Schweizer Gesundheitswesen verbessert.

Slowakei

Nach der friedlichen Trennung aus der vormaligen Tschechoslowakei 1992 leben heute 5,4 Millionen Einwohner in der Slowakischen Republik. Mit 33 Mrd. Euro, bzw. 12 240 Euro KKS pro Kopf BSP liegen die Slowaken zwar hinter den Tschechen, wachsen jedoch derzeit fast doppelt so schnell mit durchschnittlich 14,3 Prozent in den letzten Jahren. Die Wirtschaftskraft beträgt jedoch immer noch 50 Prozent des europäischen Durchschnitts. Die Arbeitslosenquote liegt bei 18 Prozent. Mit 5,7 Prozent liegen laut OECD die Gesundheitsausgaben in Prozent vom BIP auf dem niedrigsten Niveau in der EU. Das sind zu Kaufkraftparitäten absolut pro Kopf 741 Euro

KKS, also etwa zwei Drittel der tschechischen und ein Viertel der deutschen Pro-Kopf-Ausgaben. Im Vergleich zu 1999 haben sie sich jedoch mehr als verdreifacht. Mit Ausnahme der Krebs-Prävalenz ist die Qualität der Gesundheitsversorgung in der Slowakei im Vergleich zu ihren Referenzländern gut. Unter den neuen Beitrittsländern hat die Slowakische Republik die wenigsten Raucher und der Alkoholkonsum ist drastisch gesunken.

Struktur und Finanzierung des Gesundheitssystems

Nach ihrer Ausgliederung hat auch in der Slowakischen Republik ein beitragsfinanziertes Pflichtversicherungssystem nach und nach das zentralistische Gesundheitswesen aus der Zeit des Sozialismus ersetzt. Der Staat spielt aber noch immer in vielen Bereichen eine wichtige Rolle. Die Versorgung ist flächendeckend und hat im Vergleich zu manchem anderen EU-Land ein hohes Niveau. Allerdings sinken die Einnahmen der Krankenkassen und die Versicherten beanspruchen seit Jahren immer mehr Leistungen. Alle Einwohner sind bei einer von fünf gesetzlichen Krankenkassen pflichtversichert. Der Beitragssatz liegt einheitlich bei 13,7 Prozent des Brutto-Einkommens. Davon trägt der Arbeitgeber zehn, der Arbeitnehmer 3,7 Prozent, was angesichts des international niedrigen Lohnniveaus heute noch kein Problem darstellt. Selbständige zahlen ihren Beitrag komplett aus eigener Tasche. Die Beitragsbemessungsgrenze liegt beim Achtfachen des staatlich festgelegten Mindesteinkommens. Eine kostenlose Mitversicherung für Kinder und erwerbslose Ehepartner gibt es nicht. Ihre Beiträge trägt der Staat, ebenso die von Rentnern, Arbeitslosen, Studenten, Soldaten, Behinderten und Häftlingen. Dieser Personenkreis umfasst zusammen 3,2 Millionen Slowaken, also 60 Prozent der Bevölkerung.

Wegen seiner großen Finanzprobleme zahlt der Staat für den genannten Personenkreis einen geringeren Beitragssatz. Diese verringerten Beitragseinnahmen für mehr als die Hälfte der Versicherten bilden das größte Problem der slowakischen Krankenkassen, die hoch verschuldet sind. Eine Verbesserung ist kurzfristig nicht absehbar. Experten fürchten deshalb um die moderne medizinische Versorgung, wie sie derzeit in der Slowakei existiert, zumal die Bürgerinnen und Bürger immer mehr Leistungen beanspruchen. Etwa zwei Drittel der Bürger sind Mitglieder der „Generellen Krankenversicherung". Das slowakische Parlament entscheidet über den Leistungskatalog der Krankenkassen. Die ambulante Erstversorgung obliegt Allgemeinärzten, Kinderärzten, Gynäkologen und Zahnärzten. Diese Ärzte arbeiten seit 1996 vollständig auf private Rechnung in Einzelpraxen und haben Verträge mit den Krankenkassen geschlossen. Die Einkünfte der Primärärzte sind äußerst gering und sie dürfen nur eingeschränkte therapeutische Leistungen erbringen. Sehr viel Erstversorgung wird immer noch in Polikliniken erbracht, die mittlerweile zum Teil privatisiert wurden. Im stationären Bereich gibt es in der Slowakei drei Arten von Krankenhäusern nach unterschiedlich großen Einzugsbereichen. Dem stationären Sektor fehlen jedoch Leistungsanreize. Er ist hoch defizitär und verschuldet. 89,1 Prozent der gesamten Gesundheitsausgaben werden durch die gesetzliche Krankenversicherung gedeckt, eine private Krankenversicherung gibt es nicht. Mit 10,9 Prozent sind die privaten Out-of-pocket-Ausgaben äußerst niedrig.

Leistungsumfang und Steuerungsinstrumente

Neben allen notwendigen medizinischen Leistungen kommen die Krankenkassen nach WHO-Angaben auch für Mutterschaftsgeld, Krankengeld sowie die Kosten für Berufsunfälle und -krankheiten auf. Für einige Arzneimittel fallen Zuzahlungen an. Nicht erstattet werden Zahnersatz, Sterilisation, Akupunktur, Abtreibung ohne medizinische Indikation und Psychotherapie. Private Zusatzversicherungen spielen in der Slowakei nur für Auslandsreisen eine Rolle.

Allgemeinmediziner, Kinder- und Frauenärzte werden seit 1998 nach unterschiedlichen Kopfpauschalen bezahlt, die das Gesundheitsministerium festlegt. Patienten sind für ein halbes Jahr an ihren Primärarzt gebunden. Diese kurze Frist soll die Ärzte anspornen, sich um Patienten als „Stammkunden" zu bemühen. Zahnärzte und Fachärzte werden leistungsbezogen honoriert, dabei bestehen aber monatliche Höchstgrenzen. Die Hälfte der Fachärzte praktiziert privat, die andere Hälfte steht im Staatsdienst. Die Zahl dieser Spezialisten ist seit den 90er Jahren um mehr als zwölf Prozent gestiegen, da sie mehr verdienen als Primärärzte. Für den Facharzt brauchen Patienten eine Überweisung.

Zu den finanziellen Problemen des slowakischen Gesundheitswesens tragen auch die Arzneimittelausgaben bei. Ihr Anteil stieg im Laufe der Jahre von 17 auf 37,3 Prozent der Gesamtausgaben in 2004. Davon trägt 84,5 Prozent die gesetzliche Versicherung und 15,5 Prozent der Patient. Der Anstieg liegt auch daran, dass Arzneimittel im vormaligen System kostenfrei waren und somit ein entsprechendes Anspruchsdenken erhalten blieb. Die Betrachtung eines solchen Prozentsatzes sollte jedoch die absoluten Kosten und Kaufkraftparitäten nicht außer Acht lassen. Es kann nicht verwundern, dass in einem Land, in dem rund 750 Euro pro Person an Gesundheitskosten anfallen, innovative Therapien noch relativ hoch ins Gewicht fallen. Eine „Positivliste" für den stationären Sektor und eine zweite für ambulante Behandlung, die 1998 eingeführt wurde und gut 1 600 Medikamente umfasst, konnten den Trend nicht umkehren. Zuzahlungsfrei sind für slowakische Patienten Arzneimittel aus der niedrigsten Preisgruppe eines Wirkstoffs. Für teurere Medikamente mit ähnlichen Anwendungsbereichen müssen sie Zuzahlungen leisten; es sei denn, das Medikament ist für die Behandlung unverzichtbar. Frei verkäufliche Arzneimittel erstatten die Krankenkassen nicht. Ärzte der Primärversorgung dürfen nur ausgewählte Präparate verschreiben. Einige Medikamente werden nur in der stationären Behandlung angewandt und dürfen deshalb auch von Spezialisten nicht verordnet werden. Die Apotheken in der Slowakei wurden 1995 privatisiert. Im Zusammenhang mit den Reformen wurden weiterhin das Verschreibungsverhalten limitiert und Preisdruck auf den Großhandel ausgeübt. Die stark gewachsene Anzahl von ca. 1 200 Apotheken wurde dazu verpflichtet, ausschließlich die verschriebenen Präparate abzugeben, während zuvor zwischen originalen und generischen Produkten Wahlfreiheit bestand.

Weiterhin wurden Höchstpreise und ein Referenzpreissystem eingeführt. Während es 1990 lediglich einen pharmazeutischen Großhändler gab, waren es 1999 bereits mehr als 260. Während 1989 80 Prozent der Arzneimittel aus der heimischen Produktion stammten, ist dieser Anteil mittlerweile unter 17 Prozent gefallen.

Ausblick

Die Reform des slowakischen Gesundheitssystems ist noch nicht vollständig. Auch wenn die Transformation zunächst problemlos erscheint, hat das versicherungsbasierte Gesundheitssystem extreme finanzielle und organisatorische Probleme. Die schnelle Privatisierung der Leistungserbringer hat vor dem Hintergrund der Vorteilnahme durch den Patienten zu Mengen- und Angebotsausweitungen geführt. Es fehlen Steuerungssysteme zur Förderung von Effizienz. Die Kombination aus pauschalen und Fee-for-service-Vergütungssystemen bedarf ebenso wie die Rollenverteilung zwischen Ministerium, Krankenkassen und Leistungserbringern der weiteren Ausgestaltung.

Spanien und Portugal

Die südwestliche Grenze der EU bilden die Nachbarländer Spanien mit etwas über 43 Millionen und Portugal mit 10,5 Millionen Einwohnern. Spanien hat ein Bruttoinlandsprodukt von 793 Mrd. Euro in 2004, das sind 22 190 Euro pro Kopf KKS, und Portugal erwirtschaftet 135 Mrd. Euro, das heißt etwa 17 680 Euro pro Kopf. Zu Kaufkraftparitäten liegt Spanien somit knapp unter dem Durchschnitt der EU-25, während Portugal bei etwa 73 Prozent der Wirtschaftskraft liegt. Seit 2000 wächst die spanische Wirtschaft real nur noch zwischen 2 und 3 Prozent. Die portugiesische Wirtschaft stagniert beinahe im selben Zeitraum. Die Arbeitslosigkeit liegt in Spanien bei knapp 11 Prozent. Spanien investierte 2002 7,6 Prozent seines BIP in Gesundheit, doppelt so viel wie in 1970 und mit 1 746 Euro KKS pro Kopf absolut deutlich weniger als die anderen großen westlichen europäischen Länder. In Portugal betrugen die Gesundheitsausgaben pro Kopf 60 Euro mehr, was aufgrund der mangelnden Wirtschaftskraft jedoch 9,3 Prozent vom BIP entspricht. Die Qualität der Gesundheit in Spanien zeigte infolge der Entwicklung Verbesserungen in den 80er und 90er Jahren und flacht nun auf westlichem Niveau ab. Mit 19 von 100 000 neuen AIDS-Fällen liegt Spanien in den Referenzländern an der Spitze. Die Verbesserung des Gesundheitszustandes der portugiesischen Bevölkerung in den letzten Jahrzehnten hängt mit den zunehmenden humanen, materiellen und finanziellen Ressourcen zusammen, die in das Gesundheitswesen investiert wurden. Abgesehen von der Verbesserung der Lebensverhältnisse gibt es immer noch große regionale und soziale Unterschiede.

Struktur und Finanzierung des Gesundheitssystems

In Spanien und Portugal gibt es steuerfinanzierte öffentliche Gesundheitswesen von unterschiedlicher Ausprägung. In der *asistencia sanitaria* in Spanien sind 90 Prozent der Bevölkerung gesetzlich pflichtversichert. Versichert sind alle entgeltlich beschäftigten Arbeitnehmer, deren Familienmitglieder, Gleichgestellte und Arbeitslose sowie Rentner. Angestellte des öffentlichen Dienstes können zwischen privater und gesetzlicher Versicherung wählen. In Portugal ist die gesamte Bevölkerung nach dem Wohnsitzprinzip versichert. Dabei existieren neben dem nationalen Gesundheitssystem parallel öffentliche und private Subsysteme für bestimmte Berufsgruppen und freiwillige private Krankenversicherungen aus der Zeit eines versicherungsbasierten Gesundheitssystems. 65 Prozent der spanischen Gesundheitsausgaben wurden 2002 über ein staatliches Budget finanziert, das durch das Gesundheitsministerium gesteuert wird; weitere 6,4 Prozent durch öffentliche soziale Sicherung. Der gesamte privat getragene Anteil betrug dementsprechend 28,5 Prozent, die sich aus 4 Prozent privater Krankenversicherung und knapp 24 Prozent Out-of-pocket-Ausgaben und 0,5 Prozent sonstigen Quellen zusammensetzen. 15 Prozent der Bevölkerung verfügen über eine private Krankenversicherung. Neben den Beamten sind dies Personen, die Zusatzversicherungen abgeschlossen haben. Diese Zusatzversicherungen werden steuerlich begünstigt, wenn sie durch den Arbeitgeber erfolgen. Die Finanzierungsströme zwischen dem nationalen Gesundheitssystem in Portugal zur Deckung von Defiziten und zum Ausgleich von Leistungen sind sehr komplex. Insgesamt dürfte der öffentliche Anteil der Gesundheitsausgaben bei 70,5 Prozent und die privaten Leistungen bei 29,5 Prozent liegen. Da die private Versicherung kaum ins Gewicht fällt, liegen die Out-of-pocket-Ausgaben der Portugiesen zwischen 27 und 30 Prozent. 55 Prozent der Out-of-pocket-Leistungen entfallen auf Arzneimittel, 40 Prozent auf medizinische Leistungen und der Rest auf Krankenhaus und Sonstiges.

Leistungsumfang und Steuerungsinstrumente

Das spanische Gesundheitssystem leistet umfassende Gesundheitsversorgung nach dem Sachleistungsprinzip ohne Selbstbeteiligung an den Behandlungskosten. Es besteht freie Arztwahl auch für bestimmte Facharztgruppen, ansonsten ein Überweisungsprinzip (Servicios Públicos de Salud), solange deren Listenkontingent nicht erschöpft ist. Auch für den Hausarzt gibt es Wartezeiten von ein bis zwei Tagen. Bei Krankenhäusern besteht keine freie Wahl und für Nichtnotfälle gibt es lange Wartelisten. Der Zugang erfolgt auf Antrag durch den Arzt. Ausnahmen von der Kostenübernahme bilden Sehhilfen und bestimmte andere Prothetik. In Portugal können die Patienten ihren Arzt frei unter den Allgemein- oder Fachärzten der Gesundheitszentren bzw. Vertragsarztgruppen wählen. Es gibt zwar ein Überweisungssystem, das aber regelmäßig umgangen wird. 25 Prozent der Patienten in der Notaufnahme des Krankenhauses benötigten keine Notfallversorgung (2001). Die Primärversorgung erfolgt größtenteils durch öffentliche Gesundheitszentren, die durchschnittlich etwa 28 000 Einwohner versorgen. Es gibt eine unterschiedliche, von der Regierung festgesetzte Beteiligung an den Behandlungskosten, wobei auch zahnärztliche Behandlung umfangreich erstattet wird. Auch Sehhilfen und Prothesen werden zu mindestens 75 Prozent erstattet. Das öffentliche Krankenhaus kann ebenfalls frei gewählt werden, bei Wartelisten sogar aus einer Liste anerkannter weiterer Kliniken. Dennoch warteten etwa 85 000 Menschen auf einen operativen Eingriff. Die Vergütung der Ärzte erfolgt pauschal auf Basis der Anzahl der bei einem Arzt eingetragenen Patienten. Die portugiesischen Ärzte sind verbeamtet.

Bei Arzneimitteln zahlen anspruchsberechtigte Spanier 40 Prozent des Arzneimittelpreises selbst. In bestimmten Fällen liegt die Selbstbeteiligung bei 90 Prozent, allerdings nur bis zu einem Maximalbetrag von 2,64 Euro. Keine Selbstbeteiligung zahlen Rentner und Einkommensschwache. Der Staat reguliert die Zulassung und Vermarktung sowie deren Bewerbung gegenüber der Öffentlichkeit. Es gibt eine Negativliste, die etwa 30 Prozent der registrierten Arzneimittel ausschließt, eine Positivliste und Festbetragsregelungen. Nach starkem Anstieg der Arzneimittelkosten, vor allem preisgetrieben, wurden in den 90er Jahren mehrfach Rabattvereinbarungen mit der Pharmaindustrie und den Apotheken vereinbart. 1999 wurde eine sechsprozentige Preisreduzierung top down verordnet. Weiterhin wurden 1997 Generika zugelassen und ein Referenzpreissystem eingeführt. Weitere Maßnahmen beinhalteten die Erhebung vergleichender Daten zum individuellen Verschreibungsverhalten von Ärzten und Arzneimittelbudgets. Mit der Einführung einer National Medicines Agency in 1999 sollen die Kontrollen und die Aufstellung von Behandlungsrichtlinien inklusive Verschreibungsvorgaben vorangetrieben werden. Die Arzneimittelkosten haben einen Anteil von überdurchschnittlichen 21,5 Prozent an den Gesundheitskosten. Davon liegt der Privatanteil im Schnitt mit 26,4 Prozent etwa so hoch wie in Deutschland im gleichen Zeitraum.

Die Portugiesen erhalten je nach Erkrankung 100, 70 oder 40 Prozent des Arzneimittelpreises erstattet für Präparate, die im amtlichen Arzneimittelverzeichnis des Gesundheitsdienstes aufgeführt sind (Positivliste). Die Preisverhandlungen erfolgen mit dem Staat. In Spanien und in Portugal werden Arzneimittel nur über die Apotheken vertrieben, denen darüber hinaus die strenge Regulierung eine Monopolstellung gibt. Seit 1990 gab es zahlreiche gesetzliche Änderungen infolge der Umsetzung von EU-Richtlinien, die der Sicherheit und Qualitätssicherung von Arzneimitteln dienten. 1993 wurde das nationale Institut für Pharmazie und Medizin gegründet (*INFARMED*), das die erstattungsfähigen Präparate festlegt und Zuzahlungen regelt. Weiterhin legt es Richtlinien für die Durchführung von Kosten-Nutzen-Studien fest. Der aktuelle Reformstand beabsichtigt vor allem eine drastische Förderung der Verschreibung von Generika und von Referenzpreisen. Außerdem sollen Leistungserbringer nach privaten Maßstäben geführt oder durch Kooperation mit privaten Betreibergesellschaften leistungsfähiger gemacht werden. Die Arzneimittelkosten haben in Portugal einen Anteil von etwa 23 Prozent an den gesamten Ausgaben für Gesundheit, der Privatanteil liegt im Schnitt bei knapp 38 Prozent.

Ausblick

Im Vergleich zu anderen Nachzüglern, wie Portugal und Griechenland, kann man die Transformation des spanischen Systems als Erfolg hervorheben. Seit Anfang der 90er Jahre hat sich die Zufriedenheit der Bevölkerung in zehn Jahren auf 60 Prozent erhöht. Die Einbeziehung der gesamten Bevölkerung in das solidarische System, die Aggregation von Informationen aus autonomen Provinzen, die Ausweitung leistungsorientierter Managementstrukturen bei den Leistungserbringern und die Berücksichtigung von Pflegesystemen für Alte und Behinderte stellen die großen anstehenden Handlungsfelder dar. Verglichen mit seiner wirtschaftlichen Entwicklung wird die Entwicklung des portugiesischen Gesundheitssystems hervorgehoben. Die privaten Ausgaben sind jedoch im Vergleich zu anderen Ländern mit einem nationalen Gesundheitssystem sehr hoch. Die Koordination zwischen primärem und sekundärem Sektor ist ein ungelöstes Thema.

Tschechische Republik

Mit seinen 10,3 Millionen Einwohnern zählt die Tschechische Republik ebenfalls zu den größeren der neuen Beitrittsländer. Es wird jedoch geschätzt, dass die Bevölkerung bis 2050 um 20 Prozent abnimmt. Die tschechische Wirtschaft wächst derzeit mit lediglich 2 Prozent. Das BIP beträgt 87 Mrd. Euro oder 16 230 Euro KKS pro Kopf, was 60 Prozent des durchschnittlichen Sozialprodukts der ehemaligen 15 EU-Ländern ausmacht, jedoch das zweithöchste der neuen Beitrittsländer ist. Die Tschechen investieren 7,4 Prozent ihres Wirtschaftsproduktes in das Gesundheitswesen, was absolut pro Kopf 1 186 Euro KKS, also etwa 40 Prozent des deutschen Niveaus entspricht. Die Qualität der Gesundheitsversorgung ist in der Tschechischen Republik im Vergleich zu den anderen Beitrittsländern gut. Die Lebenserwartung bei Männern liegt bei 72,1 und bei Frauen bei 78,7 Jahren.

Struktur und Finanzierung des Gesundheitssystems

Nach der Trennung von der Slowakei 1992 hat die tschechische Republik ihr Gesundheitssystem radikal umstrukturiert. Die zentralistischen Versorgungsstrukturen aus der Zeit des Sozialismus wurden durch ein beitragsfinanziertes Pflichtversicherungssystem abgelöst, das dem deutschen in weiten Teilen ähnelt. Eine private Versicherung wie in Deutschland gibt es nicht. Ebenso wenig eine Familienmitversicherung. Derzeit konkurrieren in Tschechien neun Krankenkassen. Acht der Kassen sind Betriebskrankenkassen – darunter Versicherungen des Autoherstellers Skoda oder des Innenministeriums. Die meisten Bürger, nämlich zwei Drittel, sind bei einer staatlichen Krankenkasse versichert. 91,4 Prozent der Gesundheitsausgaben sind öffentliche Ausgaben. Das ist der höchste Anteil in der Gruppe der betrachteten Länder. Der einheitliche, vom Staat vorgegebene Beitragssatz der Krankenkassen lag 2002 laut WHO bei 13,5 Prozent des Bruttogehalts. Der Arbeitgeber trägt bei Beschäftigten neun Prozent, 4,5 Prozent tragen die Arbeitnehmer. Etwa die Hälfte der Bevölkerung hat kein eigenes Einkommen (Arbeitslose, Sozialhilfeempfänger, Studierende, Frauen im Mutterschaftsurlaub usw.). Für sie bezahlt der Staat einen festen Beitrag von etwa 13 Euro im Monat, für Rentner rund 40 Euro. Selbständige leisten einen Beitrag bis zur Bemessungsgrenze von maximal 35 Prozent ihres Gewinns. Wer keinen Gewinn erzielt, zahlt einen Mindestbeitrag von knapp 30 Euro pro Monat.

Leistungsumfang und Steuerungsinstrumente

Alle Tschechen haben Zugang zu einer flächendeckenden, umfangreichen medizinischen Versorgung und leisten kaum Zuzahlungen. Der staatlich vorgegebene Leistungskatalog umfasst die kostenlose ambulante Versorgung bei freier Arztwahl, kostenlose stationäre Versorgung, Arzneimittel, Behandlung beim Zahnarzt mit Ausnahme von Prothesen sowie Vorsorgeleistungen. Kranken-, Mutterschafts- und Sterbegeld erhalten tschechische Bürger nicht. Im stationären Bereich ging die Privatisierung nur zögerlich voran. Die ambulante Versorgung wurde dagegen komplett neu organisiert. Nahezu alle Ärzte arbeiten privat auf eigene Rechnung. Allgemeinmediziner, Kinderärzte, Gynäkologen und Zahnärzte sichern dabei die Grundversorgung. Versicherte können aus diesen Gruppen einen Hausarzt frei wählen, an den sie dann drei Monate gebunden sind. Facharztbesuche ohne Überweisung sind erlaubt. Hausärzte haben kaum Möglichkeiten, die ambulante Versorgung zu steuern. Sie bekommen in der Regel keine Informationen, welche Therapien andere Ärzte ihrem Patienten verordnen oder welche anderen Mediziner der Patient aufsucht. Die Folge sind Doppeluntersuchungen oder Probleme bei der Arzneimittelverordnung.

Zuzahlungen müssen Versicherte für einige Medikamente sowie für Kuren und für Heil- und Hilfsmittel aufbringen. In Tschechien gibt es etwa 2 200 Apotheken. Die meisten befinden sich in privatem Besitz. Daneben sichern in kleinen und entlegenen Ortschaften rund 230 Arzneimittel-Ausgabestellen die Versorgung mit Medikamenten. Die Ausgaben für Arzneimittel sind im Laufe der Jahre kontinuierlich gestiegen. Sie lagen nach Angaben der OECD bei 22,6 Prozent der Gesamtkosten, wovon wiederum ein Anteil von 22,6 Prozent privat aufgebracht wird. Das Referenzpreissystem – das im Übrigen in Einklang mit den EU-Richtlinien steht – hat dazu beigetragen, dass die Zunahme der Arzneimittelkosten immer weiter sank. Waren es in 1994 noch 40 Prozent, so wuchsen die Ausgaben in den letzten Jahren nur noch um 4 Prozent. Um die Ausgaben zu senken, wurde eine Positivliste eingeführt. Sie verzeichnet 500 erstattungsfähige Präparate. Es gibt drei Kategorien von Präparaten. Die erste wird voll erstattet und enthält nur die günstigsten Mittel einer Wirkstoffgruppe, vorwiegend Generika aus landeseigener Produktion. Die zweite und dritte Kategorie sind zuzahlungspflichtig oder werden gar nicht erstattet. Die Versicherung erstattet höchstens bis zu den Kosten eines gleichwertigen Generikums. Eine Ausnahme gilt nur, wenn der Arzt nachweist, dass es zum jeweiligen Produkt keine Alternative gibt. Die Positivliste legt außerdem Indikationen für die Arzneimittel fest und bestimmt, welche Produkte nur von Spezialisten verschrieben werden dürfen. Die Preisfestsetzung der Arzneimittel erfolgt durch das Gesundheitsministerium unter Mitwirkung des

Finanzministeriums und der Apothekerkammer. Dabei wurden auch die Margen der Distribution gesenkt. Weitere Maßnahmen werden die Kostenbegrenzung fortsetzen, vor allem die unterschiedliche Regelung der ambulanten und stationären Arzneimittelerstattung adressieren und den Nutzen von Arzneimitteln überwachen.

Nach Litauen hat Tschechien die höchste Arztdichte der neuen EU-Mitgliedsstaaten: Im Jahr 2002 versorgten durchschnittlich 3,5 Ärzte 1000 Einwohner. In Deutschland waren es 3,3. Jede zweite Krone in der tschechischen Krankenversicherung fließt in den Krankenhausbereich. Die Zahl der Betten wurde zwar gesenkt und lag 2002 bei 860 je 100 000 Einwohner. Das entspricht nach Litauen noch immer der zweithöchsten Bettendichte unter den Beitrittsländern und reicht fast an deutsche Verhältnisse heran (2001: 901 Betten je 100 000 Einwohner). Wirkungsvolle Einsparungen versprechen sich auch die Tschechen durch die Einführung von Fallpauschalen. In den ersten Jahren des neuen Systems erhielten Hausärzte leistungsbezogene Honorare. Aufgrund von Mengenausweitungen erfolgt die Vergütung mittlerweile über Kopfpauschalen. Dabei werden Patienten unterschiedlichen Risikogruppen zugeordnet. Fachärzte werden nach einem Punktesystem bezahlt, das eine Ausgabengrenze je Versichertem beinhaltet. Technisch gut ausgestattete und deshalb teurere Praxen erhalten dabei mehr Geld.

Ausblick

Das tschechische Gesundheitssystem hat allmählich mit Problemen zu kämpfen, die eine Diskussion über Reformen in Gang gesetzt haben. Dazu zählen vor allem hohe Krankenhaus- und Arzneimittelkosten. Und, wie in Deutschland, existieren nebeneinander Formen der Über-, Unter- und Fehlversorgung.

Türkei

Mit der Türkei streben 70 Millionen Einwohner den Beitritt zur EU an. Die Türkei wäre dann das zweitgrößte Land Europas. Mit einem Bruttosozialprodukt von knapp 243 Mrd. Euro, das sind 3 462 Euro KKS pro Kopf, liegt die Wirtschaftskraft der Türkei nicht nur weit unter dem Durchschnitt der zuletzt beigetretenen EU-Kandidaten, sondern auch nur bei 13 Prozent der ehemaligen 15 EU-Staaten. Andererseits wächst die türkische Wirtschaft mit knapp 8 Prozent pro Jahr, was jedoch zum Preis einer Inflation von 45 Prozent erfolgt. Mit 10,3 Prozent liegt auch die Arbeitslosigkeit sehr hoch. Laut Angaben der OECD entsprechen die Ausgaben für das Gesundheitswesen in 2000 6,6 Prozent vom BSP und sind mit 468 Euro KKS pro Kopf absolut die niedrigsten in ganz Europa. Die Qualität der Gesundheitsversorgung ist im internationalen Vergleich nicht gut und vor allem zwischen den Regionen sehr unterschiedlich. Die Lebenserwartung liegt beinahe zehn Jahre unter dem europäischen Durchschnitt und die Kindessterblichkeit liegt mit 36,8 von Tausend dreimal höher als in den osteuropäischen Ländern.

Struktur und Finanzierung des Gesundheitssystems

Das eher historisch gewachsene als geplante türkische Gesundheitssystem ist äußerst komplex und zugleich zentralisiert und fragmentiert. Planung, Steuerung und Entwicklung des Leistungsangebots erfolgen innerhalb einer zergliederten Struktur aus verschiedenen Ministerien, parlamentarischen Kommissionen und dem Militär. Die Leistungserbringung erfolgt durch öffentliche, gemeinnützige und private Organisationen sowohl im ambulanten als auch im stationären Sektor. Die Beziehungen zwischen diesen Organisationen sind jedoch nicht gut strukturiert und geregelt. Die Anzahl privater Krankenhäuser und Polikliniken ist in den letzten Jahren stark gestiegen. Die Finanzierung des türkischen Gesundheitssystems erfolgt nur zu 62,9 Prozent öffentlich. Etwa 28 Prozent werden durch den Staat (Gesundheitsministerium) aus Steuern und Abgaben finanziert. Die gesetzlichen Sozialversicherungen tragen 34,9 Prozent. Es gibt drei große Versicherungsarten, die SSK für Angestellte im privaten Sektor und Arbeiter im öffentlichen Dienst, die Bag-Kur für Selbständige und Freiberufler und die GERF, die pensionierte Beamte versichert. Die Gestaltung der Beitragssätze ist unterschiedlich. In der größten Versicherung, der SSK mit 34 Millionen Versicherten, werden für die Krankenversicherung 5 Prozent durch den Arbeitnehmer und 6 Prozent durch den Arbeitgeber getragen. Insgesamt sind 87 Prozent der Bevölkerung krankenversichert. 37,1 Prozent der Gesundheitsausgaben stammen aus privaten Ausgaben. Dieser Anteil ist in den letzten Jahren stark angestiegen. Die private Krankenversicherung deckt einen Anteil von 4,4 Prozent an den Gesundheitsausgaben. Sie hat sich erst Anfang der 90er Jahre, meist als Zusatzversicherung, zu einer öffentlichen Versicherung entwickelt. Ihre Mitgliederanzahl und die der etwa 20 existierenden Gesellschaften ist seitdem von 15 000 auf 650 000 angestiegen. Out-of-pocket-Ausgaben decken 27,6 Prozent der Ausgaben und werden aufgrund von Korruption und falschen Statistiken tatsächlich als noch höher eingeschätzt.

Leistungsumfang und Steuerungsinstrumente

In der Türkei besteht freie Arztwahl, ein Hausarztsystem gibt es nicht. Die Sozialversicherungen betreiben zum Teil eigene Gesundheitszentren und Krankenhäuser, in denen ihre Mitglieder behandelt werden. Eine Selbstbeteiligung an den Behandlungskosten gibt es nicht. Für Arzneimittel im ambulanten Sektor werden 20 Prozent Zuzahlung erhoben, 10 Prozent für Rentner. Der Pro-Kopf-Verbrauch an Arzneimitteln lag 2001 bei etwa 65 Euro. Die pharmazeutische Industrie ist stark durch den Staat reguliert, indem feste Prozentsätze für Arbeit, Management, Profit, Groß- und Einzelhandelsmarge auf Basis der Rohstoff- und Verpackungskosten vorgegeben werden, was dazu führt, dass besonders teure Materialien verwendet werden. Durch die Umsetzung einer neuen Patentrichtlinie in 1999 wird ein weitergehender Preisanstieg bei Arzneimitteln erwartet. Obwohl es eine inoffizielle Positivliste gibt, hat diese keine Bedeutung. Alle Versicherungen haben Negativlisten. Versuche, Generika zu fördern sind gescheitert, da die Ärzte weiterhin die Markenpräparate verschreiben. Ein Großteil der Präparate wird in den Apotheken ohne Verschreibung verkauft und viele

Patienten kommen mit ihren Beschwerden direkt dorthin. Viele der Angestellten sind jedoch keine Apotheker, wodurch ein ernsthaftes Problem mit falscher Selbstmedikation entsteht. Durch rote und grüne Rezepte wird versucht, den Verkauf bestimmter Präparate zu kontrollieren.

Ausblick

Gesundheitszustand und Qualität des Gesundheitssystems in der Türkei liegen hinter dem wirtschaftlichen Entwicklungsstand des Landes zurück. Die großen Herausforderungen bestehen in der besseren und breiteren Versorgung der Bevölkerung (13 Prozent sind nicht versorgt), Reduzierung des hohen privaten Anteils an der Versorgung, Schaffung eines regional gleichmäßigen Gesundheitsangebots, Training und Aufbau der Management-Fähigkeiten von Ärzten, Verbesserung präventiver Maßnahmen und Schaffung von Transparenz und Verantwortlichkeit sowie Vermeidung der inhärenten Ineffizienzen und Steuerungslücken im System.

Ungarn

Mit etwa 10 Millionen Einwohnern ist Ungarn das viertgrößte Land, das zum 1. Mai 2004 der EU beitrat. Das Bruttoinlandsprodukt beträgt 2004 811 Mrd. Euro und die Arbeitslosenquote liegt bei 5,9 Prozent. Mit 14 130 Euro BIP pro Kopf ist die Wirtschaftkraft etwa 60 Prozent über dem Durchschnitt der neuen EU-Länder – Ungarn galt schon zu den Zeiten des kalten Krieges zu den wirtschaftlich offeneren Ostblockländern – jedoch nur etwa halb so hoch, wie in der „alten" EU. Das Niveau der Gesundheitsausgaben in Prozent vom BSP liegt seit 1992 zwischen 7 und 8 Prozent, 2002 bei 7,8 Prozent. Mit 1 145 Euro KKS pro Kopf betragen die absoluten Gesundheitsausgaben nur ein Drittel der großen westlichen EU-Länder. Die Qualität der Gesundheitsversorgung liegt im unteren Drittel des internationalen Vergleichs. Durch Lebensgewohnheiten und die historisch schlechte Gesundheitsversorgung ist die Lebenserwartung mit 68,4 (Männer) und 76,7 (Frauen) unterhalb des Durchschnitts der neuen bzw. anwartenden EU-Länder. Ungarn hat den höchsten Anteil an Rauchern. Auch die Kindessterblichkeit ist relativ hoch.

Struktur und Finanzierung des Gesundheitssystems

Zu Zeiten des Warschauer Paktes gab es in Ungarn eine zentralistische, staatlich finanzierte Gesundheitsversorgung. Während viele andere osteuropäische Staaten nach dem Kalten Krieg auf Gesundheitssysteme bismarckscher Prägung setzten, ging Ungarn einen eigenen Weg. Seit Beginn der 90er Jahre wird das Gesundheitswesen von zwei Säulen getragen: der nationalen Krankenversicherung und dem Staat. Während die nationale Krankenversicherung die medizinischen Leistungen aus den Beiträgen von Versicherten und Arbeitgebern bezahlt, finanziert der Staat Betriebs- und Investitionskosten, die für medizinische Einrichtungen, etwa Kliniken, anfallen. Der Staat kommt außerdem für die Defizite der Krankenversicherung auf. 70,2 Prozent der gesamten Gesundheitsausgaben kommen von öffentlichen Quellen, was dem internationalen Mittelfeld entspricht. Nur 0,4 Prozent werden durch private Versicherungen getragen und der Rest – also knapp 30 Prozent – sind derzeit private Out-of-pocket-Zahlungen.

Der Krankenversicherungsbeitrag lag 2002 bei 14 Prozent des Bruttoeinkommens, 11 Prozent entfallen auf den Arbeitnehmer. Selbständige zahlen einen vergleichbaren Betrag ihres Einkommens. Hinzu kommt für die Arbeitgeber eine Abgabe von etwa 15 Euro je Mitarbeiter und Monat, mit der der Staat die erwähnten Ausgaben für medizinische Einrichtungen finanziert. Für Personen ohne eigenes Einkommen zahlt der Staat den Versicherungsbeitrag. Aufgabe der nationalen Krankenkasse ist es, die Beiträge einzuziehen und auf ihre 20 regionalen Geschäftsstellen zu verteilen. Diese schließen vor Ort Verträge mit Ärzten und anderen Leistungserbringern. Art und Umfang der medizinischen Leistungen bestimmt das Gesetz. Alle Bürger müssen sich bei der nationalen Krankenkasse versichern. Dafür erhalten sie eine kostenlose Versorgung, die alle notwendigen medizinischen Leistungen umfasst. In der Praxis erhalten Versicherte nicht immer kostenlosen Zugang zu allen Leistungen, da die nötige Infrastruktur fehlt. So gibt es in Ungarn Wartelisten für Krankenhausaufenthalte und für Facharztbehandlungen. Als Folge zahlen viele Patienten lieber privat für diese Leistungen.

Ein wichtiges Element im ungarischen Gesundheitssystem sind die ca. 6 800 Familienärzte. Versicherte können sich in ihrer Region frei für einen Familienarzt entscheiden. Diese Ärzte sind die erste Anlaufstelle für alle Erkrankungen und für Vorsorgemaßnahmen (Hausarztmodell). 75 Prozent der Familienärzte erhalten für ihre Leistungen über einen behördlichen Versorgungsauftrag eine Kopfpauschale, die sich nach der Altersstruktur der Patienten, dem Alter und der Ausbildung des Arztes sowie Lage und Größe seiner Praxis richtet. Dabei wird die Kopfpauschale nur bis zu einer bestimmten Patientenzahl gewährt. Der Rest der Ärzte ist öffentlich angestellt, ein kleiner Teil arbeitet nur privat auf eigenes Risiko. Außer Frauenärzten, Hals-Nasen-Ohren-Ärzten und Chirurgen dürfen Versicherte den Facharzt nur mit einer Überweisung aufsuchen. Fachärzte sind in der Regel in Krankenhäusern, Ambulanzen oder den rund 100 selbstständigen Polikliniken angestellt. Ihr Honorar richtet sich nach einem leistungsbezogenen Punktsystem. Neben den offiziellen Einkünften ist eine Besonderheit in Ungarn das so genannte „Handgeld" – eine gewisse Summe Schwarzgeld, die Patienten ihrem Arzt seit mehreren Jahrzehnten zahlen. Nach Ansicht der WHO erfüllen die ungarischen Familienärzte ihre Lotsenfunktion aber schlecht. So entfielen auf die Primärversorgung Ende der 90er Jahre nur gut zehn Prozent der Gesundheitsausgaben. Das monatliche Einkommen eines Familienarztes lag 1997 bei etwa 300 Euro. Dadurch, sowie durch die große Zahl der zu versorgenden Patienten, fehlt den Familienärzten der Anreiz für eine umfassende Behandlung. Oft beschränken sie sich darauf, Patienten an Fachärzte zu überweisen, da dies die Kopfpauschale nicht beeinträchtigt. Anfang 2004 fiel in Ungarn der Startschuss für das „Modell der gelenkten Krankenversorgung". Wirtschaftsmanager sollen dafür sorgen, dass dem

Patienten immer das höchste Behandlungsniveau zuteil wird und gleichzeitig nur die billigsten Medikamente verordnet werden. Die Kontrolleure sollen auch unnötige Facharzt- und Krankenhausüberweisungen sichtbar machen und verhindern. Dieses Modell soll für Einsparungen zwischen vier und acht Mrd. Euro pro Jahr sorgen.

Leistungsumfang und Steuerungsinstrumente

Für Medikamente, Hilfsmittel und Zahnersatz müssen ungarische Versicherte Zuzahlungen leisten. Eine Besonderheit ist die Eingrenzung der Arzneimittelerstattung, bei der der Patient eine Subvention für das verordnete Präparat erhält: Etwa 300 Medikamente, mit denen die 60 häufigsten Erkrankungen behandelt werden, erstattet die ungarische Krankenversicherung zu 90 Prozent. Bei allen anderen Arzneimitteln werden den Patienten 0,50 Euro oder 70 Prozent des Preises erstattet. Von dieser Regelung ausgenommen sind Bedürftige und chronisch Kranke. Sie erhalten ihre Medikamente kostenlos oder gegen eine Zuzahlung von zehn Prozent. Weiterhin ausgenommen sind Arzneimittel, die im Rahmen der stationären Behandlung notwendig sind. Knapp 40 Prozent der privaten Out-of-pocket-Ausgaben sind für Arzneimittel. Einige Arzneimittel werden zentral von der nationalen Krankenversicherung eingekauft. Die Subventionen werden darüber hinaus zum Teil so festgelegt, dass sie bei einer Verschreibung durch den Familienarzt höher sind, als bei einem fachärztlichen Rezept. Obwohl es eine Budgetierung für Arzneimittel gibt, beläuft sich ihr Anteil auf relativ hohe 27,6 Prozent der Gesamtausgaben. Vertrieben werden die Arzneimittel in rund 2 000 Apotheken – dem einzig wirklich privatisierten Bereich im ungarischen Gesundheitswesen. Die Zulassung von Arzneimitteln erfolgt durch das National Institute of Pharmacy. Seit der Liberalisierung und Privatisierung der Pharmaindustrie waren der Anstieg der Arzneimittelausgaben und ihr Überschreiten des Arzneimittel-Subbudgets eine Sorge der Regierung, da sie eine Hauptursache für das Defizit im Gesundheitswesen darstellten. In den 90er Jahren verzehnfachten sich die Arzneimittelausgaben, obwohl das Preisniveau im Vergleich zu anderen europäischen Ländern relativ gering war. Ständige Kostensenkungsmaßnahmen beinhalteten die Ausweitung der Zuzahlungen, Genehmigungen von Budgetüberschreitungen, Absenkung der Preismargen und striktere Verschreibungskontrollen. Die Verwendung günstigerer Generika wurde beschlossen. Schließlich wurde in 2003 ein Preis-Mengen-Vertrag mit der Pharmaindustrie geschlossen, welcher die Pharmaindustrie finanziell für Mengenüberschreitungen verantwortlich macht.

Ausblick

Ungarn hat eine erfolgreiche Transformation zu einem vertragsbasierten Sozialversicherungssystem hinter sich. Trotz ökonomischer Rezession und achtjähriger starker Kostensenkungsmaßnahmen ist die Gesundheitsversorgung bemerkenswerter Weise intakt. Vergleichbare Gesundheitsleistungen werden in Ungarn selbst zu Kaufkraftparitäten günstiger erbracht. Zum Beispiel kostet ein durchschnittlicher Krankenhausfall in Ungarn 1 700 Euro im Vergleich zu Großbritannien 2 500 Euro. Dennoch bleibt eine Reihe von Fragen ungelöst. Das unabhängige Versicherungssystem wurde teilweise ein Instrument, um Mittel in versicherungsfremde Leistungen abzuführen; die problematische Trennung von Investitionen und Leistungsfinanzierung sowie fehlende Anreize zur Vermeidung von Leistungsausweitung sind hier zu nennen. Auch wenn z. B. ein DRG System die Effizienz des stationären Sektors erhöht hat, kann sie zunehmende Fallzahlen und schwache Hausarztfunktion nicht ausgleichen. Zwischen 1990 und 2000 nahmen die Facharztbesuche um 20 Prozent zu. Effizienzsteigerungspotenziale bestehen in einer Steigerung der Einkäuferfunktion der nationalen Krankenversicherung, Wettbewerb zwischen Versicherern und Ausbau von regionalen Pilotprojekten zur Leistungssteuerung. Auch die weitergehende Privatisierung des Humankapitals im Gesundheitswesen ist wichtig. In diesem Umfeld wird die komplexe Herausforderung der Handelnden deutlich, Antworten für die Bedürfnisse einer älter werdenden Bevölkerung zu finden, die einen der schlechtesten Gesundheitszustände in der EU hat und das vor dem Hintergrund der Belastungen aus der Vergangenheit.

Die Länder im statistischen Vergleich

Im Folgenden sollen die wichtigsten Kennzahlen noch einmal im statistischen Vergleich dargestellt werden.

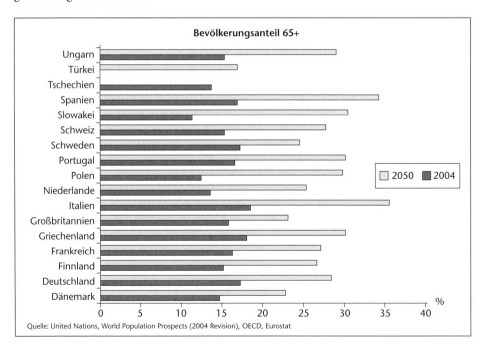

Abb. 3: Entwicklung des Anteils der älteren Bevölkerung

Die Gesundheitssysteme im Einzelnen 115

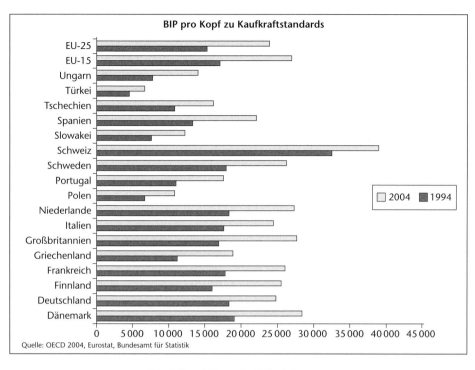

Abb. 4: Entwicklung des Volkseinkommens

	Gesundheitsausgaben				Finanzierung		
	1980	gesamt 1992	2002/2003	pro Kopf 2002/2003 Euro KKS	Öffentlich	Priv. Versich. 2002/2003	Out-of-pocket
	% vom BIP				%		
Dänemark	9,1	8,5	9,0	2.741	83,0	1,6	15,4
Deutschland	8,7	9,9	10,9	2.989	78,5	8,6	12,9
Finnland	6,4	9,1	7,3	2.062	75,7	2,4	21,9
Frankreich	7,1	9,0	9,7	2.903	76,0	13,2	10,8
Griechenland	6,6	7,9	9,5	1.925	52,9		47,1
Großbritannien	5,6	6,9	7,7	2.292	83,4	4,0	12,6
Italien		8,4	8,5	2.298	75,3	0,9	23,8
Niederlande	7,5	8,4	9,1	2.804	67,8	17,1	15,1
Polen		6,2	6,1	694	72,4		27,6
Portugal	5,6	7,0	9,3	1.806	70,5		29,5
Schweden	9,1	8,3	9,2	2.671	85,3		14,7
Schweiz	7,3	9,3	11,2	3.656	57,9	9,6	32,5
Slowakei		5,8	5,7	741	89,1		10,9
Spanien	5,4	7,2	7,6	1.746	71,4	4,1	24,5
Tschechien		5,4	7,4	1.186	91,4		8,6
Türkei	3,3	3,8	6,6	468	62,9	4,4	32,7

	Gesundheitsausgaben				Finanzierung		
	1980	gesamt 1992	2002/2003	pro Kopf 2002/2003 Euro KKS	Öffentlich	Priv. Versich. 2002/2003	Out-of-pocket
	% vom BIP				%		
Ungarn		7,7	7,8	1.145	70,2	0,4	29,4
USA	8,7	13,0	14,6	5.588	44,9	36,2	18,9
Japan	6,5	6,2	7,8	2.181	81,7	0,3	18,0
Betrachtungs-durchschnitt ungewichtet	6,9	7,8	8,7	2.205	73,2	7,9	21,4

Anm. Kursive Werte berücksichtigen verfügbare zeitnahe Werte bzw. wurden umgerechnet.
Quelle: OECD 2004/3, Eurostat 2004, Bundesamt für Statistik

Abb. 5: Gesundheitsausgaben und ihre Finanzierung

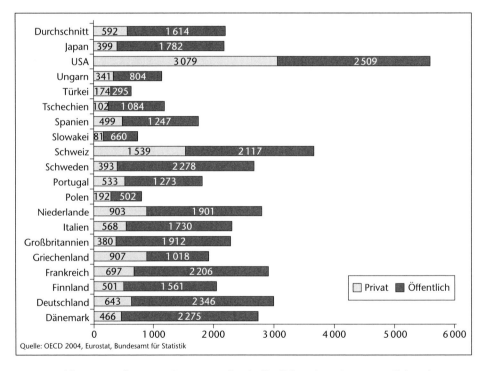

Abb. 6: Gesundheitsausgaben pro Kopf und öffentlicher Finanzierungsanteil (Euro)

	Ausgaben für Arzneimittel					
	gesamt	dav. öffentl. 1990	dav. privat	gesamt	dav. öffentl. 2002	dav. privat
	% v. Ausg.	%	%	% v. Ausg.	%	%
Dänemark	7,5	34,2	65,8	9,8	49,5	50,5
Deutschland	14,3	73,1	26,9	14,5	74,8	25,2
Finnland	9,4	47,4	52,6	15,9	53,0	47,0
Frankreich	16,9	61,9	38,1	20,8	67,0	33,0
Griechenland	14,3	56,7	43,3	15,3	71,5	28,5
Großbritannien	13,5			15,8	62,5	37,5
Italien	21,2	62,8	37,2	22,4	52,1	47,9
Niederlande	9,6	66,6	33,4	10,4		
Polen						
Portugal	24,9	62,3	37,7	23,4		
Schweden	8,0	71,7	28,3	13,1	73,6	26,4
Schweiz	10,2			10,3	67,0	33,0
Slowakei				37,3	84,5	15,5
Spanien	17,8	71,7	28,3	21,5	73,6	26,4
Tschechien	21,0	89,0	11,0	22,6	77,4	22,6
Türkei	20,5	88,2	11,8	24,8		
Ungarn	27,6			27,6	62,5	37,5
USA	9,2	11,5	88,5	12,8	19,5	80,5
Japan	21,4	61,1	38,9	18,8	68,3	31,7
Betrachtungsdurchschnitt ungewichtet	15,7	61,3	38,7	18,7	63,8	36,2
Quelle: OECD 2004, Eurostat, Bundesamt für Statistik						

Abb. 7: Arzneimittelausgaben und ihre Träger

Land	Gesundheitssystem	Positivliste	Negativliste	Nutzen-Bewertung	Kosten-Nutzen-Bewertung	Arzneimittelbudget	Referenzpreissystem	Margenregulierung	Zwangsrabatte f. Arzneimittel	Förderung von Generika	Aut-idem Regulierung	Patienten-Zuzahlung
Dänemark	Steuerfinanziertes öffentliches Gesundheitssystem für die ganze Bevölkerung (Wohnsitzprinzip)	X		X	++				X	X	X	X
Deutschland	Obligatorisches Sozialversicherungssystem für Arbeitnehmer und gleichgestellte Gruppen bis zu einer bestimmten Einkommensgrenze	nur OTC	X	X	+	X		X	X	X	X	X
Finnland	Öffentliches Gesundheitssystem für die gesamte Bevölkerung in kommunaler Verwaltung, finanziert aus Steuern und Patientenzuzahlung	X		X	++	X		X				X
Frankreich	Mischung aus steuer- und beitragsfinanziertem Versicherungssystem	X		X	++	X	(X)	X	X	X	X	X
Griechenland	Obligatorisches Sozialversicherungssystem für Arbeitnehmer und gleichgestellte Gruppen	X		X	+		X	X		X		X
Großbritannien	Steuerfinanziertes öffentliches Gesundheitssystem für die ganze Bevölkerung (Wohnsitzprinzip)	X	X	X	+++	X			X	X	X	X
Italien	Beitragsfinanziertes öffentliches Gesundheitssystem für die gesamte Bevölkerung (Wohnsitzprinzip)	X		X	++	X	X	X		X	X	X
Niederlande	Nationale Pflichtversicherung für die gesamte Bevölkerung finanziert aus Beiträgen	X	X	X	++	X	X			X	X	nur Rezeptgebühr
Polen	Zentral geführtes Sozialversicherungssystem für alle Erwerbstätigen und Gleichgestellte, finanziert durch Beiträge	X	X					X	X	X	X	X
Portugal	Steuerfinanziertes öffentliches Gesundheitssystem für die ganze Bevölkerung (Wohnsitzprinzip)	X		X	++		X	X	X	X	X	X
Schweden	Steuerfinanziertes öffentliches Gesundheitssystem für die ganze Bevölkerung (Wohnsitzprinzip)	X	X	X	++	X				X	X	X

Die Gesundheitssysteme im Einzelnen

Gesundheitssystem	Positivliste	Negativliste	Nutzen-Bewertung	Kosten-Nutzen-Bewertung	Arzneimittelbudget	Referenzpreissystem	Margenregulierung	Zwangsrabatte f. Arzneimittel	Förderung von Generika	Aut-idem Regulierung	Patienten-Zuzahlung
Schweiz – Föderales modifiziertes Sozialversicherungssystem mit starkem Privatanteil	X		X	+			X		X	X	X
Slowakei – Beitragsfinanziertes Pflichtversicherungssystem für alle Einwohner	X		X	+		X	X		X		X
Spanien – Steuerfinanziertes öffentliches Gesundheitssystem für Arbeitnehmer, Gleichgestellte und deren Familienangehörige	X	X	X	+	X	X	X	X	X		X
Tschechien – Beitragsfinanziertes Pflichtversicherungssystem für alle Einwohner	X				X	X	X		X		X
Türkei – Beitragsfinanziertes Pflichtversicherungssystem für Erwerbstätige mit starkem staatlichem Einfluss	X	X					X		(X)		X
Ungarn – Steuer- und beitragsfinanziertes nationales Gesundheitssystem für alle Einwohner	X	X			X		X		X		X

X = vorhanden; + = Kosten-Nutzen-Bewertung steht am Anfang; ++ = Kosten-Nutzen-Bewertung ist überwiegend obligatorisch, aber kein maßgebliches Ausschlusskriterium; +++ = Kosten-Nutzen-Bewertung ist ein starkes Bewertungskriterium, führt auch zum Ausschluss

Quelle: Wasem, Greß, Niebuhr, „Regulierung des Marktes für verschreibungspflichtige Arzeneimittel im internationalen Vergleich", Alfried Krupp von Bohlen und Halbach-Stiftungslehrstuhl für Medizinmanagement, Universität Duisburg-Essen, 2005; WHU; eigene Recherchen.

Abb. 8: Steuerungsinstrumente im Vergleich

Anmerkungen

[1] Sämtliche bevölkerungsstatistischen und volkswirtschaftlichen Angaben beziehen sich auf das Jahr 2004 bzw. die aktuell verfügbaren Daten, es sei denn, es ist eine andere Jahreszahl angegeben. Vgl. dazu auch den statistischen Teil am Ende des Kapitels.

[2] Sämtliche gesundheitsökonomischen Angaben beziehen sich auf das Jahr 2002 bzw. die aktuell verfügbaren Daten, es sei denn, es ist eine andere Jahreszahl angegeben. Vgl. dazu auch den statistischen Teil am Ende des Kapitels.

5 Russland – Europa und doch so anders

Victoria Anashkina

(Übersetzung von Michael C. Müller)

Finanzierung des Marktes	122
Demographische Situation und Krankheitsprävalenz	124
Struktur des Markts	125
Rückständige einheimische Hersteller	127
Produktlebenszyklus	128
Der russische Arzneimittelmarkt ist weiterhin stark fragmentiert	129
Preisbildung	130
Aussichten für die weitere Marktentwicklung	131

Berücksichtigt man die Tatsache, dass die echte Marktwirtschaft in Russland überhaupt erst Anfang der 90er Jahre des letzten Jahrhunderts begonnen hat, wird man über den derzeitigen Entwicklungsstand des russischen Pharmamarktes nicht überrascht sein. Er ist jedoch einer der am schnellsten wachsenden Pharmamärkte in Europa.

Es gibt einige besondere Merkmale des russischen Pharmamarktes, die teils vom sehr jungen Alter des Marktes selbst, teils vom derzeitigen Entwicklungsstand der russischen Marktwirtschaft und auch von Russlands Geographie abhängen, die es wert sind, näher betrachtet zu werden.

Finanzierung des Marktes

67 Prozent des Marktes werden von den Patienten selbst finanziert. Staatliche und institutionelle Aufwendungen betragen lediglich 31 bzw. 2 Prozent.

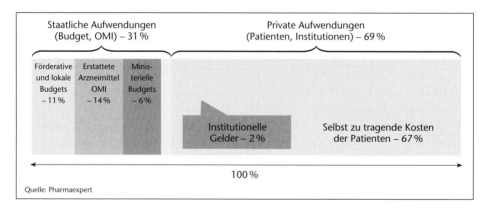

Abb. 1: Struktur für Erstattungen

Derzeit deckt das russische Erstattungssystem nicht die ganze Bevölkerung Russlands ab. Nur Patienten mit bestimmten, definierten Krankheiten (Onkologie, Tuberkulose, Diabetes, bronchiales Asthma etc.) oder bestimmte Patientengruppen (Kinder unter drei Jahren, Invalide, Veteranen etc.) können kostenlos Medikamente erhalten. Die Patienten, die Anspruch auf Erstattung haben, machen rund 20 Prozent der russischen Bevölkerung aus. Der Rest der russischen Bürger muss die benötigten Medikamente auf eigene Kosten kaufen. Diese Tatsache beeinflusst notwendigerweise die Marketingstrategien der Arzneimittelhersteller, da diese beiden Marktsegmente verschiedene Entscheidungsfindungsketten bedingen. So werden beispielsweise im Falle der Erstattung die für die Erstattungsauflistung verantwortlichen Gesundheitsbehörden zu einer der wichtigsten Zielgruppen. Bei Selbstzahlern hingegen wird die Beteiligung des Patienten am Entscheidungsfindungsprozess sehr wichtig. Als Ergebnis kann man sehen, dass bei einigen Krankheiten, wie gynäkologischen Infektionen, DTC-artige, auf Patienten gerichtete Werbeprogramme einen entscheidenden Teil der Werbestrategie der Hersteller stellen.

In jedem Fall aber ist es für die Mehrheit der Rx-Produkte wichtig, auf den relevanten Erstattungslisten zu stehen, auch wenn ihre Hauptzielgruppe der Selbstzahlermarkt ist, da es einen Trend gibt, dass Ärzte auch Selbstzahlern erstattungsfähige Produkte verschreiben, weil ihnen diese als Erstes einfallen.

Vor 2005 war das Erstattungssystem national deklariert, wurde aber regional finanziert, daher war es bruchstückhaft und unterschiedlich von Region zu Region mit eigenen regionalen Erstattungslisten und sehr unterschiedlichen Finanzierungshöhen. Demzufolge mussten sich Unternehmen landesweit engagieren, um auf allen gut finanzierten regionalen Erstattungslisten wie Moskau, St. Petersburg u. a. gelistet zu werden. Was die Konkurrenz anging, konnte man sehr unterschiedliche Leistungen der Unternehmen von Region zu Region wahrnehmen, da ein ausreichender Teil des Erfolgs von der Leistung von bestimmten regionalen Beauftragten und deren Beziehungen zu regionalen Entscheidungsträgern abhängig war.

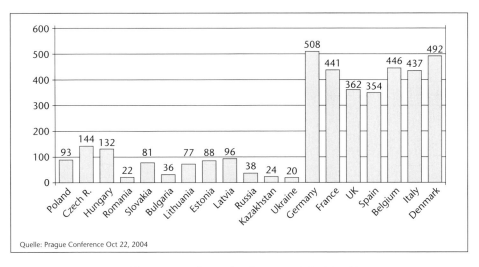

Abb. 2: Pro-Kopf-Ausgaben für Arzneimittel (US$)

Die Regierung hat aber die Effektivität des Gebrauchs von Staatsbudgets für Medikamente in diesem dezentralisierten, bruchstückhaften System mehr und mehr in Frage gestellt. Demzufolge trat am 1. Januar 2005 ein neues Erstattungssystem in Kraft, dessen Hauptmerkmale sind:

- Zentralisierte Finanzierung der Erstattung. Die Regierung vergab 1,8 Milliarden US$ (höchste Summe bisher) für die Finanzierung dieses Programms, um in allen Regionen eine gleichmäßige Abdeckung für die Patienten, die zur Erstattung berechtigt sind, zu erhalten.

- Eine national vereinheitlichte Erstattungsliste (Herstellerpreise von gelisteten Produkten sind registriert, 100 Prozent Erstattung ohne Zuzahlung von Patienten).

- Die vier, von der Regierung ausgewählten, größten, nationalen Lieferanten sind bestimmten Regionen zugeordnet und liefern erstattungsfähige Produkte an diese Regionen auf nicht konkurrenzfähiger Basis.

Das neue Erstattungssystem erhöhte ausreichend die Verfügbarkeit von kostenfreien Behandlungen für Patienten speziell in Regionen. Das wird für viele pharmazeutische Unternehmen zu einer günstigen Gelegenheit.

Demographische Situation und Krankheitsprävalenz

Russland hat eine recht schwierige demographische Situation – jedes Jahr schrumpft die Bevölkerung des Landes um etwa eine halbe Million Bürger. Das ist eindeutig das Ergebnis der dramatischen Veränderungen in Russland während der letzten 15 bis 20 Jahre, in denen die ganze Bevölkerung aufgrund des dramatischen Wandels hin zur Marktwirtschaft einen Schock erlitt, der bis heute noch nicht überwunden ist. Eine Zeit von starker Instabilität und Krise mit sehr geringem Schutz durch die Regierung für alle sozial empfindlichen Gruppen – ältere Leute, Mütter, Kinder, Invaliden, Menschen mit schweren Krankheiten. Die durchschnittliche Lebenserwartung in Russland beträgt heute 56 Jahre, was viel niedriger ist als im restlichen Europa. Dies verlangt ein anderes Produktportfolio als in Westeuropa.

Betrachtet man die Krankheitsziffer in Russland, so kann man eine große Verschiebung hin zu schwereren Krankheitsstadien feststellen. Viele Krankheiten werden oft erst in einem sehr späten Stadium diagnostiziert (einschließlich der Onkologie, wo viele Krankheiten leider in fortgeschrittenem Stadium einer Diagnose zugeführt werden).

Ein sehr hoher Grad an Selbstmedikation, die Möglichkeit, jedes Rx-Produkt in einer Apotheke ohne Rezept kaufen zu können, verbunden mit dem fehlenden Vertrauen in das staatliche Gesundheitssystem, das keine effizienten, bezahlbaren Behandlungslösungen für alle Menschen bieten kann, bringt die Russen dazu, erst zu einem Zeitpunkt zum Arzt zu gehen, wenn die Krankheit beginnt, ihr tägliches Leben nachhaltig zu beeinträchtigen. Aber gezielte, konsequente gemeinsame Bemühungen der Industrie und der Mediziner könnten diese Situation innerhalb einer angemessenen Frist drastisch ändern. Ein gutes Beispiel für eine solche aufklärende Kampagne ist die zu bronchialem Asthma.

Vor 10 bis 15 Jahren herrschten in der Krankheitsstruktur von bronchialem Asthma in Russland fast nur schwere Formen vor. Die Behandlungsmöglichkeiten beinhalteten auch die alte traditionelle, ineffiziente Behandlung durch orale Kortikosteroide, welche die Patienten wegen ihrer Nebenwirkungen fürchteten; inhalierte Kortikosteroide wurden kaum verwendet. Das hatte zu Folge, dass die Patienten häufig wegen Verschlimmerungen im Krankenhaus behandelt werden mussten. Aufgrund der konsequenten Bemühungen einzelner Hersteller und der sehr gut organisierten „medizinischen" Standesorganisation (Russian Respiratory Association) wurde das Konzept der Vorsorge-/Basisbehandlung schrittweise von einer großen Gruppe von Spezialisten, Allgemeinärzten und Patienten akzeptiert. Beständige Aufklärung von Ärzten, Patienten und Gesundheitsbehörden über die Wichtigkeit von frühzeitigen Diagnosen und frühzeitigen Vorsorgebehandlungen resultierten in einem Wandel von bronchialem Asthma in Russland. Der Anteil von moderatem und schwachem Asthma steigt. Ausreichende Finanzierungen werden für Erstattungen für inhalierbare Kortikosteroide und andere Behandlungen von Asthma zur Verfügung gestellt. Die Krankenhauskosten bei der Behandlung von Aggravierungen steigen allerdings dennoch an. Bronchiales Asthma als Diagnose aber ist für den Patienten nicht mehr so beängstigend wie früher. Das war keine kurzfristig lukrative Aktion für die Industrie, da die Aufklärung konservativer Mediziner und Patienten in einem so ausgedehnten Land ohne ein starkes nationales Erstattungssystem langfristiges Engagement auf dem russischen Markt verlangte. Aber es hat sich gelohnt. Denn der Asthma-Markt ist heute eines der attraktivsten Segmente auf dem russischen Pharmamarkt.

Prophylaktische Medizin existiert nur in einem sehr engen Segment einer wohlhabenden Bevölkerungsschicht. Teilweise in der Privatmedizin für Menschen, die es sich leisten können, sowie in einigen medizinischen Institutionen (wie Regierungsmedizin usw). Für die Allgemeinheit wird die prophylaktische Behandlung immer noch als Luxus betrachtet. So gab es dort keine Statine in der ersten Fassung der nationalen Erstattungsliste. In der zweiten Ausgabe sind Statine zwar enthalten, aber nur zur Abwägung für spezielle Arztkommissionen, was bedeutet, dass diese Medikamente eher in Ausnahmefällen als im Regelfall verschrieben werden können. Man muss bedenken, dass noch 2004 der durchschnittliche Verbrauch von Arzneimitteln pro Kopf in Russland 38 US$ betrug, verglichen mit einem Durchschnitt von über 100 US$ im restlichen Zentral-/Osteuropa.

Struktur des Markts

Innovative Produkte versus Generika

Russland ist der Markt von Markengenerika (branded generics). Sie machen 45 bis 50 Prozent des Gesamtmarkts aus.

Aus verschiedenen Gründen haben innovative Produkte heute nur 11 Prozent Marktanteil in Russland:

- Historische Gründe: Arzneimittel von sowohl osteuropäischen Herstellern als auch indischen/türkischen Herstellern (sie waren praktisch die einzigen Arzneimittel, die in der ehemaligen UdSSR erhältlich waren) prägen als Markengenerika den Markt und sind immer noch die beliebtesten Arzneimittel in Russland mit einem traditionell hohen Grad an Patienten- und Arztloyalität (No-spa, Essentiale, Cavinton, Festal, Biseptol, Mezim, Suprastin, Adelphan, Trichopol etc.).

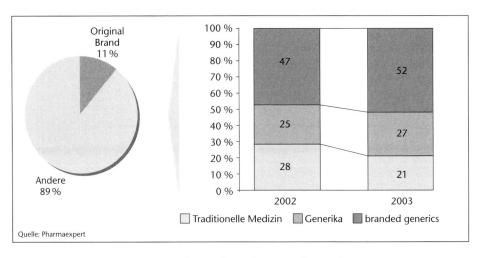

Abb. 3: Marktstruktur nach Marken/Generika im Jahre 2003

- Psychologische Gründe: Das traditionell hohe Niveau von Selbstbehandlung der russischen Bevölkerung resultierte in der Notwendigkeit, sogar verschreibungspflichtige Pharmazeutika mit wieder erkennbaren Namen zu versehen.
- Regulatorische Gründe: In Russland gibt es keine Einschränkungen für Markennamen bei Generika, im Gegensatz zu vielen westlichen Ländern(z. B. UK).

Die Hersteller von Markengenerika werben für ihre Produkte ebenso wie Hersteller von innovativen Produkten durch entsprechende Kampagnen. Einige dieser Markengenerika konnten aufgrund des fehlenden Patentschutzes in Russland sogar früher auf den Markt kommen als die Originalprodukte. So wurden z. B. indische Generika von Omeprazol früher als Losec im Markt eingeführt.

Viele Experten haben vorausgesagt, dass es so für lange Zeit bleiben würde. Aber kürzliche legislative Entwicklungen beim Gesetz für die Registrierung und die Verschreibung von Produkten nur durch ihre INN-Bezeichnung könnten das Marktgeschehen nun mittelfristig drastisch ändern.

Einzelhandel/Krankenhaus

Der Verbrauch von Arzneimitteln durch Krankenhäuser beträgt 20 Prozent des Gesamtmarktes. Er repräsentiert ein spezielles Segment mit eigenen Regeln. Das Produktportfolio im Krankenhaussegment ist mehr auf einfachste Generika einerseits und patentierte, innovative Produkte andererseits konzentriert. Erfolgreiche Spieler in diesem Segment haben gewöhnlich ein ziemlich großes Produktportfolio, das in verschiedene therapeutische Gruppen aufgeteilt ist, sowie sehr gute Beziehungen zu den Gesundheitsbehörden, Geldgebern und autorisierten Krankenhaus-Großhändlern. Es ist ein Markt, in dem immer noch persönliche Beziehungen und vor allem die Fähigkeit, „gewünschte Angebote" zu unterbreiten, zum Erfolg führen.

Rx/OTC

Die Aufteilung von Rx zu OTC-Produkten ist – über die letzten Jahre relativ stabil – 68 Prozent zu 32 Prozent im Wert. Obwohl der OTC-Markt steigende Investitionen für Werbung in den Massenmedien erfordert, ist er immer noch ein sehr attraktives Segment, da es nicht die Risiken und Engpässe wie bei Rx-Produkten, wie z. B. die hohe Abhängigkeit vom nicht transparenten Erstattungssystem, gibt. Einige russische und auch internationale Hersteller haben großen Erfolg mit der Fokussierung auf dieses Segment (Novartis Consumer Health, Berlin Chemie, Nizhpharm usw.).

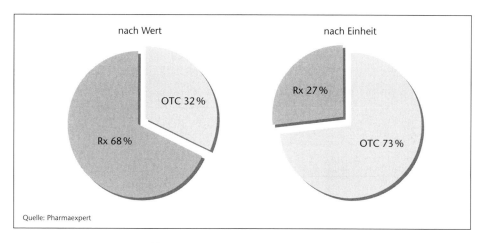

Abb. 4: RX/OTC-Marktanteil im Jahre 2003

Derzeit kann der Patient die Mehrheit der Rx-Produkte in der Apotheke ohne Rezept, quasi nach eigenem Ermessen oder auf einen Rat des Apothekers hin kaufen. Darum sind Apotheker und Patienten für viele Rx-Produkte sehr wichtige Kundengruppen. Eine gute Werbekampagne für Rx-Produkten beinhaltet daher gewöhnlich eine Kommunikation mit Apotheker und Patienten (DTC-artige Werbung für Rx-Produkte direkt am Patienten ist allerdings per Gesetz verboten).

Rückständige einheimische Hersteller

Der Markt ist beherrscht von importierten Produkten. Im alten sozialistischen zentral- und osteuropäischen Umfeld war Russland historisch gesehen nicht spezialisiert auf Arzneimittel, daher gab es keine größeren Investitionen in die einheimische pharmazeutische Industrie. Heute leiden einheimische Hersteller unter dem Mangel an Investitionen, und trotz beständiger Anstrengung der Regierung, die russische Industrie zu unterstützen (Einführung von 10 Prozent Einfuhrzoll für importierte Produkte, bevorzugte Behandlung von einheimischen Produkten in allen staatlich finanzierten pharmazeutischen Programmen usw.) machen einheimische Hersteller nicht mehr als 30 Prozent des Markts aus. Die Mehrzahl der russischen pharmazeutischen Betriebe erfordern hohe Kapitalinvestitionen, um ihre Produktionsanlagen auf eine Art GMP-Standard hochzurüsten.

Die Regierung kündigte ihre Absicht an, obligatorische GMP-Standards für alle Marktteilnehmer einzuführen. Jedoch dreht sich der Kampf der Lobbyisten für nicht GMP-zertifizierte Hersteller um die Frage, wie der Grad der Anforderungen (europäisch oder niedriger) sein wird, da dies bestimmt, wer vom Markt verdrängt werden wird.

Produktlebenszyklus

Die Lebensdauer eines Produkts in Russland ist gewöhnlich sehr lang. Wenn man die Top-10 Produkte in Russland betrachtet, haben alle außer Viagra eine ziemlich lange Historie in Russland (mehr als 10 bis 20 Jahre).

	Marke	Inn	Marktanteil, %		
			2003/2002, %	Wert	Einheiten
1	NO-SPA	Drotaverin	108	0,92	0,38
2	CAVINOTNE	Vinpocetine	104	0,70	0,14
3	ESSENTIALE	Essentiale forte	93	0,65	0,10
4	VIAGRA	Sildenafil	123	0,71	0,03
5	ACTOVEGIN	–	137	0,72	0,08
6	NATRIUM CHLORIDE	Natrium chloride	102	0,58	0,95
7	ENAP	Enalapril	102	0,56	0,23
8	MEZIM FORTE	Pancreatin	120	0,54	0,35
9	CRATAEGUS	–	118	0,48	1,62
10	SYPRASTYN	Chlorpiramine	99	0,43	0,18
Quelle: Pharmaexpert					

Abb. 5: TOP-10 Marken (Apotheke + Hospital) in Russland

Das ist hauptsächlich durch den hohen Grad an Selbstmedikation, den großen Anteil an Ausgaben durch Selbstzahler für Arzneimittel und die ziemlich hohe Markentreue der Patienten und Ärzte zu erklären. Die große Fläche Russlands und natürliche Schwierigkeiten, synchronisierte kosteneffiziente Kommunikationskampagnen zu organisieren, tragen dazu bei, dass es in Russland sehr schwierig ist, eine Marke im Rx-Segment aufzubauen. Wenn aber die Marke einmal aufgebaut ist, kann sie länger auf dem Markt verbleiben, als man anderswo erwarten könnte.

Der russische Arzneimittelmarkt ist weiterhin stark fragmentiert

Der Markt ist nach wie vor in jeder Hinsicht fragmentiert. Es gibt keine Hersteller in marktbeherrschender Position. Auch die Top 3 nationalen Großhändler versorgen nur ca. 40 Prozent des Marktes.

Company		Q1	Q2	Q3	Q1–Q3
1	Berlin-Chemie/Menarini Group	30,3	28,7	28,7	87,8
2	Aventis	26,8	26,7	25,8	79,3
3	Gedeon Richter	25,2	23,6	24,4	73,2
4	Sanofi-Synthelabo	21,1	19,8	19,9	60,8
5	Servier	20,5	19,4	19,2	59,1
6	Nycomed	20,5	19,1	18,1	57,7
7	Pfizer	17,9	17,7	19,6	55,1
8	LEK	17,2	15,0	16,3	48,5
9	KRKA	16,5	14,7	14,2	45,4
10	Pliva	13,0	13,3	14,0	40,2
11	Roche	12,9	12,4	12,4	37,7
12	Egis	12,3	12,1	12,3	36,7
13	Solvay pharma	12,6	11,4	12,5	36,6
Quelle: Pharmaexpert					

Abb. 6: TOP-13 Hersteller in 2004 (Umsätze in Mill. $)

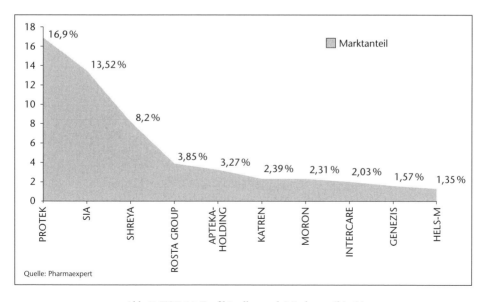

Abb. 7: TOP-10 Großhändler nach Marktanteil in %

Die Einführung von Apothekenketten hat begonnen. Der derzeitige Trend des Marktes ist Konsolidierung auf allen Ebenen.

Die Konsolidierung auf Herstellerebene ist nicht nur durch die Konsolidierung von multinationalen Unternehmen im weltweiten Arzneimittelmarkt verursacht, sondern auch durch die aktive Übernahme von russischen Herstellern, entweder durch ausländische pharmazeutische Unternehmen, um den Markt aggressiver zu bearbeiten, oder durch große russische Lieferanten.

Das neue Erstattungssystem, in dem nur vier große nationale Großhändler ausgewählt wurden, erstattungsfähige Produkte in die Regionen zu liefern, kann viele kleine regionale Lieferanten aus dem Geschäft drängen und zu weiterer Konzentration im Lieferantensegment und daraus resultierend zu einer wachsenden Macht der Großhändler führen. Für kleine/mittlere Generikahersteller wird dies zu einem ernsthaften Problem, besonders da andere Hersteller teilweise mit einigen der großen Lieferanten assoziiert sind, die selbst Generika herstellen. Das neue Erstattungssystem bietet den führenden Großhändlern eine Art Monopol für ihre eigenen Produkte in den Regionen, wo sie exklusiver Lieferant für das Erstattungsprogramm sind.

Sehr aggressive Konsolidierung findet auch auf dem Einzelhandelssektor statt. Es gibt bereits einige größere Apothekenketten, vor allem in den großen Städten in Russland. Nationale Apothekenketten sind aber eher noch schwach. Einer der Marktführer auf nationaler Ebene, die Kette 36,6°, kündigt für 2006 die Einführung eines eigenen Markenprogramms an. Dieses eigene Label wird ebenfalls negative Auswirkungen auf viele kleine Hersteller haben, da ihre konkurrierenden, wenig differenzierten Produkte dadurch aus dem „Regal" gedrängt werden.

Preisbildung

Für Arzneimittel gab es traditionell freie Preisbildung in Russland. Vor einigen Jahren hat die Regierung eine Preisregulierung für Hersteller und strenge Preiserhöhungsbegrenzungen für Produkte eingeführt, die auf der nationalen Liste essentieller Arzneimittel (Liste von Produkten, die für den Kauf auf Staatskosten empfohlen sind) standen. Obwohl die staatlichen Behörden um Referenzpreise auf anderen Märkten für diese Produkte gebeten hatten, waren Hersteller mehr oder weniger frei, jeden beliebigen Preis zu melden. In einigen Fällen hat die starke Konkurrenz die Preise gedrückt, aber in der Mehrzahl der Fälle sind die Preise durch diese Änderung sogar gestiegen. Das reale Wachstum des russischen Arzneimittelmarktes während der letzten Jahre ist hauptsächlich durch Preissteigerungen und das Ersetzen von alten, billigen Medikamenten durch moderne, teure gesteuert. Die Konkurrenz war faktisch die einzige Preislimitierung.

Diese Situation verändert sich nun erneut in 2005 mit der Einführung der neuen Erstattungsliste. Da die Regeln, wie Produkte gelistet werden, nicht klar und transparent waren, senkten viele Hersteller die Preise, um auf die Liste zu kommen.

Aufgrund der Existenz einer großen Gruppe von alten traditionellen Produkten ist das Niedrigpreissegment von Arzneimitteln (< 1 US$) vorherrschend (80 Prozent) in Packungen, aber das mittlere Preissegment (2 bis 5 US$) das größte (26 Prozent) in Wert. Aufgrund der Einführung neuer, teurerer Produkte und Preissteigerungen, wo es der Wettbewerb erlaubt, driftet der Markt nun schleichend zu höheren Preisen.

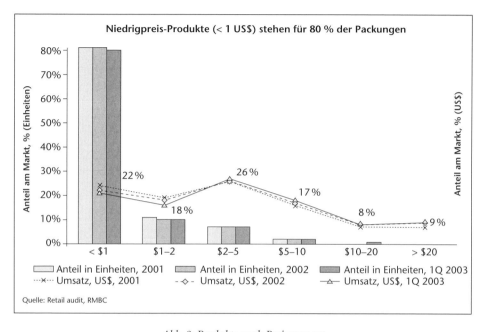

Abb. 8: Produkte nach Preissegment

Aussichten für die weitere Marktentwicklung

Viele Experten stimmen darin überein, dass der russische Arzneimittelmarkt in absehbarer Zukunft weiter zweistellig wachsen wird, da die russische Wirtschaft weiterhin von den hohen weltweiten Ölpreisen profitieren wird. Da der Prozentsatz des BIP, der für Arzneimittel ausgegeben wird, ungewöhnlich niedrig ist, wird das Wachstum des Pharmamarktes das des BIP wahrscheinlich übertreffen. 1,8 Mrd. US$, die 2005 für die Finanzierung des neuen Erstattungsprogramms zur Verfügung stehen, sind ein sichtbarer Schritt in diese Richtung.

Obwohl es die Möglichkeit gibt, dass die Patienten, die unter die gesetzliche Rückerstattungsregel fallen, ab 2006 für ihre Vergünstigungen die Umwandlung in Geld wählen werden, ist es sehr unwahrscheinlich, dass daraus ein ernsthafter Trend werden wird, da Patienten vom Erstattungssystem mehr profitieren können als von dem Geld, das sie anstelle ihrer Vergünstigungen bekommen würden.

Einige Gesundheitsbehörden haben bereits ihre Absicht angekündigt, die Liste der erstattungsberechtigten Personen zu erweitern. Ab nächstem Jahr wird es dann möglich sein, Mitarbeiter staatlicher Institutionen als eine Kategorie mit relativ niedrigem Einkommen aufzunehmen. Wenn man das Wachstum der freiwilligen Krankenversicherung mit dem Trend, Medikamente in die Versicherung einzuschließen, hinzunimmt, ist es offensichtlich, dass der Markt sich langsam auch von einem Selbstzahlermarkt hin zu einem zentralisierteren, regierungs- oder versicherungsfinanzierten Markt entwickeln wird.

Ein weiterer kritischer Meilenstein für den Markt könnten neue Ergänzungen zum „Medizingesetz" sein, welche derzeit im russischen Parlament diskutiert werden. Hauptidee dieser Ergänzungen ist, bei der Verschreibung durch Ärzte nur die INN-Bezeichnungen, nicht mehr den Markennamen, zu zulassen, um alle kleinen Lieferanten aus dem Markt zu drängen und ein generisches Abgabeverhalten der Apotheker zu fördern.

Falls dieses neue Gesetz von der Regierung angenommen wird, wird dies zu einer erheblichen Umgestaltung und Umstrukturierung des russischen Arzneimittelmarkts führen. Alle derzeit zu erwartenden Entwicklungen werden dazu führen, die Macht der großen nationalen Lieferanten, der nationalen Gesundheitsbehören (über die Kontrolle der nationalen Erstattungsliste) und der großen nationalen Apothekenketten noch weiter zu vergrößern. So werden Behörden, Lieferanten und große Apothekenketten sehr wichtige Zielkundengruppen für Rx-Produkte. Beziehungsmanagement zu diesen Gruppen wird einmal mehr ein Hauptfaktor für das Überleben und den Erfolg.

Wenn die Regierung in der Lage ist, die Kontrolle über die Korruption zu behalten, könnten die Preise für generische Produkte als Ergebnis der Verdrängung von hochpreisigen, erstattungsfähigen Markengenerika über einen fairen Wettbewerb sinken. In diesem Szenario entsteht dann vielleicht mehr Raum für dringende vorbeugende Medikamente (wie Statine usw.), die heute einen zu geringen Stellenwert genießen.

Viele Dinge in Russland sind immer noch weit entfernt von europäischen Standards, und viele Apotheken sind rückständig. Für Hersteller ist es eine einmalige Gelegenheit und eine anspruchsvolle und große Herausforderung, diesen schnell wachsenden Markt so auszugestalten, wie es langfristig für Russland am besten ist.

6 Großbritannien – Evidenz basierte Medizin setzt sich durch

Sören Hermansson

(Übersetzung von Michael C. Müller)

Das richtige Umfeld	134
Das Gesundheitssystem des Vereinigten Königreichs	135
Umfeld des Arzneimittelmarktes	138

Entgegen der Ansicht vieler Manager vom europäischen Festland ist der britische Markt ein sehr attraktiver Markt für verschreibungspflichtige Markenmedikamente, allerdings nur, wenn

- das Produktumfeld das richtige ist,
- keine Generika dazu im Markt sind,
- gleichzeitig keine Parallelimporte verfügbar sind.

Der UK-Markt wies über die letzten Jahre ein stetiges Wachstum von ca. 10 Prozent jährlich auf, und auch weiterhin wird ein Wachstum von ca. 8 Prozent jährlich bis 2008 prognostiziert, aufgrund des Regierungsentschlusses, die Mittel für das Staatliche Gesundheitssystem (NHS) beträchtlich zu erhöhen.

Das richtige Umfeld

Das richtige Umfeld bedeutet, dass das Produkt in lokalen Richtlinien und Behandlungsprotokollen empfohlen wird und in die Arzneimittellisten lokaler Krankenhäuser und der medizinischen Grundversorgung einbezogen wird. Die lokalen Richtlinien basieren auf nationalen Richtlinien wie NICE Guidelines, National Service Frameworks (NSFs) und auf den im neuen Hausarzt (GP)-Vertrag festgelegten Behandlungszielen. Ein positives Umfeld gewinnt zunehmend an Bedeutung für den Erfolg eines Produktes. Erfolgsentscheidend ist vor allem der Nachweis über klinische und kostenbezogene Effektivität, kombiniert mit relevanten Marketing- und Vertriebsaktivitäten, die den Aufbau eines positiven Umfelds zum Ziel haben.

Aufgrund der sehr hohen Rate generischen Verschreibungsverhaltens (rezeptiert wird per INN-Bezeichnung) sind so genannte Branded Generics ein schwieriges Modell im Vereinigten Königreich. Generika sind im Allgemeinen nicht gebranded und differenzieren sich ausschließlich über den Preis. Auf ein generisch ausgestelltes Rezept (d. h. lediglich der Wirkstoff ist in Form der INN-Bezeichnung vermerkt – heute im Vereinigten Königreich ca. 85 Prozent der Rezepte) gibt der Apotheker das günstigste Produkt, das er kaufen kann, aus. In einem entsprechend wettbewerbsstarken Markt werden ihm auf generische Produkte vom Hersteller hohe Rabatte gewährt. Daher penetrieren Generika den Markt meist sehr schnell.

Im Vereinigten Königreich kann der Hersteller frei über den Preis entscheiden, jedoch nur für neue Wirkstoffe (nicht für Erweiterungen einer Produktlinie). Parallelimporte sind für den britischen Markt sehr relevant. Sie kommen gewöhnlich vor, wenn die Preisdifferenz zum Original 10 Prozent oder mehr beträgt, und machen meist zwischen 30 und 70 Prozent des gesamten Absatzes einer Marke aus.

Das Gesundheitssystem des Vereinigten Königreichs

Das Vereinigte Königreich hat eine Bevölkerung von ungefähr 60 Mio. und besteht aus England, Schottland, Wales und Nordirland.

Dem Gesundheitswesen wird von der britischen Regierung eine hohe Bedeutung zugemessen. Das Gesundheitsministerium in England sowie die regionalen Regierungen Schottlands, Wales und Nordirlands tragen letztendlich die Verantwortung für alle Leistungen des Gesundheitswesens. Die hier beschriebenen Institutionen und Richtlinien beziehen sich auf England (NHS plan, NICE, NSF, usw), doch in den meisten Fällen existieren in Schottland, Wales und Nordirland vergleichbare Regelungen. Die gesamte Bevölkerung hat Zugang zu Leistungen von allgemein hoher Qualität zu vergleichsweise geringen Kosten. Im öffentlichen Bereich wird medizinische Versorgung durch den National Health Service (NHS) überall im Vereinigten Königreich bereitgestellt. Der NHS wird durch Steuern finanziert und die Leistungen werden kostenlos erbracht.

Die Gesamtausgaben des britischen Gesundheitswesens wurden für 2002 auf 80 Mrd. £ (117 Mrd. Euro) geschätzt, was 7,7 Prozent des BIP gleichkommt. Die Ausgaben im öffentlichen Bereich sind über die letzten Jahre stärker angestiegen als die im privaten Bereich; 2002 betrug der Anteil des öffentlichen Bereichs an den Gesamtausgaben ca. 83 Prozent. Das NHS bleibt wegen einiger Probleme dauerhaft in der politischen Debatte. Wartelisten sind noch immer ein großes Thema; Großbritannien hinkt bei der Bereitstellung von spezialisierter Versorgung und beim Zugang zu neuen innovativen Arzneimitteln hinter Kontinental-Europa her. Um die Hauptprobleme des Sektors, nämlich operative Effizienz und finanzielle Unterdeckung, unter Kontrolle zu bekommen, hat die Regierung eine Reihe von bedeutenden Reformen eingeführt und sich selbst zu einer signifikanten Erhöhung der finanziellen Mittel verpflichtet. Dies spiegelt sich im starken Anstieg der NHS-Ausgaben wider, die zwischen 1997 und 2002 um 45 Prozent stiegen, und gemäß dem Regierungsbudget von 2002 im Zeitraum von 2002 bis 2007 um weitere 60 Prozent anwachsen werden.

Arzneimittel machen momentan ungefähr 13 Prozent der NHS-Kosten aus. Die Kosten der von Hausärzten verschriebenen Arzneimittel betragen ca. 168 £/Person/Jahr (246 Euro), was viel weniger ist als in anderen vergleichbaren Ländern in Europa. Arzneimittel werden vollständig erstattet, Patienten zahlen eine Verschreibungsgebühr von 6,40 £ pro Artikel, allerdings sind 86 Prozent aller Patienten von dieser Regelung befreit und erhalten ihre Arzneimittel kostenlos.

Der private Sektor stellt ca. 17 Prozent der gesamten Gesundheitsausgaben dar, ca 13 Prozent der britische Bevölkerung ist entweder privat zusatzversichert oder zahlt private Krankenhausleistungen oder Arzneimittel aus der eigenen Tasche. Der private Sektor ist sehr wichtig für hochpreisigere, innovative Medikamente, die zu Beginn den Großteil ihres Umsatzes aus diesem (privaten) Bereich beziehen. Vertrieb über den NHS wird erst bedeutend, nachdem eine positive NICE-Empfehlung etabliert wurde.

Im öffentlichen Bereich gibt es ungefähr 125 000 Mediziner, umgerechnet 2,2/ 1 000 Einwohner, davon arbeiten 35 000 als Hausärzte (GP). 2003 verfügte das Vereinigte Königreich über 250 000 Krankenhausbetten, umgerechnet 4,2 Betten/1 000 Einwohner, davon wiederum 95 Prozent im öffentlichen Sektor.

Ambulante Versorgung

Die Notfallbehandlung erfolgt in Großbritannien direkt über die Krankenhäuser; In allen Nicht-Notfällen ist der Hausarzt (GP) die erste Anlaufstelle. Benötigt ein Patient eine fachärztliche Behandlung wird er von seinem Hausarzt an einen „hospital consultant" (einen im Krankenhaus ambulant tätigen Spezialisten – vergleichbar mit dem Oberarzt – System in Europa) überwiesen. Es gibt jährlich mehr als 50 Mio. solcher Überweisungen.

Hausarztpraxen

Rund zwei Drittel aller Allgemeinmediziner arbeiten in Praxen mit 4 oder mehr Kollegen, weniger als 10 Prozent führen eine Praxis alleine. Der Trend geht zur Spezialisierung (bis zu einem gewissen Grad) unter den Ärzten innerhalb einer Praxis oder innerhalb eines Primary Care Trust (PCT), entsprechend der in Deutschland geplanten integrierten Versorgungsmodelle. Allgemeinmediziner mit Zusatzbezeichnung (GPwSI) können mit ihren Leistungen eine breite Spanne von Fachrichtungen abdecken. Im Allgemeinen sind die meisten Allgemeinmediziner mit ihrer Arbeit überlastet. Daher wurden – mit ihrer eigenen Unterstützung – Initiativen zur Reduzierung des Arbeitsaufkommens der Allgemeinärzte gegründet, wie z. B. (eingeschränkte) Möglichkeiten, Verordnungen zu tätigen für Krankenschwestern und Apotheker, Spezialisierung von Krankenschwestern zum Betrieb einer Diabetes-Ambulanz usw.

Der NHS-Plan

Der Plan wurde im Jahre 2000 aufgestellt und ist ein Plan für Investitionen und Reformen. PCTs haben nun die Möglichkeit, innerhalb eines gewissen Rahmens ihre eigenen Prioritäten zu setzen. Dadurch können in der Zukunft noch stärkere regionale Unterschiede erwartet werden.

Regionale Büros des Gesundheitsministeriums (DOH) wurden durch 28 neue Strategische Gesundheitsautoritäten (SHA) ersetzt, die für das lokale NHS Management verantwortlich sind. Alle Leistungen der PCTs und NHS-Trusts werden von den SAHs über regionalverantwortliche Budgets verwaltet.

NHS-Trusts sind Krankenhäuser oder Krankenhaus-Gruppen. Nach dem neuen NHS-Plan müssen sie enger mit den PCTs zusammenarbeiten. Als Konsequenz entsteht ein Trend zu gemeinsamen Arzneimittellisten von Krankenhäusern und Allgemeinärzten.

In England gibt es ungefähr 300 PCTs, die für die Bereitstellung der medizinischen Grundversorgung und die Leistungserbringung im Krankenhaus und im regionalen Gesundheitswesen verantwortlich sind. Es sind Selbstverwaltungsorgane, die an die relevante SHA berichten. Sie haben 75 Prozent des NHS-Budgets unter ihrer Kontrolle und werden von Managern aus nicht-medizinischen Bereichen und von Experten des Gesundheitswesens geleitet, dem „PCT Professional Executive Committee (PEC)" mit bis zu 13 Mitgliedern.

Bei 75 Prozent des Budgets in der Hand der Allgemeinmediziner ist zu erwarten, dass immer mehr GPs und Krankenschwestern sich auf einen bestimmten Fachbereich spezialisieren werden.

Im Rahmen des NHS-Plans und der entsprechenden Veröffentlichung („*delivering the NHS plan – next steps on reform*", 2002) wurden folgende Ziele kommuniziert:

- Zuwachs von 15 000 Ärzten und 35 000 Krankenschwestern bis 2008
- Mindestens 10 000 Krankenhausbetten mehr bis 2008
- Modernisierung von 3 000 GP-Praxen
- Ausweitung der medizinischen Grundversorgung mit 500 neuen Versorgungszentren.

Zur Unterstützung der Umsetzung des Plans hat das Gesundheitsministerium zehn Arbeitsgruppen gebildet, von denen sich sechs um spezielle Leistungen und andere Themen, die behandelt werden müssen, kümmern:

- Koronare Herzerkrankungen
- Krebs
- Psychische Erkrankungen
- Geriatrie
- Pädiatrie
- Abbau der Wartezeiten

Die vom Gesundheitsministerium erstellten National Service Frameworks (NSFs), legen nationale Standards, die wichtigen Interventionen und in einigen Fällen auch Behandlungsrichtlinien für bestimmte Krankheitsbereiche fest. Unter anderem wurden die folgenden NSFs veröffentlicht:

- Koronare Herzerkrankungen
- Krebs
- Diabetes mellitus
- Psychische Erkrankungen

Für GP-Leistungen wurde im April 2004 ein neuer Vertrag (nGMS) eingeführt. Als Teil dieses Vertrages werden GPs für das Erreichen von Behandlungszielen bei bestimmten Malikationen und für die Erreichung eines hohen Management- und Verwaltungsstandards bezahlt. („Quality and Outcomes Framework"). Das Gesundheitsministerium beabsichtigt, die Zahl solcher Verträge, in denen das NHS-Personal aufgrund von erreichten Qualitätszielen entlohnt wird, zu erhöhen. Die britische Ärztekammer (British Medical Association) schätzt, dass künftig ca. 25 bis 30 Prozent des Einkommens der GPs auf „Quality and Outcomes framework"-Zahlungen beruhen werden.

Die britische Pharmaindustrie

Die Pharmaindustrie ist einer von Großbritanniens führenden Produktionssektoren und stetig unter den ersten drei Industriesektoren in Bezug auf Handelsüberschuss (3,6 Mrd. £ in 2003). Die Industrie gilt als wichtiger Arbeitgeber mit ca. 83 000 Beschäftigten, von denen 53 Prozent im Bereich F&E tätig sind, und weiteren 240 000 Arbeitnehmern in industrie-verwandten Tätigkeiten (Sekundärsektor).

Anders als in anderen großen europäischen Ländern ist die Industrie entweder von großen Pharma- oder von kleinen Biotech-Unternehmen geprägt; es gibt nur wenige klein- bis mittelständische Pharmaunternehmen. „Big Pharma" konzentriert sich traditionellerweise auf ihre „Blockbuster" und hält tendenziell an reifen Marken fest, was zu einer beschränkten Zahl an Lizensierungs- und Business Development-Möglichkeiten für kleine und mittelständische Unternehmen führt.

Co-Marketing ist aufgrund der hohen generischen Verschreibungsraten (INN) keine Erfolg versprechende Strategie im Vereinigten Königreich. Nur Co-Promotion derselben Marke hat eine Erfolgschance.

Umfeld des Arzneimittelmarktes

Regulierung, Preisgestaltung und Kostenerstattung

Die britische Aufsichtsbehörde ist die „Medicines and Healthcare Products Regulatory Agency" (MHRA), eine ausführende Behörde des Gesundheitsministeriums. Die MHRA ist zuständig für die Zulassung von Arzneimitteln und von klinischen Studien, für Arzneimittelsicherheit, Kommunikation und die Bereitstellung von Informationen zu Arzneimitteln, sowie für die Aufsicht von Einrichtungen und Werbung.

Wie schon erwähnt, ist es dem Hersteller überlassen, den Preis für neue Moleküle festzulegen. Für Erweiterungen einer bereits auf dem Markt befindlichen Produktlinie wird die Genehmigung des Gesundheitsministeriums benötigt.

Regulierung von Arzneimittelpreisen (PPRS)

PPRS (Pharmaceutical Price Regulation Scheme) ist ein freiwilliges Abkommen der Industrie, das von der Vereinigung der Arzneimittelindustrie der ABPI (Association of the British Pharmaceutical Industry) und dem Gesundheitsministerium verhandelt wurde. Während der Name impliziert, dass es Preise reguliert, ist der eigentliche Zweck des Plans, durch den Einsatz der Preisgestaltung als Kontrollinstrument den Profit der Pharma-Unternehmen einzuschränken. Der Nutzen für die Industrie besteht darin, dass es freiwillig ist, ohne gesetzliche Kontrollen, und dass es letztlich eine freie Preisgestaltung neuer Produkte erlaubt.

Wenn jedoch ein Preis festgelegt wird, bleibt dieser meist für die gesamte Dauer der Patentlaufzeit gleich, da Preiserhöhungen grundsätzlich nicht erlaubt sind. Der Plan wird etwa alle fünf Jahre neu verhandelt, was meist zu einer erneuten Preissenkung führt. Die Pläne von 1993 und 1999 führten zu Senkungen von 2,5 Prozent und 4,5 Prozent, während der von 2005, der am 1. Januar in Kraft trat, eine Preissenkung von 7 Prozent auf den NHS-Preis aller Marken-Arzneimittel auferlegte.

Als Alternative zur Senkung der Preise aller Produkte um 7 Prozent hatte jedes Unternehmen die Option der Modulierung; d.h. die Preise der eigenen Produkte in unterschiedlichem Maße zu reduzieren, jedoch insgesamt eine durchschnittliche Einsparung von 7 Prozent über das ganze Portfolio des NHS-Absatzes hinweg zu erzielen.

Umstellung von verschreibungspflichtigen Arzneimitteln zu OTC/Rx Switch

Als Möglichkeit, das Arzneimittelbudget zu senken, hat die Regierung zur Umstellung von „prescription only medicines" auf „pharmacy only medicines" ermutigt. Die erste große Arzneimittelklasse, die auf OTC-Status umgestellt wurde, waren H2-Blocker gegen Sodbrennen, die letzte waren die Statine, bei denen nun eine geringe Dosis Simvastatin ohne Verschreibung erhältlich ist. Weitere Indikationen sind zurzeit in der Diskussion.

Das National Institute of Clinical Excellence (NICE)

Im April 1999 gründete die Regierung das National Institute of Clinical Excellence (NICE) als unabhängige Einrichtung, die dem NHS in England und Wales beratend zur Seite steht, um klinische Exzellenz und die effective Nutzung der verfügbaren Ressourcen im NHS zu fördern. Schottland, (Scottish Medicines Consortium, SMC) und Nordirland haben ihre eigenen Beratungsgremien. Auch Wales hat nun eine separate Agentur gegründet, das AWMSG.

Bisher hat NICE 89 neue Technologie-Zertifizierungen (für mehr als 250 Produkte), 32 klinische Richtlinien und 95 Therapieverfahren vorgenommen. Der

Schwerpunkt der NICE-Tätigkeiten kann sich künftig ändern und dann auch die Bewertung bereits bestehender Therapien einschließen, sofern diese schlechte Leistung für ihren Preis zu bieten scheinen. Außerdem wurde vorgeschlagen, dass NICE alle neuen Arzneimittel bereits zum Zeitpunkt der Markteinführung bewerten solle (was momentan nur durch SMC erfolgt).

2004 führte die WHO eine Beurteilung von NICE im Vergleich zu ähnlichen Institutionen durch. Das Ergebnis war sehr positiv und stellte fest, dass NICE international ein wichtiges Vorbild für Technologie-Bewertungen sei. NICE-Empfehlungen haben oft auch außerhalb Englands Einfluss, da viele Länder die NICE-Empfehlungen bei eigenen Entscheidungen berücksichtigen.

Um eine positive NICE-Empfehlung zu erhalten, muss ein Hersteller klinische Effektivität und Kosteneffizienz nachweisen. Daten der klinischen Effektivität, die durch eine Regulierungsbehörde (EMEA oder MHRA) genehmigt wurden, genügen nicht immer auch den NICE-Anforderungen. Kosteneffizienz wird meist als Kosten pro gewonnenem Lebensjahr gemessen, angepasst um den Einfluss auf die Lebensqualität.

NICE hat der Pharmazeutischen Industrie sicherlich aber auch einen Nutzen gebracht. Das Bewusstsein über „evidence-based medicine" ist besonders unter Allgemeinmedizinern deutlich gewachsen.

NICE hat auch zu dem Verständnis der Politiker beigetragen, dass höhere Ausgaben für innovative Arzneimittel das Gesamtbudget des Gesundheitswesens zu senken vermögen. In den Bereichen, in denen NICE-Richtlinien vollständig implementiert sind, liegen die Verschreibungsraten der vermerkten Produkte weit über dem Durchschnitt und sind vergleichbar mit anderen europäischen Ländern. Verschiedene bedeutende Arzneimittelklassen konnten nach Ausstellung einer positiven NICE-Empfehlung eine beachtliche Absatzsteigerung verzeichnen. Ausgewählte COX-2-Inhibitoren beispielsweise konnten so im Vereinigten Königreich in 2004 einen Umsatz von 192 Mio. Euro verzeichnen, während im vergleichsweise viel größeren deutschen Markt nur 129 Mio. Euro erzielt wurden. Noch krasser zeigt sich dieser Effekt bei Nikotin-Pflastern, die, von den britischen Behörden stark gefördert, in UK 121 Mio. Euro Umsatz erzielten, während ohne „staatlichen/behördlichen Einfluss" in Deutschland damit nur 20 Mio. Euro umgesetzt wurden. Weitere Beispiele dieser Art sind Protonenpumpen-Inhibitoren.

Umgekehrt kann eine negative NICE-Bewertung, wie z. B. bei Interferon-beta zur Behandlung von Multipler Sklerose mehr oder weniger vollständig den Absatz eines Produktes blockieren. Infliximab, im Vereinigten Königreich von NICE nicht positiv empfohlen, erwirtschaftet dort 0,2 Mio. Euro, in Deutschland hingegen 43 Mio. Euro.

Aber NICE hat auch Probleme für das System an sich bereitet. Als Kostendämpfungsmaßnahme stellen manche PCTs oder Krankenhaus-Trusts keine Mittel für ein bestimmtes Produkt zur Verfügung, wenn es gerade bewertet wird oder eine NICE-Bewertung für die unmittelbare Zukunft erwartet wird. Dieses Problem ist bekannt als „NICE Blight".

Aufgrund des umfangreichen Arbeitspensums von NICE ist es außerdem nicht ungewöhnlich, wenn vom Datum der Zulassung eines Produkts bis zur Ausgabe einer NICE-Richtlinie 18 Monate oder mehr verstreichen. Zur Unterstützung der Implementierung von NICE-Empfehlungen hat die Regierung eingeführt, dass PCTs innerhalb von drei Monaten nach Ausgabe einer positiven NICE-Richtlinie Mittel bereitstellen müssen.

Vertriebskanäle

Wie in vielen anderen Ländern auch, wird der Großteil der Arzneimittel in Großbritannien über Großhändler an Einzelhandelsapotheken vertrieben. Es gibt insgesamt ca. 12 000 Apotheken. Weniger gewöhnlich ist, dass ungefähr zwei Drittel dieser Apotheken von Ketten betrieben werden. Diese gehen von großen nationalen Konzernen wie Boots, Lloyds und Moss über gut etablierte regionale Gruppen und Supermärkte bis hin zu kleineren Familienunternehmen mit nur wenigen Läden. Viele von ihnen haben, wie auch die übrigen selbständigen Apotheken, Einkaufsvereinigungen gebildet, um mehr Einkaufsmacht zu bündeln.

Arzneimittelmarkt

Der Wert des Verschreibungsmarkts ist über die letzten Jahre um ca. 10 Prozent per annum gestiegen, in 2003 um 9,7 Prozent gegenüber 2002. Die Anzahl der Rezepte hingegen ist weniger stark gewachsen, 2003 um 5,1 Prozent auf 797 Mio. Rezepte.

Gesamt Einzelhandels-Umsatz zu NHS-Listenpreisen (IMS/MAT/10/2004)

- Wert   9,5 Billionen £ (14 Mrd. Euro) (+ 7,6 Prozent)
- Einheiten   1,26 Billionen (+3,8 Prozent)

Generika-Markt – 1,76 Mrd. £ (2,57 Mrd. Euro) (+ 25,0 Prozent)

- 48 Prozent   Marktanteil nach Einheiten
- 18,7 Prozent   Marktanteil nach Wert

Parallelimporte – 1,57 Mrd. £ (2,3 Mrd. Euro) (+ 14,2 Prozent)

- 6,1 Prozent   Marktanteil nach Einheiten
- 18,4 Prozent   Marktanteil nach Wert

Sowohl der Generika-Markt als auch der Markt für Parallelimporte sind ausschließlich preisgesteuert. Als Folge davon haben Unternehmen, die diese beiden Märkte bearbeiten, praktisch keine Marketing- und Vertriebsorganisation und haben somit einen riesigen Kostenvorteil gegenüber einem Unternehmen für „branded pharmaceuticals" mit Marketing- und Vertriebsausgaben in Höhe von 30 bis 40 Prozent des Umsatzes. Zusätzlich haben sie meist, wenn überhaupt, sehr geringe F&E-Ausgaben.

Die wichtigsten Antriebskräfte für den Generika-Markt und den Markt der Parallel-Importe sind der Apotheker und die hohe INN-Verschreibungsquote.

Die INN-Verschreibung wurde von der Regierung unterstützt und ist von 40 Prozent in den frühen 60ern auf ca. 85 Prozent in 2004 gestiegen. Verschreibungen, für die dadurch auch Generika dispensiert werden, sind in dieser Periode entsprechend von 35 Prozent auf 50 Prozent gewachsen.

Die Höhe der INN-Verschreibungsrate ist bei verschiedenen Arzneimittelklassen unterschiedlich und rangiert zwischen 95 Prozent bei Antiinfektiva und 22 Prozent bei Immunmodulatoren und Impfstoffen. Bei Herz-Kreislauf-Mitteln und ZNS-Produkten liegt die INN-Verschreibungsrate bei einfachen Produkten bei 98 bis 99 Prozent, während bei Produkten mit verzögerter Freisetzung (slow release) oft Markenarzneimittel verschrieben werden. Aufgrund der sehr hohen INN-Verschreibungsraten verlieren diese Produkte oft dann aber innerhalb kurzer Zeit fast den gesamten Markenabsatz an Generika.

Der Apotheker ist stark motiviert, das billigste Arzneimittel auszugeben, das er beschaffen kann. Die Differenz zwischen dem Erstattungspreis und dem Preis, zu dem der Apotheker ein Generikum einkaufen kann, wandert in seine eigene Tasche. Die Rabatte können beachtlich sein. Dies stellt für den britischen Apotheker einen wichtigen Teil seines Einkommens dar.

Substitution ist nicht erlaubt, d. h. für die Verschreibung eines Markenprodukts kann nur dieses ausgegeben werden (der Apotheker kann nur zwischen dem Produkt direkt vom Hersteller und dem Produkt eines Parallelimporteurs wählen), wohingegen für eine INN-Verschreibung jedes Produkt ausgegeben werden kann. Da Generika gewöhnlich zu einem viel geringeren Preis verkauft werden, verschwinden Parallelimporte in der Regel nach Ablauf des Patents.

Die schnelle Marktdurchdringung von Generika und Parallelimporten wird durch die Dominanz der Apothekenketten im Vereinigten Königreich erleichtert.

Langsame Marktdurchdringung neuer Arzneimittel

Im Allgemeinen geschieht die Aufnahme neuer Arzneimittel auf dem britischen Markt sehr langsam. 2002 betrug der Marktanteil von Produkten, die innerhalb der vergangenen fünf Jahre eingeführt worden waren, 15 Prozent, was einer der geringsten in Europa und nur die Hälfte des Anteils in den USA ist.

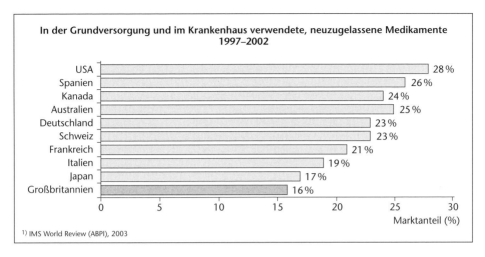

Abb. 1: Marktanteil neuzugelassener Medikamente in verschiedenen Ländern[1]

Gründe für die langsame Marktdurchdringung sind:

- Allgemeiner Konservatismus bei britischen Ärzten
- Der komplexe und zeitaufwändige Prozess für die Einbeziehung in lokale Richtlinien und Arzneimittellisten
- Die Bereitstellung von NHS-Budget für ein bestimmtes Arzneimittel erfolgt oft erst nach der NICE-Empfehlung
- Die Aktualisierung der Arzneimittel-Praxissoftware der Allgemeinmediziner erfolgt nur alle paar Monate, was die Verschreibung von neuen Arzneimitteln durch GPs erschwert.

Wesentliche Business-Treiber

Die ideale Situation zur Ausbietung von Arzneitteln im Vereinigten Königreich wäre:

1. Die relevante Indikation ist eine Priorität der Regierung, d. h. in einem NSF enthalten und eine Zielkrankheit des nGMS.

2. Das relevante Produkt steht im Einklang mit nationalen Richtlinien, wie den Joint British Society Guidelines, Scottish Intercollegiate Guidelines Network; und mit den NICE/SMC/AWMSG-Empfehlung.

3. Einbezug in lokale Krankenhaus- und PCT-Richtlinien und Arzneimittelllisten, die im Allgemeinen auf nationalen Richtlinien beruhen, ist gegeben.

Der Nachweis von Kosten- und Therapie-Effektivität ist der kritischste Einflussfaktor für eine positive Umsatzentwicklung. Das sieht man eindrucksvoll am Beispiel der Statine. Die Therapie der Koronaren Herzkrankheit (KHK) und der Hyperlipidämie sind Top-Prioritäten der britischen Regierung. Ziel des Lipid-Managements ist, das Gesamtcholesterin und LDL-Cholesterin zu senken. Statine werden dabei als Arzneimittel der Wahl angesehen. Anfangs hatten die Statine einen sehr langsamen Start, doch nach der Veröffentlichung der Ergebnisse der 4S-Studie begann ihr Marktanteil schnell zu wachsen. Nach der Veröffentlichung der NICE-Richtlinie für KHK in 2000, die die Verwendung von Statinen bei jedem KHK-Patienten mit Hypercholesterinämie empfahl, stieg die Aufnahmerate weiter.

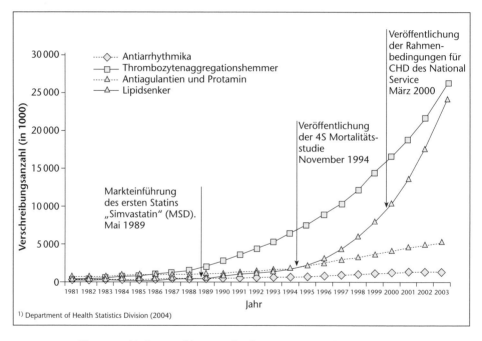

Abb. 2: Verschiedene Medikamente für die Prävention und Behandlung von Erkrankungen des Kreislaufsystems, 1881–2003 England[1)]

Die meisten GPs sind vor einer positiven Richtlinien-Empfehlung auch nicht empfänglich für eine noch so intensive Produktbesprechung durch den pharmazeutischen Außendienst. Als Teil eines Pre-Marketing-Plans, der auf die Steigerung des Bewusstseins abzielt, um die Marktaufnahme zu beschleunigen, sobald die Umgebung positiv wird, kann die Besprechung dennoch vorher bereits sinnvoll sein.

Der NHS-Plan hat sich bereits als starker Geschäftsmotor erwiesen. Weitere wichtige Aspekte sind:

- Fokus auf die wesentlichen Indikationen zu legen
- Lokale Richtlinien und Einbeziehung in Therapieleitfäden
- Engere Zusammenarbeit zwischen allgemeinärztlicher und fachärztlicher Versorgung
- Zusammenarbeit zwischen PCTs (gemeinsame Richtlinien und Arzneimittellisten)
- Fokus auf hervorragende klinische Leistungen und kosteneffektive Arzneimittelverwendung

und dadurch

- Weitere Einschränkung der Unabhängigkeit der einzelnen Ärzte.

NICE

NICE hat eindeutig das Bewusstsein bezüglich Therapie-Standards und nachweisgestützter Medizin (evidence-based medicine) untersuchter und verwendeter Arzneimittel insbesondere unter den GPs gehoben. Ein guter Nachweis über klinische und kostenmäßige Effektivität ist kritisch für jeden Produkterfolg. Die Veröffentlichung guter klinischer Testergebnisse in einer renommierten Fachzeitschrift ist heutzutage wahrscheinlich einer der stärksten Verkaufsmotoren, wie von einer Reihe von Produkten demonstriert wurde (z. B. die oben bereits erwähnten Statine).

Umgekehrt kann eine negative NICE/SME-Empfehlung für ein Produkt katastrophale Auswirkungen haben, wie bei Beta-Interferonen zur Behandlung der Multiplen Sklerose gesehen wurde.

Marktdurchdringung von Generika und Parallelimporten

Die Marktdurchdringung von Generika und Parallelimporten wird angetrieben durch:

- die sehr hohe Rate an INN-Verschreibungen
- die Erstattung fixer Beträge an Apotheker – die dadurch motiviert sind, zu niedrigeren Preisen einzukaufen
- den konzentrierten Groß- und Einzelhandelsmarkt (vertikale Integration).

Wie schon erwähnt, läuft das Marken-Generika-Geschäft im Vereinigten Königreich nicht gut: Üblicherweise beendet der Hersteller alle Werbe-Aktivitäten circa sechs Monate vor der Produkteinführung eines Generikums, ohne Preisänderungen vorzunehmen.

Neue Zielkunden für verschreibungspflichtige Arzneimittel

Der Pharmamarkt im Vereinigten Königreich hat über die letzten Jahre enorm an Komplexität zugenommen. Früher waren Verschreibungen von Krankenhäusern gesteuert, mit nur wenig zentraler Führung und Kontrolle. Heute hingegen sind sie PCT-gesteuert und auf nationale Führung (die wiederum auf Daten der klinischen und ökonomischen Effektivität beruhen) gestützt. Wir werden immer stärker mit einer Struktur von Einkaufsvereinigungen konfrontiert, in der multidisziplinarische Teams an der Entscheidung, welche Arzneimittel in welcher Situation eingesetzt werden sollen, beteiligt sind.

Für eine breite Verwendung eines Produkts ist die Aufnahme in Formularies entscheidend. Über die Aufnahme in die Arzneimittellisten entscheidet ein Arzneimittel-Komitee. Die Koordination zwischen fach- und allgemeinmedizinischen Verschreibungen wird von Einrichtungen wie dem Area Prescribing Committee unterstützt, in denen die relevanten PCTs und der NHS-Trust vertreten sind. Dies kann auch die Produktion einer gemeinsamen fach- und allgemeinmedizinischen Arzneimittelliste einschließen.

Es ist bekannt, dass die größte Belastung des NHS durch den enormen Anstieg chronischer Krankheiten, wie koronare Herzerkrankung, Diabetes und Asthma, verursacht wird. Um dieser Herausforderung zu begegnen, legt man nun den Schwerpunkt auf den Einsatz von Krankenschwestern und Apothekern in diesen Indikationen. Ihre Rolle ist beachtlich ausgeweitet worden und umfasst nun auch die Beobachtung und das Management von Patienten mit chronischen Beschwerden. Dies beinhaltet zusätzliche und zunehmend unabhängige Verschreibungen und generiert aus Sicht des Herstellers neue „customer", die es zu betreuen und informieren gilt.

Auch Patienten und Patientenorganisationen gewinnen immer mehr an Einfluss, besonders in Therapie-Gebieten wie der Onkologie. Pharma-Unternehmen und Patientenorganisationen haben oft eine sehr ähnliche Agenda, in der auch die Erstattung durch den NHS oder ein Versicherungsunternehmen eine Rolle spielt.

Marketing- und Vertriebsaktivitäten

Traditionelle Marketing- und Vertriebsstrategien und -taktiken sind aber nach wie vor wichtig. Werbung, medizinische Ausbildungsprogramme, Beratungsausschüsse, Serienbriefe, Symposien, Kongresse und PR machen noch immer einen großen Teil der Marketing-Aktivitäten aus. In wettbewerbsstarken Marktsegmenten wie der Allgemeinmedizin sind Marketing und Vertriebsmacht noch immer wichtige Verkaufsmotoren. Daher stehen im Bereich der Allgemeinmedizin immer noch Besuchsfrequenz und Reichweite ganz oben auf der Marketing-Agenda.

Britische Unternehmen tendieren dazu, je nach Größe auch parallele allgemeinmedizinische Außendienststrukturen mit verschiedenen Vertriebslinien mit jeweils 45 bis 60 Mitarbeitern zu betreiben. Die meisten Unternehmen arbeiten dabei regelmäßig mit Leihaußendiensten (Contract Sales Force). Außendienstmitarbeiter von Vertragsunternehmen machen heute bereits ca. 15 Prozent aller Außendienstmitarbeiter in England aus.

In spezialisierten Therapiebereichen, in denen die Kundenbasis sehr gering ist, erweisen sich kleinere Spezialisten-Vertriebe und Marketing-Teams mit starkem medizinischem Fachwissen als sehr erfolgreich; typisch zumeist in Form von eigenen Business-Units. Bei diesen Kunden sind klinische Prüfungen, die Bereitstellung medizinischer Information und ein Weiterbildungsangebot für das gesamte multidisziplinarische Therapeuten-Team sehr wichtig für den Erfolg eines Produktes.

Interessanterweise ist Big Pharma der sinkenden Effektivität der Außendienstmitarbeiter über die letzten 10 Jahre bisher immer mit einer Erhöhung der Mitarbeiterzahlen begegnet. Viele Unternehmen haben sich in diesem Kampf um „share of voice" verrannt. In letzter Zeit aber sehen wir mehr und mehr einen Trend, die Ressourcen in Key-Account-Management-Strukturen einzusetzen, mit dem Fokus auf den Schlüsselpersonen, auf fachmedizinischer und PCT-Ebene, anstelle auf der breiten GP-Basis. Einige Unternehmen strukturieren ihren Außendienst um; Mitarbeiter im traditionellen allgemeinmedizinischen Bereich werden reduziert und durch eine geringere Anzahl an Key-Account-Managern ersetzt.

Weiterhin ist eine britische Besonderheit, dass der ABPI Verhaltenskodex, der ursprünglich 1958 eingeführt wurde, die Beziehungen und Aktivitäten zwischen Pharmaindustrie, Ärzten und anderen Experten des Gesundheitswesens auf recht strenge Art und Weise limitiert und regelt. Es begrenzt die Möglichkeiten des Push-Marketings. Ähnliche Kodices werden nun in vielen anderen europäischen Ländern eingeführt.

England, Wales; Schottland und Nordirland stellen damit sicher heute noch eine Außenseiterrolle in Bezug auf das Geschäftsmodell im Pharmamarkt und die daran gebundenen Marketingerfordernisse dar. Allerdings wird „ein Blick nach Großbritannien" jedem Manager in Europa einige Aspekte zeigen, die, in dieser oder einer ähnlichen Form, bald in allen europäischen Systemen Einzug halten werden.

7 Anforderungen an ein zentrales, europäisches Pharmamarketing

Michael C. Müller

Setzen eines einheitlichen Rahmens	151
Nutzung von Synergien über Ländergrenzen hinweg	157
Compliance mit EFPIA-Standards	160

Anforderung an zentrale Funktionen eines jeden Unternehmens ist stets die Abwägung von zentralen Synergien, die genutzt werden können und müssen, gegen den nötigen lokalen Spielraum, der sich aus den Besonderheiten eines jeden einzelnen Marktes ergibt.

Einheitlicher Rahmen, Richtlinien und Guidelines sind essentiell, müssen aber abgewogen werden gegen die individuellen Freiräume für jeden einzelnen Manager in den jeweiligen Landesgesellschaften. Zudem darf die notwendige Kompetenz und Vorgabe von Richtlinien und allgemein verbindlichen Eckpfeilern einer jeden Kampagne nicht dazu führen, die notwendige unternehmerische Initiative in der lokalen Gesellschaft im Keim zu ersticken. Gerade in kleinen Landesgesellschaften lebt der Erfolg nicht selten vom „Entrepreneurial Spirit" des Managers vor Ort, der natürlich oft von Vorgaben des „Corporate oder des European Headquarters" zu eilfertig und an falscher Stelle gestoppt wird.

So gilt also für das zentrale/europäische Marketing in pharmazeutischen Unternehmen letztlich im Speziellen das Gleiche. Sinnvolle europäische Initiativen müssen von dort gesteuert und in Teilen sogar exekutiert werden. Der Rahmen, der erforderlich ist, um eine einheitliche Produktausbietung sicher zu stellen, muss gezogen werden. Dies muss jedoch geschehen, ohne die lokale Kompetenz zu verlieren und die Nähe zum Markt, als wesentliche Voraussetzung für ein erfolgreiches Marketing, einzubüßen. Auch die möglichst weitgehende Ausnutzung von Synergien, d. h. die Bereitstellung von Leistungen und Analysen, die letztlich in jedem Land erforderlich sind, ist Aufgabe des europäischen Marketings, um sicherzustellen, dass nicht unnötiger Mehraufwand dadurch entsteht, dass jedes Land für sich gleiche Analysen durchführt oder gleiche konzeptionelle Arbeiten erbringt – und dabei womöglich noch zu unterschiedlichen Ergebnissen kommt.

Letztendlich bleibt die Beantragung der Frage nach dem geeigneten Operating Model die Aufgabe eines jeden Unternehmens, beeinflusst durch historisch gewachsene Strukturen, durch die Ausbietung oder Nicht-Ausbietung von Produkten in bestimmten Ländern wie auch durch die Frage der Organisation vor Ort. Die Abwicklung der Operations durch einen Handels- und Distributionspartner erfordert sicher eine anderes Vorgehen als eine eigene, voll etablierte Landesgesellschaft.

Wie definiert sich nun sinnvollerweise Europa für eine solche Aufgabe? Ist es das Europa der alten EU-15, wie es in vielen Unternehmen gehandhabt wurde oder gehören nicht sicher auch die Schweiz und wohl auch Norwegen dazu, obwohl nicht EU-15? Sind nicht die regionalen Absatzmärkte in Polen und Ungarn gerade die großen Wachstumsmärkte der nächsten Jahre, die in jedem Fall einbezogen werden sollten? Oder gehören diese nicht eher zu der großen Gruppe der CEE-Länder (Central Eastern Europe), zu denen man dann auch Russland und die anderen Staaten der ehemaligen Sowjetrepublik zählen muss? Sicher stellt auch die Türkei einen wichtigen und großen regionalen Markt dar, der im Zweifelsfall wohl eher zu Europa als zu Asien gezählt wird – zumindest aus Sicht der pharmazeutischen Industrie bei der Frage der sinnvollen Organisation von Management und Aufgaben.

Sicher ist auch Russland einer der größten Einzelmärkte des nächsten Jahrzehnts aus Sicht der pharmazeutischen Industrie, der zudem noch für viele Segmente hochpreisige Produkte zulässt und in dem auf die Brand Awareness des Patienten und Konsumenten gesetzt werden kann, was eine wichtige Voraussetzung für die pharmazeutische Industrie ist.

Auch wird sich nicht empfehlen, die Schweiz oder Norwegen (wenn auch weniger wichtig) aus den Überlegungen und dem Einflussbereich eines europäischen Pharmamarketings auszunehmen.

Im Kontext dieses Buches wollen wir Europa eher regional verstehen und auch Länder wie die Türkei, Russland und natürlich auch die Schweiz in die Betrachtungen einbeziehen.

Grundsätzlich wollen wir bei den Anforderungen an ein zentrales, europäisches Marketing zwischen zwei Aufgabengebieten unterscheiden:

- das Setzen eines einheitlichen Rahmens,
- die weitgehende Nutzung von Synergien über Ländergrenzen hinweg.

Setzen eines einheitlichen Rahmens

Für die erfolgreiche Ausbietung von Arzneimitteln ist es zunehmend unerlässlich geworden, einheitliche Rahmenbedingen für die elementaren Bestandteile einer Produktausbietung zu schaffen. Dies ist mehr und mehr durch die Internationalisierung der Medizinischen Wissenschaft geprägt. Meinungsbildner – so genannte KOLs (Key Opinion Leader) – agieren international. Zulassungs- und andere staatliche Behörden tauschen sich mit Nachbarländern aus, bis hin zu europäischen Verfahren durch speziell zu diesem Zweck gegründete Agenturen (s. u.). Aber auch der Patient (Konsument) ist heute keiner zwingend nationalen Produktausbietung mehr ausgesetzt. Wir sehen pharmazeutische Produkte auf Reisen und im internationalen Berufsumfeld.

Grundsätzlich lassen sich eine Reihe von Erfolgsfaktoren und Anforderungen definieren, die aus unserer Sicht für das zentrale, europäische Marketing erforderlich sind, um einen einheitlichen Rahmen zu setzen.

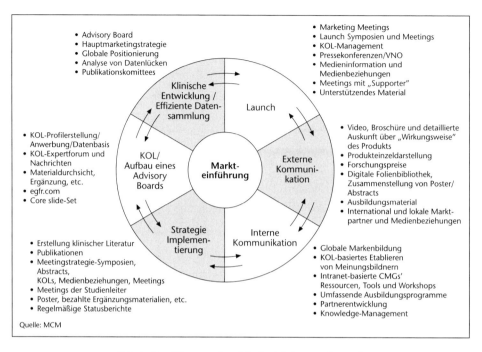

Abb. 1: Detaillierung einer Markteinführungs-Strategie

Positionierung des Produkts und Kernaussagen
Diese sollten zwingend einheitlich definiert und weiter entwickelt werden. Die Positionierung eines Arzneimittels soll in allen Ländern einheitlich erfolgen und darf nicht den zufälligen Besonderheiten eines lokalen Marktes ausgesetzt sein. Eine „bedachte Anpassung" der Positionierung des Produktes für die Ausbietung in einem bestimmten Markt unter Berücksichtigung spezieller Therapierichtlinien dort oder vor dem Hintergrund bestimmter wettbewerblicher Umstände bleibt davon in Ausnahmen unbenommen, zählt aber eher nicht zu „Positionierung und Kernaussagen", sondern zu einer lokalen Marketing- und Vertriebsstrategie.

Pricing
Längst sind die Zeiten vorbei, in denen es sinnvoll war, die Preisüberlegungen national anzustellen und die nachgelagerten Verhandlungen unter nationalen Gesichtspunkten (wenn auch stets in der Absicht, die bestmögliche Lösung im gegebenen Land zu erzielen) zu führen. Parallelhandel, die Referenznahme von bestimmten Ländern bei der Bemessung des zulässigen Preises für ein Arzneimittel auf jeweils im Einzelfall bestimmte andere Länder, die Umstellung auf den Euro und die EU-Erweiterung machen eine strenge Preispolitik und -strategie erforderlich, die nicht im Einzelland ausgeführt werden kann und die für jeden lokalen Geschäftsführer mit einem eng definierten Rahmen durch das zentrale, europäische Marketing einhergehen muss.

	Deutschland	Großbritannien	Frankreich	Italien	Spanien	Niederlande	Dänemark	Polen
Positivliste			✓	✓	✓	✓	✓	✓
Negativliste	✓	✓[1]			✓	✓		✓
Förderung von Generika	✓[2]	✓	✓	✓	✓	✓	✓	✓
Referenzpreissystem	✓		✓[3]	✓	✓	✓	✓	✓
Verordnete Preissenkungen (Zwangsrabatt)	✓	✓	✓	✓	✓	✓	✓	✓
Patientenzuzahlungen	✓	✓	✓	✓	✓	✓	✓	✓

[1] Positivliste = positive NICE-Empfehlung, Negativliste als NHS-Ausschlussliste
[2] Im Rahmen von integrierten Versorgungsmodellen sowie über fachgruppenspezifische Richtgrößen („Praxisbudgets")
[3] Nicht betroffen sind Produkte mit klaren therapeutischen Verbesserungen (in der Praxis nur 5 % des Gesamtmarktes vom Referenzpreissystem betroffen)
Quelle: EGA; Espicom; Pharmazeutische Zeitung; eigene Interviews und Analyse

Abb. 2: Beispiele für Kostendämpfungsmaßnahmen (Stand: Mai 2005)

Auswahl, Pflege und Definition der Botschaft für KOLs
International agierende und in ihrem wissenschaftlichen Einfluss weit über Landesgrenzen hinweg renommierte Meinungsbildner sollten in enger Abstimmung mit dem lokalen Management eingebunden und betreut werden. Dabei wird die Ansprache häufig europäisch/zentral zu erfolgen haben.

Kongress- und Eventstrategie
Entsprechend erfolgt die Auswahl wichtiger Kongresse, auf denen sich das Unternehmen präsentiert, ebenso wie die Planung großer Produkt- und Firmenevents (Launch Meeting, Vorstellung von wichtigen Studienergebnissen etc.) europäisch/zentral.

Strategic Framework
Natürlich ist eine der wesentlichen und sicher auch unbestrittensten Aufgaben des zentralen, europäischen Marketingmanagers, einen strategischen Rahmen, orientiert an der Positionierung des Produktes, dem Wettbewerb und dem Marktumfeld, vorzugeben. Entlang dieses Rahmens erfolgt die lokale Ausführung jeglicher Marketingaktivitäten.

Best Marketing-Mix
Ein Teil eines solchen strategischen Rahmens kann sein, den Ländern Anleitung und Hilfe bei der Definition des besten Marketing Mix zu geben. Nicht jedes Produkt ist gleichermaßen zugänglich für PR, Werbung, Besprechung etc. Eine Analyse des besten Marketing-Mix ist für die Ausführung vor Ort sinnvoll.

Kommunikationsplan
Nicht nur bei der Neueinführung, sondern über den gesamten Produktlebenszyklus hinweg ist es erforderlich, das Produkt mit entsprechender Kommunikation an Ärzte, Paymaster (Krankenversicherungen, Behörden etc.) und Patienten zu unterstützen. Dabei sollte die Kommunikation in enger Anlehnung an Positionierung, strategischen Rahmen und den jeweiligen Lebenszyklus des Produktes gesteuert und koordiniert

durch das zentrale, europäische Marketing erfolgen. Auch aus Effizienz-Überlegungen heraus hat sich ein solches Vorgehen bewährt, weil im Extremfall Gleiches „nur in unterschiedlicher Sprache" gesagt werden muss.

Life Cycle Management
Die Überlegungen, wie und durch welche Maßnahmen der Produktlebenszyklus verlängert werden und angepasst werden muss, sind essentiell zur Ertragsmaximierung für das Unternehmen. Sie hängen in engem Maße mit der Positionierung des Produktes zusammen. Einer Erweiterung der Indikation, der Einsatz bei anderen Zielgruppen (z. B. Kindern) oder die Freigabe des Produkts in die Selbstmedikation sind Ereignisse, die nicht in die lokale Steuerung gehören, sondern koordiniert und konzertiert ausgeführt werden müssen.

Ein Beispiel für Anforderungen, die zu erfüllen sind, stellt die Konzeption einer Generika-Abwehrstrategie am Ende der Patentlaufzeit eines Arzneimittels dar. Neben dem lokalen Produktmanagement der Länder, die in der Regel nicht zur gleichen Zeit vom Auslauf des Patentes betroffen sind, müssen *Business Development, Galenik, Zulassung, Legal, PR* und verschiedene andere Bereiche eingebunden werden. Immer unter der Prämisse, dass Veränderungen am Produkt in Bezug auf Preis oder Darreichungsform in einem europäischen Land auch Einfluss auf die Produktausbietung in den anderen Ländern haben.

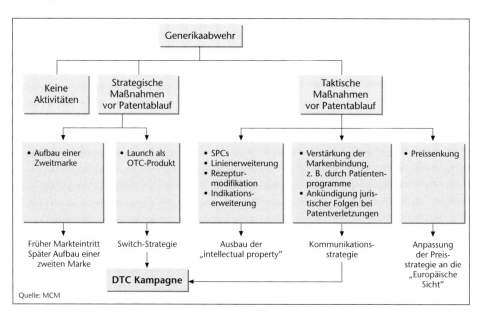

Abb. 3: Abhängig vom nationalen Marktumfeld können unterschiedliche Generika-Abwehrstrategien eingesetzt werden

CRM

Customer Relationship Management ist in vielerlei Hinsicht sicher eine lokale Aufgabe, die vom Produktmanagement und Vertrieb vor Ort in jedem Land zu erfüllen ist und auch dort am besten erfüllt werden kann. Ziel ist es, die jeweils für das Unternehmen mittel- und langfristig wertvollsten Kunden zu identifizieren und entsprechend ihrem Wertbeitrag zu betreuen.

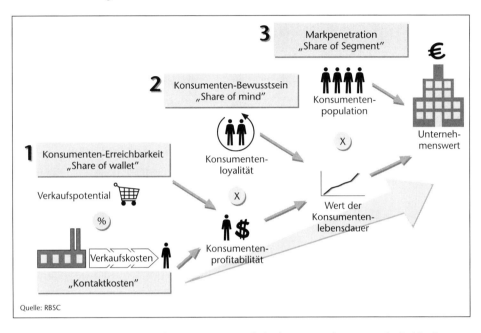

Abb. 4: Customer Relationship Management erhöht den Unternehmenswert in drei Stufen

Zwei Aspekte dabei bedürfen allerdings einer zentralen, europäischen Vorgabe und Einflussnahme. Zum einen sind die technischen Anforderungen an CRM-Lösungen mit so hohen Investitionen für das Unternehmen verbunden, dass sichergestellt sein muss, lokal keine Insellösungen zu schaffen, sondern auf das Gesamtunternehmen und an die Größe des Landes abgestimmte Lösungen zu suchen, die sich „nahtlos" in eine zentrale, europäische (in diesem Fall eher sogar globale) Lösung einbinden lassen. Dazu gehört auch die zweifellos sinnvolle Erstellung eines europäischen Templates, das eine zentrale Datenerfassung und -analyse ermöglicht. Dabei hat es sich in der Praxis durchaus bewährt, im Sinne einer 80/20-Lösung den Ländern trotz Vorgabe eines einheitlichen Templates lokalen Freiraum zur Abbildung lokaler Prozess-Besonderheiten im System zu geben.

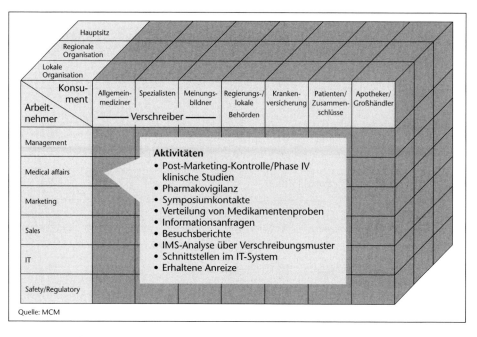

Abb. 5: Bedeutende Schnittstellen zu externen Interessensvertretern sollten entlang aller Funktionen innerhalb einer Organisation ermittelt werden.

Zum anderen erfordert die Betreuung der KOLs (Key Opinion Leader) – die ja letztlich die wichtigsten „Customer" darstellen – eine zentrale, europäische Perspektive (s. o.), die die Einbindung des zentralen, europäischen Marketings in CRM-Aktivitäten empfehlenswert erscheinen lässt.

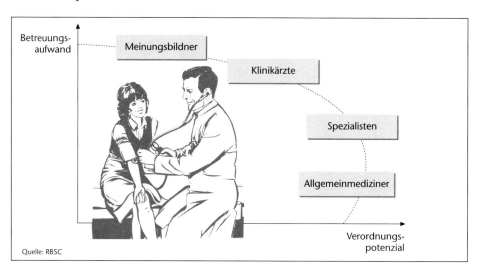

Abb. 6: Der Wert eines Arztes beruht einerseits auf seinem Einfluss als „Medikamentempfehler", andererseits auf den erzielten Umsätzen in Folge seiner Verschreibungen.

Paymaster- und Governmental Program
Mehr und mehr hat sich in den letzten Jahren für die pharmazeutische Industrie die Notwendigkeit ergeben, die Produkte nicht nur beim Arzt oder Patienten (also beim Kunden), sondern auch bei so genannten Paymasters vorzustellen. Daher erfordern internationale Zulassungsbetrachtungen, die Frage der Rückerstattung bis hin zur Aufnahme des Produktes in Therapierichtlinien und national relevante, aber international beachtete Guidelines (wie im Fall von NICE) eine konzeptionelle Vorbereitung solcher Governmental-Programme und Paymaster-Kampagnen durch das zentrale, europäische Marketing. Ganz abgesehen davon, dass eine erfolgreiche Ausgestaltung solcher Instrumente ein Skill-Set erfordert, das nicht zwingend in jedem lokalen Marketing-Team vorhanden ist.

Euro-Logistik
Zunehmend denken Unternehmen über Euro-Logistik-Konzepte nach, die nicht nur auf einer sinnvollen Bündelung der Warenströme unabhängig von Ländergrenzen beruhen, sondern auch die rahmenvertragliche Zusammenarbeit mit zunehmend international agierenden Großhändlern beinhaltet. Darüber hinaus gilt es, den Warenstrom insbesondere bei Neueinführungen mit zeitlich versetzter Markteinführung in den einzelnen Ländern zu kontrollieren und die Produktverfügbarkeit für Zwecke des „compassionate use" auch in den anderen Ländern sicherzustellen.

Partnerschaften
Häufig stellt sich für die Ausbietung eines Produktes die Frage nach Partnerschaften mit anderen Unternehmen. Sei es, um eine Co-Marketing oder Co-Promotionslösung zu finden oder um Partnerschaften im Sinne eines Disease-Managements einzugehen (z. B. Therapeutikum plus Diagnostikum). Dabei ist es im Einzelfall durchaus schwierig und zuweilen auch nicht möglich, einen Partner für alle Länder zu finden. Dennoch kann die Antwort darauf nicht das unkoordinierte *Schließen von singulären Partnerschaften* in den Ländern sein.

Nutzung von Synergien über Ländergrenzen hinweg

Eine Vielfalt von Maßnahmen, die ein erfolgreiches Produktmarketing ausmachen, müssen logischerweise haben auch Land für Land konzipiert und umgesetzt werden. Um Synergien, die sich dabei ergeben, realisieren zu können, ist es auch Aufgabe und Anforderung für das zentrale, europäische Marketing, wo immer möglich und sinnvoll, diese Aufgaben soweit vorzubereiten, dass sie dann lediglich einer lokalen Anpassung (Sprache, Wettbewerb, gesetzlicher Rahmen etc.) bedürfen.

Die Erfahrung zeigt, dass dabei eine ganze Reihe von Aufgaben anfällt, die wir nachfolgend kurz beschreiben wollen:

Kommunikationsplan
Wie bereits an anderer Stelle ausgeführt, ist die Kommunikation zum Produkt stark an Positionierung und den strategischen Marketingplan gekoppelt. Im Extremfall ist

es denkbar, die gleichen Kommunikationselemente parallel in vielen Ländern zu nutzen. In einem solchen Fall fiele fast ausschließlich eine übersetzende Tätigkeit in die Verantwortung der Länder, was aber in einer solch akademischen Ausprägung nicht eintreten wird. Das Beispiel verdeutlicht aber doch, wie das zentrale, europäische Marketing den Landesgesellschaften bei der Erschließung der Synergien, die sich über die Produkt-Kommunikation zwischen den Ländern ergeben, behilflich sein kann.

Kampagnen-Konzeption
Viele Marketing-Kampagnen werden in gleicher oder ähnlicher Form in den jeweiligen Ländern entweder zur gleichen Zeit oder aber (häufig) zeitlich versetzt durchgeführt. Die Abstimmung der einzelnen Kampagnen-Elemente bedarf teils beachtlicher Ressourcen und Skills, die nicht sinnvoll in allen Ländern mehrfach vorgehalten werden können. Beispiele für Kampagnen-Elemente, die vom europäischen Marketing konzipiert werden können:

- Abstimmung von Folder mit Dosiskarte und Begleitbroschüre
- Auswahl von Bildmaterial
- Graphische Gestaltung, als Bestandteil der Markenpflege
- Erstellung von wissenschaftlichen Dokumentationen
- Verpflichtung von Testimonials
- Einbindung von KOLs
- Konzeption von Phase-IV-Studien und Post-Marketing-Surveys
- Event-Strategie und -Konzeption
- Planung von klassischen Werbekampagnen
- DTC-Konzepte

Die Liste der möglichen, mit Skaleneffekten behafteten Marketingmaßnahmen kann sicher noch weiter fortgeführt werden und muss im Einzelfall nach Produktsituation und Skill-Verteilung innerhalb des Unternehmens ergänzt werden.

Q&A
Die Liste der Fragen, die sich von Seiten der Ärzte und Patienten ergeben, ist per se nicht länderspezifisch und kann vom europäischen/zentralen Marketing aufbereitet werden – im Sinne einer „frequent Q&A-Broschüre". Bei wichtigen Launches wird sogar die initiale Übersetzung in die fünf wichtigsten Landessprachen, bis hin zu Standard-Antwortbriefen – wie wir es kürzlich in einem Projekt bei der Begleitung einer Einführung für einen onkologischen Blockbuster erfahren haben – vorbereitet werden.

Launch Planung
Die Einführung eines neuen Produkts in einem oder mehreren europäischen Ländern stellt sicher besondere Anforderungen, die nicht von den Ländern allein, sondern nur in Zusammenarbeit und unter Koordination des zentralen, europäischen Marketings erfolgen können. Aufgrund der besonderen Bedeutung dieser sich nur einmal im Lebenszyklus eines Produkts ergebenden Chance soll diese Thematik gesondert im Kapitel 13 (Erfolgsfaktoren für das Management einer Produktneueinführung in Europa) besprochen werden.

Segmentierung & Targeting
Zentrale Aufgabe im Produktmanagement ist es, eine analytisch saubere Kundensegmentierung durchzuführen, um über „Targeting und Sizing" der Außendienst-Ressourcen zu einer effizienten Produktbesprechung zu kommen.

Große Teile der dazu nötigen Analysen sollten zentral koordiniert werden. Profiling von Zielkunden, Nischentargeting, Cross-Detailing-Strategien erfordern analytische wie methodische Fähigkeiten, die häufig nicht einmal im Unternehmen selbst vorhanden sind und die eine koordinierte und gut vorbereitete Auswahl und Begleitung eines entsprechenden Dienstleisters erfordern. Natürlich ist es dabei von Vorteil, ein und denselben Dienstleister mit Analysen in verschiedenen Ländern zu betreuen, um so Vergleichbarkeit und Methodik sicherzustellen. Allerdings erfordern gerade diese Aufgaben ein enges Teamplay mit dem lokalen Produktmanagement, da sie ohne Detailkenntnis der lokalen Situation nicht erbracht werden können.

Call Center
Der Aufbau eines medizinischen Call Centers ist zunehmend von Relevanz, um die Qualität und Sicherheit der Ausbietung hoch innovativer Produkte zu gewährleisten. Aufgrund der Komplexität der Thematik werden in der Regel solche Call Center-Applikationen zunächst in englischer Sprache für alle europäischen Länder zur Verfügung gestellt werden. Die Konzeption der Frage-Antwort-Kaskaden stellt hohe Anforderungen an die Kopplung von medizinischem Wissen und Produktmanagement und wird daher in der Zusammenarbeit von *Medizinischer Wissenschaft* (Med. Wiss.) und dem zentralen, europäischen Marketing erfolgen.

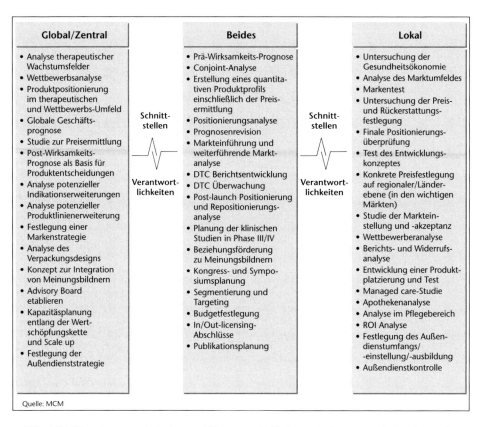

Abb. 7: Die Verteilung von Aufgaben und Verantwortlichkeiten zwischen europäischem/zentralem und lokalem Marketing muss klar definiert werden.

Compliance mit EFPIA-Standards

Mit Bezug auf die EU Direktive 92/28/EEC vom 31. März 1992 hat die EFPIA neue Richtlinien zur Ausbietung und Werbung von Arzneimitteln in Europa erlassen. Dieser „European Code of Practice for the Promotion of Medicines" knüpft damit an die bereits 1993 erlassenen Richtlinien an und vervollständigt diese. Über diese Vereinbarung unterwerfen sich die pharmazeutischen Hersteller einem Verhaltenscodex, der sie zu einer „akkuraten, fairen, und objektiven Information" in der Bewerbung ihrer Produkte verpflichtet; ähnlich und weitgehend übereinstimmend mit den 1982 aufgestellten und 1994 überarbeiteten Richtlinien der International Federation of Pharmaceutical Manufacturers and Assiociations (IFPMA). Es ist Aufgabe des zentralen, europäischen Marketings – im Sinne einer Qualitätssicherung – die Einhaltung des Codex aller am Produktmarketing Beteiligten nachzuhalten.

EUROPEAN FEDERATION
OF PHARMACEUTICAL
INDUSTRIES AND ASSOCIATIONS
Today's research, tomorrow's cures

EUROPEAN CODE OF PRACTICE FOR THE PROMOTION OF MEDICINES

Adopted by EFPIA (1993 edition)

CONTENTS

INTRODUCTION	2
THE EUROPEAN CODE OF PRACTICE	2
ADMINISTRATION OF THE CODE	2
SCOPE OF THE CODE	3
PROVISIONS OF THE CODE	4
Article 1 : Marketing authorisation	4
Article 2 : Information to be made available	4
Article 3 : Information and its substantiation	4
Article 4 : Acceptability of material	5
Article 5 : Disguised promotional material	5
Article 6 : Gifts and hospitality	5
Article 7 : Pharmaceutical company staff	5
Article 8 : Samples	6
Article 9 : Implementation of the Code	6

INTRODUCTION

The European Federation of Pharmaceutical Industries' Associations (EFPIA) is the representative body of the pharmaceutical industry in Europe. Its members are the national industry associations of the sixteen pharmaceutical producing countries in Western Europe. The Federation's role is to promote the status and development of the pharmaceutical industry in Europe in conformity with the interests of public health.

The Federation is conscious of the importance of providing accurate, fair and objective information about medicinal products so that rational decisions can be made as to their use. With this in mind, the Federation has adopted this "European Code of Practice of the Promotion of Medicines".

THE EUROPEAN CODE OF PRACTICE

Since 1 January 1993 the advertising of medicinal products for human use in European Community Member States has been governed by Council Directive 92/28/EEC of 31 March 1992. The European Code of practice fits into the general framework established by Article 12, § 4 of the directive, which recognise the role of voluntary control of advertising of medicinal products by self-regulatory bodies and recourse to such bodies.

Adopted in 1991 at the initiative of the European pharmaceutical industry, the Code took effect on 1 January 1992. It was adapted in the course of 1992 to make it fully consistent with the provision introduced by Directive 92/28/EEC. The revised version of the Code took effect on 1 January 1993.

The European Code of Practice sets out he minimum standards which the Federation considers must apply. Individual member association must adopt the European Code or ensure that their own national codes fully reflect the standards of the European Code in a manner compatible with national laws.

Each company in membership of one of the associations of the Federation is required to comply with the European Code or with its own national Code, if one has been adopted.

ADMINISTRATION OF THE CODE

Each member association of the Federation is required to establish adequate procedures for ensuring that its member companies comply with the requirements of the European or the relevant national Code and for dealing with any complaints as to non-compliance which may be made. For this purpose, each member association is required to establish a committee which includes in its membership independent members with appropriate expertise and each member association must make public the decision made by its Committee.

The Federation must establish a Committee to oversee the working of the Code and to make recommendations for any changes in the Code, or in the procedures adopted for its operation, which it considers necessary.

SCOPE OF THE CODE

The European Code of Practice covers all forms of promotion, by which is meant those informational and marketing activities undertaken by a pharmaceutical company, or with its authority, designed to induce the prescribing, supply, sale or consumption of its medicinal products (to which chapters II to IV of Directive 65/68/EEC apply).

It covers promotional activities directed not only to doctors but also those directed towards other health professionals who are qualified to prescribe or supply medicinal products.

It covers all methods of promotion including journal and direct mail advertising, the activities of medicinal representatives, the use of audio-visual systems such as films, video recordings, data storage services and the like, and the provision of samples, gifts and hospitality. It is not intended to inhibit the exchange of medical and scientific information during the development of a product.

The Code does not cover the following:

- the labelling of medicinal products and accompanying package leaflets, which are subject to the provisions of Directive 97/27/EEC;
- Correspondence, possibly accompanied by material of a non-promotional nature, needed to answer a specific question about a particular medicinal product;
- Factual, informative announcements and reference material relating, for example, to pack changes, adverse-reaction warnings as part of general precautions, trade catalogues and price lists, provide they include no product claims;
- Statements relating to human health or diseases, provided there is no reference, even indirect, to medicinal products;

Promotion directed towards the general public is covered by other codes and/or legal requirements.

PROVISIONS OF THE CODE

Article 1 – Marketing authorisation

i. A medicinal product must not be advertised prior to the grant of the marketing authorisation allowing its sale or supply.

ii. All parts of the advertising must be consistent with the particulars listed in the summary of product characteristics and be restricted to approved indications.

Article 2 – Information to be made available

i. In accordance with national law, printed promotional material must include the following information clearly and legibly:

   a) essential information compatible with the summary of product characteristics;
   b) the classification for the supply of the product

ii. In accordance with national law, where the advertisement is intended only as a reminder, the requirements of (i) above need not be complied with, provided that the advertisement includes no more than the name of the product.

Article 3 – Information and its substantiation

i. Information

   a) Information about medicinal products must be accurate, balanced, fair, objective and sufficiently complete to enable the recipient to form his or her own opinion of the therapeutic value of the medicinal product concerned. It should be based on an up-to-date evaluation of scientific evidence and reflect that evidence clearly. It must not mislead by distortion, undue emphasis, omission or in any other way.
   b) The word "safe" must never be used without proper qualification.
   c) It must not be stated that a product has no side effects or no risks of addiction.
   d) When promotional material refers to published studies, these must be faithfully reproduced, and clear references given as to where they can be found.

ii. Substantiation

All information included in promotional material must be capable of substantiation and substantiation must be provided in response to enquiries from doctors and other health professionals.

Such substantiation need not be provided, however, in relation to the validity of indications approved in the marketing authorisation.

Article 4 – Acceptability of material

Promotional material must be of a nature which recognises the professional standing of the recipient and not be likely to cause offence.

Article 5 – Disguised promotional material

Promotional material must not be designed to disguise its real nature.

Article 6 – Gifts and hospitality

i. Gifts

a) Gifts must not be provided to doctors and other health professionals unless they are inexpensive and relevant to the practice of medicine or pharmacy. Except where they carry all the information stipulated in Article 2 (i) above, they may bear no more than the name of a product, its approved name and the name and logo of the company.
b) No financial inducements may be offered to doctors or other health professionals

ii. Hospitality

a) Hospitality at sales promotion or professional and scientific events must be reasonable in level. (For example, its cost must not exceed what recipients would normally be prepared to pay for themselves in the same circumstances).
b) Hospitality must always be secondary to the main purpose of the meeting.
c) Hospitality must not be extended other than to health professionals.

Article 7 – Pharmaceutical company staff

i. Medical sales representatives

a) Medical sales representatives must be adequately trained by or on behalf of the firm which employs them and shall possess sufficient scientific knowledge to present information on their company's products in an accurate and responsible manner.
b) They must approach their duties responsibly and ethically.
c) They must comply with all relevant requirement of the Code.
d) During each visit, and in accordance with national law, medical sales representatives must give the persons visited, or have available for them, summaries of the product characteristics of each medicinal product they present.
e) They must transmit to the competent service of their companies forthwith any information which they receive in relation to the use of the products they present, particularly reports of side effects.

ii. Pharmaceutical company staff

a) All members of staff who are concerned in any way with the preparatin or approval of promotional material or information to be provided to doctors and other health professionals must be fully conversant with the requirements of the Code.
b) Every company must establish a scientific service in charge of information about its medicinal products. This scientific service must include a doctor or, where appropriate, a pharmacist who will be responsible for clearing any promotional material before release.

Article 8 – Samples

In accordance with national law, a limited number of free samples may be supplied to persons qualified to prescribe medicinal products, to familiarise themselves with the product, in response to a written request, signed and dated, from the recipient.

Article 9 – Implementation of the Code

The European Code of Practice is binding upon member associations of the Federation and must be brought into operation by each member association not later than 1 January, 1992.

The revised European Code of Practice must be brought into operation by each member association not later than 1 January, 1993.

Wahl des Zulassungsverfahrens

Natürlich fällt die Wahl des verwendeten Zulassungsverfahrens in aller Regel zunächst in die Verantwortlichkeit von Regulatory Affairs. Da an dem verwendeten Weg, eine Zulassung in den europäischen Märkten zu erhalten, jedoch eine Reihe von Implikationen auch für das jeweilige Produktmanagement hängen, stellt die enge Abstimmung mit dem Marketing eine zentrale Aufgabe dar.

Eine besondere Aufmerksamkeit kommt dabei der CP (Centralized Procedure) und der MRP (Mutual Recognition Procedure) zu, da beide eine länderübergreifende Koordination von Prüfärzten, und damit wichtigen KOLs, erfordern, die in dieser Form nur vom europäischen Marketing gewährleistet werden kann.

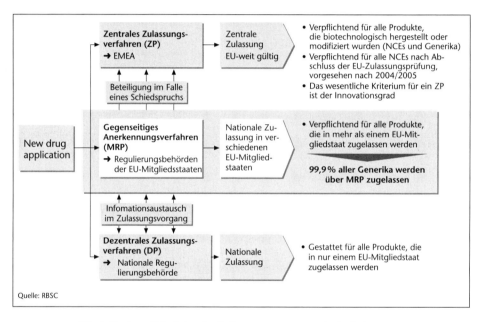

Abb. 8: Drei mögliche Wege für Zulassungen von Arzneimitteln in Europa

In 2004 wurden insgesamt 51 New Chemical Entities (also neue pharmazeutische Wirkstoffe) bei der EMEA in London, die für das CP Verfahren zuständig ist, zugelassen. Für 2005 werden 52, für 2006 56 europäische Zulassungen erwartet.

2003			2004		
	Produktname Handelsname	Unternehmen		Produktname Handelsname	Unternehmen
1	Theryttrex® Yttrium(Y-90)-chlorid	MDS Nordion S.A.	1	Bonviva® Ibandronsäure	Roche Registration Ltd.
2	Carbaglu® Cargluminsäure	Orphan Europe SARL	2	Reyataz® Atazanavirsulfat	Bristol Myers Squibb
3	Vivanza®/Levitra® Vardenafil	Bayer AG	3	Advate® Octog-alpha	Baxter AG
4	Hepsera® Adefovir Dipivoxil	Gilead Science International Limited	4	Faslodex® Fulvestrant	AstraZeneca
5	Yactris® Yttrium (Y-90)	CIS bio International	5	Cholestagel® Colesevelamhydrochlorid	Genzyme BV
6	Valdyn®/Bextra®/Kudeq® Valdecoxib	Pharmacia Europe/ Pfizer Limited	6	Photobarr® Porfimnatrium	Axcan International
7	Aldurazyme® Laronidase	Genzyme Europe B.V.	7	Oxybutymin Nicobrand® Oxybutymin	Nicobrand Limited
8	Forsteo® Teriaparatid	Eli Lilly and Company Ltd.	8	Levemir® Insulindetemir	Novo Nordsik A/S
9	Buslivex® Busulfan	Pierre Fabre Medicament	9	Abilify® Aripiprazol	Otsuka Pharmaceuticals Europe Ltd.
10	Trudexa®/Humira® Adalimumab	Abbott Laboratories	10	Tachosil® Humanes Fibrinogen + Thrombin	Nycomed Austria GmbH
11	Ventavis® Iloprost	Schering AG	11	Erbitux® Cetuximab	Merck KGaA
12	Onsenal Celecoxib	Pharmacia-Pfizer EEIG	12	Lyrica® Pregabalin	Pfizer Ltd.
13	Stalevo® Levodopa, Carbidopa, Entracapone	Orion Corporation	13	Yentreve®/Ariclaim® Duloxetin	Eli Lilly Netherlands B.V.
14	Avandamet	SmithKline Beecham plc	14	Osseor®/Protelos® Strontiumranelat	Les Laboratoires Serviers
15	Emtriva® Emetricitabine	Triangle Pharma Limited	15	Raptiva® Efalizumab	Serono Europe Ltd.
16	Emend® Aprepitant	Merck Sharp & Dohme	16	Angiox® Bivalirudin	The Medicine Company UK Ltd.
17	Fuzeon® Enfuvirtid	Roche Registration Ltd.	17	Alimta® Pemetrexed	Eli Lilly Netherlands B.V.
			18	Apidra Insulinglulisin	Aventis Pharma Deutschland GmbH
			19	Mimpara®/Parareg® Cinacalect	Amgen Europe B.V.
			20	Emselex® Darifenacin	Novartis Europham Ltd.
			21	Xagrid® Anagrelid	Shire Pharmaceutical Contracts Ltd.
			22	Cymbalta®/Xeristar® Duloxetin	Eli Lilly Netherland B.V.
			23	Avastin® Bevacizumab	Roche Registration Ltd.

Quelle: EMEA

Abb. 9: Neuzulassungen von Medikamenten durch die EMEA in 2003 und 2004

Koordination intern

Neben den oben genannten Themenkomplexen, die eine Übersicht der wichtigen, wenn sicher auch nicht aller, Anforderungen, die an das europäische Marketing gestellt werden, geben, stellt das zentrale, europäische Marketing natürlich einen, wenn nicht den wichtigsten, Koordinator der unterschiedlichen internen Prozesse dar. Die sichere und erfolgreiche Ausbietung von Arzneimitteln erfordert die Einbindung zahlreicher interner Abteilungen und Bereiche eines jeden pharmazeutischen Unternehmens. Neben der *Medizinischen Wissenschaft* sind *Arzneimittelsicherheit, Logistik, Herstellung, Regulatory Affairs* und natürlich die diversen Ländergesellschaften mit zum Teil nicht immer gleich – teilweise sogar gegensätzlich – gelagerten Interessen zu koordinieren.

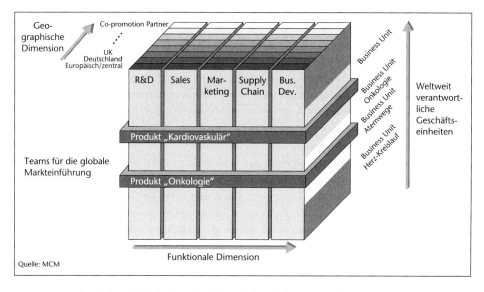

Abb. 10: *Hinsichtlich einer Produkt-Markteinführung sind drei Dimensionen innerhalb einer Organisation zu koordinieren.*

8 Bedeutung der neuen EU-Beitrittsländer für ein europäisches Pharmamarketing

Sidonie Golombowski

Wird die Liste der Staaten einfach länger?	168
Nationale Besonderheiten in der bisherigen Marketing-Praxis	171
Konsequenzen auch für die alten EU-Länder	172

„Wachstum der ‚neuen' EU Länder doppelt so stark wie das der etablierten EU-Staaten" (Scrip 3025 March 9th 2005) – die Titelzeile des Scripmagazin in 2005 fasst in einer Zeile zusammen, warum für die internationalen Pharmakonzerne die neuen EU-Länder von herausragendem Interesse sind. Während sich in den USA durch Preiskürzungen und Restriktionen in Zulassung und Indikation einzelner Produkte die Wachstumsraten merklich abkühlen und in den alten EU-Ländern durch Limitierung der Gesundheitsbehörden von Preis und Menge die Märkte seit Jahren ein Wachstum auf niedrigem Niveau aufweisen, sind die 10 neuen EU-Mitgliedstaaten in den letzen fünf Jahren im Durchschnitt mit einer Rate von 16,5 Prozent pro Jahr gewachsen. Die alten Mitgliedstaaten haben im gleichen Zeitraum lediglich ein Wachstum von 8 Prozent pro Jahr erreicht. Die Tatsache aber, dass die 10 neuen Mitgliedstaaten bis dato nur zu 8 Prozent des Umsatzes der 15 Altmitgliedstaaten beitragen, lässt die Aussichten für die Entwicklung der Region als besonders attraktiv erscheinen.

Wird die Liste der Staaten einfach länger?

Die Länder der ersten Beitrittswelle in 2004, Baltische Staaten, Polen, Ungarn, die Tschechische und die Slowakische Republik sowie Slowenien, weisen eine starke Heterogenität auf. Zum einen treffen wir hier auf sehr unterschiedliche Kulturen und damit auch substantielle Unterschiede in der Mentalität der in der Region lebenden Völker.

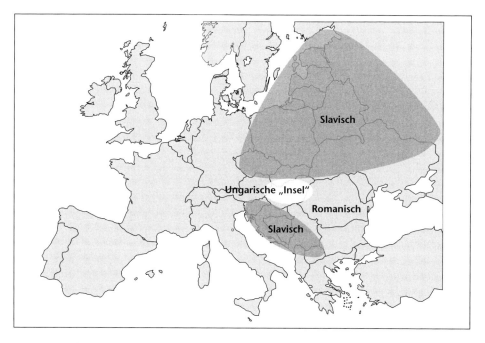

Abb. 1: Starke Heterogenität durch unterschiedliche Kulturen und Mentalitäten

Während Polen und die Tschechische Republik zu den Nordslaven zählen, sind die Bewohner der Slowakei eine Mischung aus Slawen und Ungarn. Die Ungarn stammen von den ungarischen Stammvölkern ab, während die Slowenen südslawischen Ursprung haben. Diese unterschiedlichen Wurzeln und damit Mentalitäten haben einen hohen Einfluss auf die wirtschaftliche Entwicklung der Region. Aber nicht nur in der kulturellen Entwicklung sehen wir eine starke Heterogenität zwischen den neuen Beitrittsländern. Auch die Größenordnung der neu dazugekommenen Staaten ist äußerst heterogen. Meist handelt es sich um relativ kleine Volkswirtschaften, in der Summe um lediglich 73,7 Mio. neue Einwohner, mit Polen als größtem Land, das mit knapp 40 Mio. den höchsten Anteil dazu beiträgt. Niemals zuvor in der EU-Geschichte sind so unterschiedliche Regionen an die Kernregion angeschlossen worden. Dabei haben sich die einzelnen Länder im Transformationsprozess unterschiedlich gut entwickelt. Ein guter Monitor dafür ist die Entwicklung der Kaufkraft in den einzelnen Ländern:

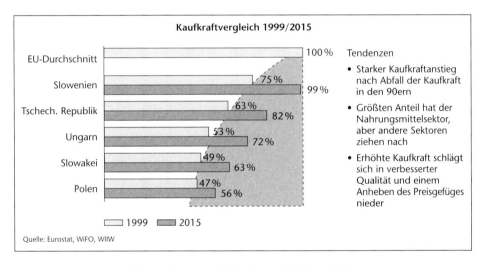

Abb. 2: Hohes Potential in der Kaufkraftentwicklung

Die Kaufkraft ist nach einem Rückgang in den 90er Jahren stark angestiegen, dieser Anstieg wird bis 2015 anhalten. Dabei werden neben dem Nahrungsmittelbereich auch immer stärker andere Sektoren vor allem auch der Gesundheitssektor und die nationalen Pharmamärkte profitieren. Durch den Anstieg der Kaufkraft werden Qualität und auch das Preisgefüge sukzessive ansteigen. Die extreme Heterogenität spiegelt sich auch in der Entwicklung der Pharmamärkte wider. Das Wachstum der einzelnen Märkte hing und hängt maßgeblich von der volkswirtschaftlichen Entwicklung und dem positiven Fortschreiten im Transformationsprozess ab. Der polnische und tschechische Markt zum Beispiel sind seit 1998 um 20 Prozent pro Jahr gewachsen, während Ungarn durch das Einfrieren von Preisen und konstantes Herausnehmen von Präparaten aus der Erstattungsliste ein nur sehr moderates Wachstum des Pharmamarktes aufweist.

Ein Blick in die Charakteristika der Teilmärkte zeigt einmal mehr die starke Heterogenität. Abhängig vom Lebenszyklus der Märkte und der Bereitwilligkeit der Patienten zu privaten Zuzahlungen differieren der Generikaanteil sowie der Anteil der OTC-Umsätze stark zwischen den einzelnen Beitrittskandidaten. Sie sind am höchsten in Polen, am niedrigsten in Ungarn und in der Tschechischen Republik. Die Entwicklung des traditionell starken Sektors der Antiinfektiva hat sich zugunsten der „modernen" Indikationen Herzkreislauf (CV), Zentrales Nervensystem (ZNS) und Metabolische Erkrankungen verschoben. Am weitesten fortgeschritten ist diese Entwicklung in Tschechien, Slowenien und Ungarn, am wenigsten in Polen. Sieht man sich das Ranking der Pharma-Player der Region an, so findet sich ein völlig anderes Bild als in den alten EU-Ländern. Nicht Pfizer besetzt wie in so vielen Märkten der „alten EU-Länder die Topposition, sondern Novartis, Aventis, Servier, KRKA, Leciva, Gedeon Richter, LEK und Sanofi (noch ohne Aventis). Das heißt, dass nur wenige der Top 10-Firmen weltweit auch eine führende Position in den Märkten der neuen EU Länder haben und es andere kleinere Firmen wie Sanofi oder Servier geschafft haben, eine führende Rolle in der Region einzunehmen. Während in Polen bereits eine Dominanz internationaler Player vorherrscht, spielen in anderen Märkten lokale Firmen die Hauptrolle.

Rang	Polen	CZ	SK	Ungarn	SLO	ROM	RUSSL
1	GSK	Leciva	Leciva	Gedeon Richter	KRKA	Sicomed	Lokale Hersteller
2	Servier	Slovakofarma	Slovakofarma	Servier/Egis	Lek	GSK	Aventis
3	Polpharma	Novartis	Novartis	Novartis	Merck & Co.	Antibiotica Lasi	ICN
4	Novartis	Sanofi	Janssen Cilag	Sanofi (Chinoin)	Bayer	Uli Lilly	Polfa
5	Aventis	KRKA	Aventis	Biogal/Teva	Novartis	Terapia Clui	Gedeon Richter

Abb. 3: In vielen Märkten in CEE dominieren nach wie vor lokale Firmen.

Fazit der Kurzcharakteristik der Beitrittsregionen, ihrer Märkte und Teilmärkte ist, dass die Liste der Länder nicht nur einfach verlängert wird, sondern dass eine heterogene Region mit unterschiedlichen kulturellen Wurzeln, unterschiedlichem wirtschaftlichen Entwicklungssstand und Status im Transformationsprozess ein differenziertes und offensichtlich strategisch angepasstes Vorgehen benötigt, sofern man als Unternehmen erfolgreich in den einzelnen Märkten operieren will.

Nationale Besonderheiten in der bisherigen Marketing-Praxis

Analysiert man die Geschäftsmodelle der Top 10-Firmen in den etablierten Märkten, so findet man sehr ähnliche Muster und Ansätze. Patentgeschützte zumeist innovative Substanzen werden mit viel Aufwand und Druck eingeführt, um dann im Laufe ihres Lebenszyklus nach drei bis fünf Jahren als Cash-Cows die Gewinne abzusichern und neue Pipeline-Projekte zu finanzieren. Durch den per Gesetzgebung garantierten Patentschutz, verbleibt ausreichend Zeit für eine Verlängerung des Produktlebenszyklus durch Lineextensions. Die Portfolien der Unternehmen sind klein, man konzentriert sich auf die Kernprodukte und überlässt die Altprodukte nach Patentablauf häufig ihrem Schicksal. 80 Prozent der Umsätze werden mit weniger als fünf Produkten generiert. Dass sich solche Präparate im Hochpreissegment befinden müssen, ist selbstverständlich.

Dieses Businessmodel ist dagegen in Märkten, wie sie oben charakterisiert wurden, zum Scheitern verurteilt und alternative Strategien sind hier notwendig, um erfolgreich zu sein. Hohe Preise lassen sich aufgrund fehlender Kaufkraft und der noch im Aufbau oder Restrukturierung befindlichen Gesundheitssysteme kaum erzielen. Ein niedrigeres Preisniveau über das Gesamtportfolio (Servier) oder die Kombination von „High price-Low price"-Strategien über das Gesamtportfolio (Novartis) kommen hier zum Einsatz. Die Struktur der Portfolien der erfolgreichen Unternehmen ist deutlich breiter, alle wichtigen Indikationen werden in der Regel abgedeckt. Auch die Art der Produkte ist eine völlig andere und garantiert eine ausreichende Grundversorgung der Bevölkerung (Diuretika, ß-Blocker etc). Produkte, die zur Behandlung von großen Volkskrankheiten eingesetzt werden (z. B. Insulin bei Diabetes), oder Chemotherapeutika genießen einen hohen Erstattungsgrad, selbst in Ländern, wo Zuzahlungen sonst extrem hoch sind. Produkte, die zur qualitativen Verbesserung des Krankheitszustandes beitragen, werden dagegen nicht erstattet.

Da die Patentsituation für einige Produkte in den einzelnen Ländern nach wie vor Raubkopien der innovativen Produkte zulässt, ist eine Kooperation mit den lokalen Generikafirmen als Abwehrstrategie zumeist unerlässlich. Dabei können alle Instrumente von Co-Promotion, Co-Marketing, Second Brand, Co-Development, Co-Produktion, Co-Packaging bis hin zur Akquisition eines lokalen Players zum Einsatz kommen. Dadurch kann auch das eigene Portfolio mit einem Standardportfolio im Generikabereich oder lokalen OTC-Brands angereichert und entsprechend verbreitet werden, was in allen neuen EU-Märkten als Key-Successfaktor definiert werden konnte. Dieses Modell wird häufig kombiniert mit einem starken Lobbying/Governmental Affairs-Einsatz bei den lokalen Behörden. Insgesamt ist ein starkes „lokales" Auftreten von besonderer Bedeutung in den Märkten, deren Kultur und Mentalität entsprechend heterogen ist. Zeigen sich Probleme im jeweiligen Markt mit der Absicherung der Vertriebskanäle durch Großhandel und Apotheke, so finden sich mitunter auch Modelle der vertikalen Integration zur strategischen Absicherung der Kanäle durch die Hersteller.

Insgesamt können für die neuen Beitrittsländer fünf Schlüsselfaktoren aus den Marketingstrategien der „Best in Class"-Unternehmen (GSK, Novartis, Servier, Sanofi, Merck, Diverse lokale Firmen) in der Region identifiziert werden:

1. „Lokal" handeln
2. Einsatz von breiten Portfolien
3. Intensives Lobbying/Governmental Affairs
4. Lokal adaptiertes Pricing
5. Verbesserung der Außendienst-Effizienz

Wenn auch diese Schlüsselfaktoren für ein erfolgreiches Marketing in der Region für alle Märkte relevant sind, so ist doch das Ranking und die Ausprägung der einzelnen Faktoren von Markt zu Markt völlig unterschiedlich. In Ungarn und Polen beispielsweise war es aufgrund der gesundheitspolitischen Kostensenkungsmaßnahmen immens schwierig bzw. in den letzten beiden Jahren fast unmöglich, neue, innovative Produkte in die gesetzliche Rückerstattung zu bekommen. Erste Priorität im Marketingansatz sollte hier das Lobbying mit den relevanten Behörden sein, am besten auch in der Kombination mit strategischen Allianzen und Kooperationen (Co-Marketing/Co-Promotion) mit lokalen Partnern, um den Erstattungsprozess schneller zum gewünschten Ergebnis zu bringen. Eine Analyse der Vertriebseffizienz im ungarischen Markt zeigt zudem überdeutlich, dass ein starker Außendienst das wichtigste Instrument darstellt, um die richtigen Argumente für den medizinischen/therapeutischen Nutzen der innovativen Produkte mit Hilfe der Besprechung bei den Ärzten zu untermauern. Dagegen war in Polen der Apotheker durch die hohen OTC-Umsätze im Markt immer schon der wichtigste Schlüsselkunde. Durch die Erlaubnis, Kettenapotheken zu bilden, ist die Bedeutung der Apotheke als Key Account noch gestiegen und sollte einen wichtigen Platz in allen organisatorischen Überlegungen zur Außendienst-Struktur in Polen einnehmen.

Konsequenzen auch für die alten EU-Länder

Wenn wir uns ansehen, welche Perspektiven die neuen EU-Länder haben, lassen sich daraus auch sehr einfach die Konsequenzen für die alten EU-Länder ableiten, einige davon sind heute schon Tatsache und werden sich in den Folgejahren noch verstärken.

1. **Preisniveau:** Eine schnelle Anpassung der Preise, auch wenn diese noch immer auf niedrigem Niveau liegen, ist in vergleichbaren Fällen (Portugal, Irland) zu beobachten gewesen und wird auch bei den neuen Beitrittsländern stattfinden. Die Gefahr, dass sich die Parallelimportrate damit erhöhen, und dass klassische Exportländer zu Importländern werden, ist natürlich gegeben. Für Deutschland

bleibt der Effekt abzuwarten. Durch die Erhöhung der Zwangsrabatte an die Behörden auf 16 Prozent haben die Parallelimporte insgesamt an Bedeutung verloren. Inwieweit durch die Reduktion auf 6 Prozent die alten Raten wieder erreicht werden können, ist ebenfalls offen. Durch das Referenzpreissystem (ARBs) und die Bildung von Jumbo-Gruppen (z. B. Statine) im deutschen Gesundheitssystem besteht nun in einer langen Entwicklung zum ersten Mal die Gefahr, dass Deutschland zum Exportland wird. Entsprechende Strategien, mit Produkten nicht auf den Referenzpreis zu gehen, finden erstmals (erzwungenermaßen) ihre Anwendung im deutschen Markt.

2. **Niedrige Arbeitskosten:** Die Konsequenzen sind schon weit vor dem Beitritt der neuen Länder sichtbar gewesen, da viele Pharmafirmen (auch aus strategischen Gründen) ihre Produktionskapazitäten in diese Länder verlagert haben. Dieser Kostenvorteil in den Produktionskapazitäten wird in den nächsten Jahren durch die Erreichung einer höheren Wertschöpfung noch ausgebaut werden (vom Packaging über Produktion zu Qualitätssicherung, neuer Galenik etc). Einige Länder (wie z. B. Ungarn) haben sich aber bereits zu wichtigen europäischen „Hubs" im Produktionsplan der internationalen Pharmaindustrie etabliert.

3. **Gutes Ausbildungsniveau:** Nicht erst die Rankings der PISA-Studie haben es an den Tag gebracht, dass in den neuen EU-Ländern das Ausbildungsniveau z. T. sehr hoch ist. Diese Tatsache und die Tatsache, dass sich in vielen, gerade ländlichen Regionen ein hohes Potenzial bisher unbehandelter Patienten befindet, machen diese Länder so attraktiv für klinische Studien. Viele Multinationals haben bereits große Studienzentren in der Region aufgebaut. Auch diese Entwicklung geht häufig zu Lasten der alten EU-Länder, vor allem dann, wenn in den einzelnen Märkten Restriktionen in Preis und Reimbursement (Rückerstattung) hingenommen werden müssen.

4. **Demographische Probleme der Alterspyramide:** Erst in 2050 werden die neuen EU-Länder mit den Problemen der älteren Bevölkerung zu kämpfen haben, die uns bereits im Jahr 2020 erwarten. Gerade diese befürchtete Kostenexplosion lässt die Behörden bereits heute in den alten EU-Ländern massiv in das Marktgeschehen eingreifen, um Einfluss auf Menge und Preis im Pharmamarkt zu nehmen. Die Instrumente in den alten Ländern sind in den meisten Ländern vergleichbar. Die Niederlande wirken hier als „Labor" für die Entwicklung kostendämpfender Maßnahmen. Hier können die alten Länder wiederum die Strategien der „Best in Class"-Unternehmen in den neuen EU-Märkten abschauen. Denn wer in den alten EU Ländern auf breite Portfolien, die auch in einem nicht unerheblichen Maße zur Sicherung einer „preiswerten Volksgesundheit" beitragen, bauen kann, hat ein deutlich geringeres Risikopotenzial aufzuweisen als Firmen mit nur wenigen, teuren Blockbustern. Auch der neue Trend, verstärkt auf Generika zu setzen, um eine kostengünstige, qualitativ hochwertige Versorgung der breiten Bevölkerung sicherzustellen (Novartis, Sanofi-Aventis), stellt eine Umkehr des Blockbuster-Denkens dar und spiegelt auch Strategien wider, die ursprünglich gerade in den neuen EU-Ländern besonders erfolgreich waren. So scheint es jüngst auf der

Basis der strategischen Überlegungen und der Businessmodelle eher zu einer Annäherung aus den beiden Typen, „Alten" und „Neuen" Ländern zu kommen, die den volkswirtschaftlichen, demographischen und pharmapolitischen Entwicklungen, aber auch den Erfordernissen des Aktienmarktes nach Risikooptimierung in diesem Hochrisikosektor, Pharma-Industrie, Rechnung tragen.

9 Nationale Besonderheiten der einzelnen Märkte erfordern ein lokal adaptiertes Vorgehen

Michael C. Müller

Vergleich der regulativen Einflussfaktoren — 176
Abhängigkeit von der Marktreife — 178

Vergleich der regulativen Einflussfaktoren

Trotz aller Bestrebungen aufgrund von notwendigen Standards, die es zu setzen gilt, und Synergien zwischen den Einzelmärkten, die realisiert werden sollen, bestehen natürlich viele regionale und lokale Besonderheiten, die ein besonderes Vorgehen im jeweiligen Markt rechtfertigen und erfordern. Diese Besonderheiten zu kennen, ist eine wesentliche Voraussetzung, um im europäischen Kontext erfolgreich zu sein und in lokalen Märkten im Einzelfall gravierende Fehler in der Produktausbietung und -positionierung zu vermeiden.

Zahlreiche Beispiele, vor allem von US-Unternehmen, haben gerade in den letzten Jahren gezeigt, dass nicht jeder lokale Markt erfolgreich mit einem einheitlichen „Rezept" bedient werden kann.

Was unterscheidet die Märkte, wenn, wie wir in den vorangegangenen Kapiteln gesehen haben, eine zunehmende Annäherung und Harmonisierung der Märkte in Europa stattfindet? Zunächst existieren zweifelsohne kulturelle Aspekte, die ein lokaladaptiertes Vorgehen erfordern. Zum anderen sind es strukturelle Aspekte, wie

- Ärzteverteilung/ Fachgebietsmuster,
- Apothekenlandschaft,
- alternative Vertriebswege,
- die Präsenz von Key Accounts (im Sinne von Großkunden),

die eine individuelle Aufstellung im jeweiligen Markt erfordern. Weiter sind die lokalen Pharmamärkte natürlich auch in Bezug auf

- Pricing, Rückerstattung und Zuzahlungen,
- mögliche Markteintrittsbarrieren,
- die Präsenz von Generika,
- die allgemeine Reife des Arzneimittelmarktes im jeweiligen Land,
- und die jeweils eingeführten Instrumente zur allgemeinen Kostenbegrenzung im Gesundheitswesen

durchaus sehr unterschiedlich.

Nationale Besonderheiten der einzelnen Märkte

	Deutsch-land	Groß-britannien	Frank-reich	Italien	Spanien	Nieder-lande	Däne-mark	Polen
Positivliste	✔	✔	✔	✔	✔	✔	✔	
Negativliste	✔	✔[1]			✔	✔		✔
Förderung von Generika	✔[2]	✔	✔	✔	✔	✔	✔	✔
Referenzpreissystem	✔		✔[3]	✔	✔	✔	✔	✔
Verordnete Preissenkungen (Zwangsrabatt)	✔	✔	✔	✔	✔	✔	✔	✔
Patientenzuzahlungen	✔	✔	✔	✔	✔	✔	✔	✔

[1] Positivliste = positive NICE Empfehlung, quasi Negativliste als NHS-Ausschlussliste
[2] Im Rahmen von integrierten Versorgungsmodellen sowie über fachgruppenspezifische Richtgrößen („Praxisbudgets")
[3] Nicht betroffen sind Produkte mit klaren therapeutischen Verbesserungen (in der Praxis nur 5% des Gesamtmarktes vom Referenzpreissystem betroffen)

Quelle: EGA; Espicom; Pharmazeutische Zeitung; eigene Interviews und Analyse

Abb. 1: In vielen Ländern stehen Kostendämpfungsmaßnahmen in direktem oder indirektem Zusammenhang zu Generika. (Stand: Mai 2005)

	Deutsch-land	Groß-britannien	Frank-reich	Italien	Spanien	Nieder-lande	Däne-mark	Polen
INN-Verordnung vorgeschrieben	[1]	mind. 25 %		✔[2]				
Aut-Idem-Substitution	✔	✔	✔	✔		✔	✔	✔
Generika Informations-kampagne d. Regierung		[3]	✔	✔			✔	
Freie Preise für Originale	✔	Preisver-handlungen	Preisver-handlungen	Preisver-handlungen	nur OTC u. beworbene Präparate	✔	✔	
Regulierte Preise: % unter Original		20 %[4]	40 %	20 %	individ. Preis-fixierung		max. Durch-schnittspreis in Europa	individ. Preisfixie-rung
Erstattungsregulierung	Festbetrag-system, Negativliste	NICE Empfeh-lungen, Negativ-liste	Erstattungs-raten nach Gruppen, Positivliste	Referenz-preissystem, Positivliste	Referenz-preissystem, Positiv- und Negativliste	Referenz-preissystem, Positiv- und Negativliste	Erstattungs-raten nach Kosten pro Patient, Positivliste	Erstattungs-raten nach Gruppen, Positiv- und Negativliste

[1] Klare Anweisung (v.a. im Krankenhaus), aber keine gesetzliche Verpflichtung, INN zu verschreiben
[2] Unterschiede zwischen einzelnen autonomen Regionen
[3] „De facto" Aut-Idem durch Bindung der Apotheker-Rückerstattung an die Substanz und damit der Apotheker-marge an einen günstigen Einkauf
[4] 20 % unter Originalpreis für Erstanmelderpräparat, alle folgenden Anmeldungen mind. 5 % unter Vorgänger-anmeldung

Quelle: EGA; Espicom; Pharmazeutische Zeitung; eigene Interviews und Analyse

Abb. 2: Einzelne europäische Länder fördern aktiv die Verordnung von Generika.

Abhängigkeit von der Marktreife

Der Reifegrad eines pharmazeutischen Marktes hängt im Wesentlichen mit ökonomischen Grundfaktoren im jeweiligen Land zusammen. Wir beobachten, dass pharmazeutische Märkte auffallend gleiche Verteilungsmuster in Bezug auf die verwendeten Arzneimittel – und damit die jeweiligen ATC-Klassen – haben, in Abhängigkeit von Bruttoinlandsprodukt, Wirtschaftskraft, Nettolohn-Höhe pro Kopf, frei verfügbarem Einkommen und dem Grad der Beschäftigung. Vereinfacht würde man von einer Korrelation des Marktmusters zum Wohlstand im jeweiligen Land sprechen.

So zeigen Märkte, die – wie Russland – eine wirtschaftliche Krise durchlaufen haben und in denen ein großer Teil der Bevölkerung unter relativer Armut leidet (stets im Vergleich zu den Märkten in Mittel-Europa), eine relative Marktstärke der ATC-Klassen „Anti-Infektiva", „Schmerz" und „Metabolismus". Mit zunehmendem Reifegrad der Märkte ist eine relative Zunahme von „Herzkreislauf" und „ZNS" zu beobachten, wie in den letzten Jahren eindrucksvoll an der Entwicklung der neuen Beitrittsländer in Ungarn, Polen und der Tschechischen Republik beobachtet werden konnte. Interessanterweise sind dabei wohlstandsabhängige Phänomene (z. B. die Inzidenz von Depressionen) und wohlstandsunabhängige (z. B. Schizophrenie) zu unterscheiden, die in allen Ländern – völlig unabhängig von Wohlstand oder Wirtschaftskraft – gleich häufig auftreten. Natürlich ist es zwingend für das Management eines Unternehmens, sich ein klares Bild von der Reife eines jeden Marktes zu machen, um abhängig davon Portfolio-, Pricing und Positionierungsentscheidungen zu treffen.

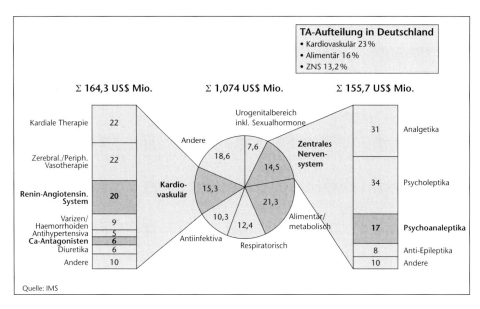

Abb. 3: Im reifen Markt sind die stärksten Therapiegebiete ZNS und Herz-Kreislauf.

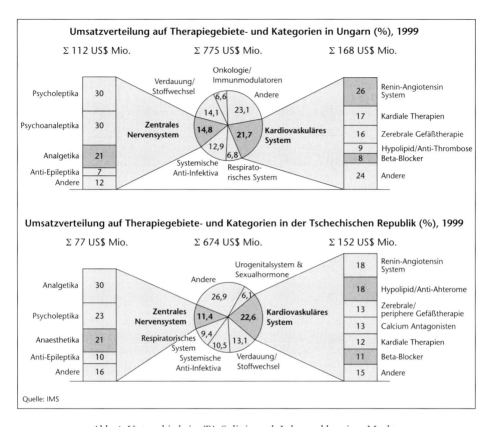

Abb. 4: Unterschiede im TA-Split je nach Lebenszyklus eines Marktes

Auch der relative Anteil des OTC-Markts (over the counter) am Gesamtpharmamarkt spielt in der Ausbietung eines Produktes eine entscheidende Rolle. Gerade in den neuen EU-Beitrittsländern ist dieses Phänomen in den letzten beiden Jahren beobachtet worden und hat großen Einfluss auf die Positionierung der jeweiligen Produkte gehabt.

Ähnlich, wie wir in einer für einen Klienten durchgeführten Analyse der TOP 10-Märkte in Zentral- und Osteuropa im Vergleich zu USA und Mitteleuropa zeigen konnten, ist auch der relative Anteil der TOP 5-Produkte am Gesamtumsatz der führenden Unternehmen im jeweiligen Markt in weniger saturierten und weniger „reichen" Märkten deutlich geringer.

Land	Durchschnitt der 5 Top-Unternehmen	„Kunde"
Polen	40 %–57 %	79 %
Ungarn	38 %–57 %	82 %
Tschechische Republik	24 %–71 %	86 %
Slowakische Republik	28 %–76 %	95 %
Rumänien	32 %–55 %	75 %
Slowenien	27 %–92 %	92 %
Russland	26 %–53 %	83 %

1) Angaben in Prozent
Quelle: IMS, 1999

Abb. 5: Umsatzanteil der fünf stärksten Konzern-Produkte am Gesamtumsatz

Kulturelle Unterschiede

Unabhängig von der Reife der jeweiligen Märkte sind historische, kulturelle, ja teilweise auch klimatische Besonderheiten zu respektieren. Zum einen korreliert der absolute Konsum von Arzneimitteln in einem Land nicht notwendigerweise mit dem Wohlstandslevel. Beispielsweise haben, bei einem europäischen Durchschnitt von 14,8 Prozent, die Slowakische Republik 37 Prozent, Ungarn 27 Prozent und Polen immerhin noch 24 Prozent Arzneimittelausgaben an den gesamten Gesundheitskosten, während der Anteil von Arzneimitteln am Gesundheitsbudget in der Schweiz (hinter den USA dem teuersten System weltweit) nur 10 Prozent beträgt.

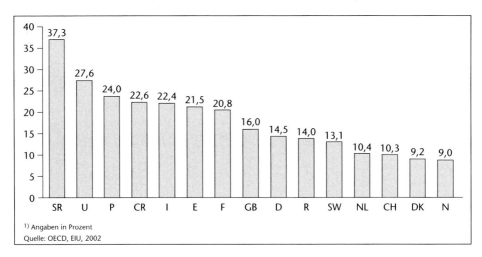

Abb. 6: Anteil der Pharma-Ausgaben an den Gesundheitsausgaben pro Land

Frankreich gibt dafür mit 604 Euro/Kopf und Jahr gut doppelt so viel für die Arzneimittelversorgung der Bevölkerung aus wie die Niederlande mit 292 Euro/Kopf.

Natürlich können all diese Stellgrößen nicht isoliert, sondern immer nur im Kontext des Gesamtgeschehens im jeweiligen Land gesehen werden. Eben dieses Gesamtgeschehen aber ist es, was bei der Betrachtung aller Parameter doch zu erstaunlichen nationalen Unterschieden im einheitlichen Europa führt.

Während Vitamine und Mineralien in Deutschland von 25 Prozent und in Großbritannien sogar von 43 Prozent der über Fünfzehnjährigen konsumiert werden, greifen in Spanien nur gerade mal 7 Prozent der Zielgruppe zu diesen Produkten. Hustenmittel genießen die Akzeptanz von 50 Prozent der Bevölkerung in Frankreich, aber nur von 37 Prozent in England und 24 Prozent in Spanien – sicher nicht ausschließlich klimatisch bedingt. 70 Prozent aller Franzosen greifen gelegentlich auf flüssige Antiseptika zurück; eine Produktkategorie, die bei gerade einmal 13 Prozent der Deutschen Anklang findet. Beliebig ließe sich die Reihe fortsetzen – ein führendes französisches Unternehmen erlebte mit der Einführung eines Produkts, dessen Darreichungsform als Zäpfchen in Deutschland ein großer Markterfolg gewesen war, in Spanien eine Katastrophe, um dann festzustellen, dass diese Applikationsform offensichtlich kulturelle Akzeptanzprobleme auf der iberischen Halbinsel hat.

Auch die promotionellen Instrumente sind in ihrer Bedeutung im jeweiligen Land sehr unterschiedlich zu gewichten. So finden wir in fast allen Unternehmen eine deutliche Übergewichtung der Außendienst-Kapazität. Das persönliche Gespräch mit dem Verordner ist in Italien wichtiger, länger, persönlicher und viel stärker von emotionalen Werbebotschaften geprägt als in anderen Ländern. Insgesamt ist in Bezug auf die Bedeutung des persönlichen Kontakts durch ganz Europa eine Nord-Süd-Tangente gezogen, mit steigender Bedeutung, je mehr wir uns dem Mittelmeer nähern.

Natürlich spielt auch die nicht immer erklärbare unterschiedliche Prävalenz und Inzidenz von Erkrankungen eine Rolle. Während die Inzidenz von Diabetes in Europa bei durchschnittlich ca. 4,5 Prozent liegt, werden in Irland lediglich 2,7 Prozent verzeichnet. Masern kommen in Belgien bei rund 16 von 1 000 Menschen vor. In Holland sind davon 0,3 und in Spanien 0,2 auf 1 000 Personen betroffen. In Luxemburg liegt die Inzidenz von Hepatitis B fast fünfmal so hoch wie im EU-Mittel.

	Masern	Mumps	Salmonellen	Legionellen	Hepatitis B	Krebs[1]	Diabetes[2]	Demenz[2]
	\multicolumn{6}{c}{Fälle pro 100 000 Einwohner}	%	Pro 1 000
EU 15	–	–	40.6	0.9	4.4	345.1	4.1	12.3
Österreich	4.1	–	81.4	0.1	2.6	357.4	4.0	12.0
Belgien	16.0	30.0	104.3	1.0	5.2	380.2	3.5	12.6
Dänemark	0.2	0.3	54.6	2.0	0.8	364.1	4.1	12.4
Finnland	0.0	0.0	52.7	0.3	2.5	331.5	5.3	11.4
Frankreich	14.3	19.5	21.8	1.4	8.7	359.5	3.3	12.6
Deutschland	7.3	–	93.8	0.4	3.0	341.1	4.3	12.6
Griechenland	0.5	0.1	2.9	0.1	2.2	278.4	5.0	12.5
Irland	6.3	1.0	11.2	0.1	9.0	361.8	2.7	8.4
Italien	1.0	20.3	12.0	0.3	1.8	348.2	5.0	13.7
Luxemburg	1.6	1.4	82.9	0.2	18.6	364.4	3.9	10.7
Niederlande	0.1	0.0	13.1	1.1	10.2	372.5	3.8	10.4
Portugal	0.3	7.2	5.2	0.1	2.0	314.6	4.5	10.4
Spanien	0.2	19.4	19.4	3.5	1.9	322.1	4.6	12.4
Schweden	0.1	0.2	53.0	0.9	2.4	333.5	5.1	14.9
Vereinigtes Königreich	4.2	5.6	29.0	0.3	1.5	355.3	3.4	12.4

[1] 1997 Daten
[2] 2000 Daten, alle anderen Daten von 2001

Anmerkung: Krebs: Alle Arten außer Hautkrebs; Diabetes: Prävalenzen (inklusive Insulin-abhängige und nicht-Insulin-abhängige Diabetes Mellitus (Typ I und II)); Demenz: Prävalenz für Menschen über 30 (inklusive Alzheimer (etwa 50 %–70 % der Fälle) und anderen Demenzerkrankungen, wie der AIDS Demenz-Komplex, Binswanger'sche Krankheit, Lewy-Body Demenz, Pick'sche Krankheit, Multi-Infarkt Demenz und andere Formen)

Quelle: Eurostat, Health statistics-Key data on health 2002, News Release 34/2004

Abb. 7: Inzidenzen bestimmter Krankheiten

Staatliche Regulierung

In den letzten Jahren haben die Länder in ganz unterschiedlicher Weise in das Marktgeschehen durch Schaffung zusätzlicher Institutionen eingegriffen. Das prominenteste Beispiel – und bezeichnendermaßen Vorreiter für andere – ist das britische NICE (National Institute for Cost Effectivenesss), das als vierte Hürde in die Gesundheitsversorgung eingezogen wurde. Aufgabe des NICE ist,

- eine Bewertung von neuen und am Markt befindlichen Technologien und Arzneimittel vorzunehmen,
- klinische Leitfäden für die kosteneffiziente Behandlung von Krankheiten zu erlassen (s. auch Kapitel 6).

Nach der Einführung 2002 haben 52 Prozent der Ärzte in Großbritannien die Etablierung als wesentlichen Eingriff in die ärztliche Therapiefreiheit bezeichnet. Heute stellt die Bedeutung dieser Institution zweifelsohne eine ganz wesentliche Besonderheit für die Ausbietung von pharmazeutischen Produkten in England dar, die bisweilen die Vermarktung eines zugelassenen Arzneimittels fast blockieren kann (wie auch im Fall von Betaferon, s. Kapitel 6), aber sich zumindest in einer deutlich langsameren Erreichung der „peak-sales" eines Produkts als in allen anderen europäischen Märkten zeigt. Auch hat sich die inhaltliche Form der Bewerbung stark von einem ursprünglichen „Push-Charakter" (ähnlich den meisten anderen europäischen Ländern) hin zu wissenschaftlich orientierter Produktbesprechung verändert.

Weiter sind für das Vereinigte Königreich das CHIMP (Commission for Health Improvement) und das MHRA (Medicines and Healthcare Products Regulatory Agency) zu nennen, die über eine Kontrolle der Patienteninformationsmaterialien und durch die Kontrolle der NICE-Richtlinien bei den Leistungserbringern ganz wesentlich in das Marktgeschehen und die Bewerbung von Arzneimitteln eingreifen.

Das in Deutschland im Jahr 2004 gegründete „Institut für Qualität und Wirtschaftlichkeit im Gesundheitswesen" (IQWG) übernimmt das NICE-Konzept in ähnlicher Weise für den hiesigen Markt und greift damit ganz radikal das Prinzip einer Evidenzbasierten Medizin neu auf. Auch in Portugal wird derzeit mit der Gründung von „Qualimed", einer durchaus vergleichbaren Institution, begonnen. Schweden geht neuerdings ebenfalls mit der Gründung von „Lakemedelsformansnamnden" den in Großbritannien mit NICE eingeschlagenen Weg.

Frankreich stellt gleich in mehrerlei Hinsicht staatliche Hürden zur Kontrolle des Marktes (und zur Stärkung der lokalen Wirtschaft) auf. Einerseits kann die Preisverhandlung mit der CEPS (Comite Economique des Produits de Sante) für ein über die „Commission de Transparence" (CT) neu zugelassenes Produkt die effektive Vermarktung eines Produktes um bis zu zwei Jahre nach der Zulassung blockieren. Andererseits sind – ähnlich wie in Spanien – Werbeaussagen und Werbematerial mit der staatlichen Behörde (DFPS) abzustimmen. Die Höhe der Erstattung (verschiedene Klassen) wird dann je nach therapeutischem Nutzen im Vergleich zum so genannten Gold-Standard vorgenommen.

Eine ganz eigene Herausforderung stellt für jedes Unternehmen zurzeit der Erfolg im russischen Markt dar, der allein aufgrund seiner Größe für viele Unternehmen attraktiv scheint. Dabei stellt sich einem mit der Aufnahme in die gesetzliche Rückerstattung bzw. kostenlose Arzneimittelversorgung der Bevölkerung durchaus eine beachtliche Hürde in den Weg, die es zu überspringen gilt.

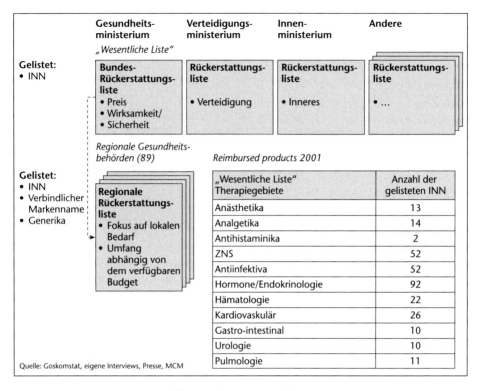

Abb. 8: Rückerstattungsrichtlinien

Zwar existiert im Gesundheitsministerium eine föderale Liste „essentieller" Arzneimittel". Diese dient aber nur der Orientierung von insgesamt 89 provinziellen Listen der jeweils autark, ihr eigenes Budget verwaltenden Regionen. Weiter sind als wesentliche Abnehmer – im Sinne von Key Accounts – die großen Arbeitgeber des Landes, mit jeweils eigenen Programmen für die Gesundheitsversorgung der Arbeitnehmer, mit ihren speziellen Listen versehen. Verteidigungsministerium, Ministerium des Inneren, Gasprom, die russischen Stahl- und Ölkonsortien wie auch die Eisenbahn sind dabei nur einige der großen „Stakeholder" des Gesamtbudgets. Ohne klares Programm und eine entsprechende Mannschaft vor Ort ist die erfolgreiche Ausbietung verschreibungspflichtiger Pharmazeutika fast nicht möglich. Auch die neu aufkommenden privaten Krankenversicherungen stellen in Russland mit ihren eigenen „health plans" ein signifikantes, weitgehend für den Preis unsensibles Absatzpotenzial dar.

Nationale Besonderheiten der einzelnen Märkte

```
Versicherungsnehmer ['000]¹⁾:        Gesamtausgaben, 2000¹⁾
Gesamt Σ 1,140                       (US$ Mio.)³⁾

410         MAKS                 12
                                              • 95 % Firmen-
250         ROSNO                24             abschlüsse
200         Gazprommedstrakh     45²⁾        • Ambulante/stationäre
                                                Versoirung
 95         RESO-Garantiya       12          • Reha-Service
 80         Ingostrakh           11          • Zahnbehandlungen
 60         SOGAZ                16          • Arzeneimittel-
                                                Rückerstattung in der
 45         PSK                   7             Regel nicht enthalten

□ Versicherungen, die unternehmensintern Arbeitnehmern angeboten werden

¹⁾ Schätzung
²⁾ Zusätzliche Finanzierung von Polykliniken und Krankenhäusern
³⁾ Arzneimittel werden zur Zeit nicht erstattet
Quelle: Magazh, eigene Experteninterviews, 2000
```

Abb. 9: Die größten Unternehmen im Bereich der privaten Krankenversicherung in Russland

Rückerstattung und Patienten-Zuzahlung
Zwei wichtige Einflussfaktoren für die Ausbietung von Arzneimitteln sind, ob ein Produkt von der staatlichen Rückerstattung profitiert und wie hoch die vom Patienten zu leistende Zuzahlung für bestimmte Produkte ist. Beides ist nicht nur von Land zu Land, sondern auch innerhalb eines Landes völlig unterschiedlich.

Insgesamt gibt es Märkte, die über eine weitgehend einheitliche Kostenerstattung verfügen. Dazu zählen Deutschland, Irland, Holland, Schweden, Dänemark, Finnland und Großbritannien (unter Berücksichtigung der Aufnahme in die NICE Richtlinien). Die Zuzahlung folgt dabei in Deutschland, Großbritannien, Finnland u. a. dem Einzelrezept (ca. 4 bis 10 Euro), während in Dänemark oder Schweden beispielsweise über jährliche Budget-Grenzen die Zuzahlung in Schwellen-Prozentsätzen zu erfolgen hat. Deutschland, Frankreich, Italien und Holland verzeichnen insgesamt die vergleichsweise niedrigste Patienten-Zuzahlung, was in Italien (0,5 Prozent der Arzneimittelkosten) gemeinsam mit der hohen Verfügbarkeit von Ärzten (höchste Arztdichte Europas) zu einer ausgesprochen geringen Ausprägung des privaten Versicherungsmarktes geführt hat. Hingegen liegt die Zuzahlung mit insgesamt gut 40 Prozent der Arzneimittelkosten in Dänemark am höchsten in ganz Europa.

Hingegen unterliegt die Rückerstattung in Frankreich, Portugal, Italien, Belgien, und z. B. Polen einer Einteilung in Klassen, die in Frankreich, Portugal und Italien dem Nutzen des Produkts, in Polen bestimmten therapeutischen Klassen folgt. Frankreich hat in den letzten Jahren mit unterschiedlichen Mechanismen versucht, die Penetration des Marktes mit Generika zu fördern. So besteht für Patienten eine höhere Zuzahlung bei einem Originalprodukt, wenn für dieses ein vergleichbares Generikum existiert.

Auch in Tschechien kann die Zuzahlung zu einem Produkt abhängig von der Aufnahme in die staatlichen Erstattungslisten zu sehr unterschiedlichen Zuzahlungen bei völlig vergleichbaren Arzneimittelspezialitäten führen.

Produkt	Apotheken-Abgabepreis[1)2)3)] (US$)	Rückerstattung (US$)	Pharmacy price (%)	Zuzahlung[2)] (US$)	Durchschnittliche Zuzahlung im Markt[2)]
Cardura 30x1 mg	11,91	3,70	31,1	8,21	
Cardura 30x2 mg	14,20	7,40	52,1	6,80	
Cardura 30x4 mg	18,44	14,80	80,3	3,64	
Zoxon 30x2 mg	8,22	7,40	90,0	0,82	
Zoxon 30x4 mg	16,43	14,80	90,0	1,64	4,97
Cardura XL 30x4 mg	18,33	16,62	90,7	1,71	
Cardura XL 30x8 mg	29,33	29,59	100,9	− 0,27	
Xatral 28x5 mg	10,35	8,20	79,3	2,14	
Xatral 56x5 mg	20,70	16,41	79,3	4,29	
Sortis 30x10 mg	30,36	26,52	87,3	3,84	
APO-Lovastin 30x20 mg	10,28	10,28	100,0	0,00	4,14
APO-Lovastin 30x40 mg	20,55	20,55	100,0	0,00	

[1)] Maximalpreis
[2)] Nur theoretische Werte, tatsächliche Zuzahlungen sind aufgrund von Kompensationen wesentlich geringer
[3)] in 2000
Quelle: Marktinterviews

Abb. 10: *Innerhalb einer ATC-Klasse herrschen verschiedene Rückerstattungs- und Zuzahlungsbedingungen.*

Ärzteverteilung und Verschreibungsbesonderheiten
Jedes europäische Land hat sein eigenes Verteilungsmuster in Bezug auf die relative Häufigkeit von Praktikern und Allgemeinmedizinern im Verhältnis zu Spezialisten und anderen Facharztgruppen, die an der Versorgung der Patienten teilnehmen.

Der britische Markt ist weitgehend von GPs (general practitioners) dominiert, die teils fast exklusiv durch den NHS (National Health Service) beschäftigt die Versorgung der Patienten im ambulanten Markt übernehmen. Dabei sind durchschnittlich vier „practitioner" in einer Praxis. Die Patienten, die in der Regel keine freie Arztwahl haben, werden, wenn überwiesen, fachärztlich überwiegend in Krankenhausambulanzen betreut. Wenige privat praktizierende und privat fakturierende Fachärzte sind die Ausnahme. Da die GPs angehalten sind, „generisch", das heißt unter Angabe der INN-Bezeichnung auf dem Rezept, zu verschreiben, ist der Lebenszyklus von Arzneimitteln, in dem zu 70 Prozent durch „primary care" dominierten Markt, zwischenzeitlich weitgehend auf die Patentlaufzeit begrenzt. Eine weitere Besonderheit stellen zweifelsohne die „study nurses" und „dispensing nurses" in diesem stark kostengetriebenen System dar, die in der Bewerbung und Besprechung der Produkte berücksichtigt werden müssen. Auch die Vergütung der GPs nach Therapie-Erfolg, die erst in 2004 in die Honorarordnung der Ärzte aufgenommen wurde, tut das Ihre, um das Verschreibungsverhalten der Ärzte in Richtung Evidenz basierter Medizin zu verändern.

Auch Holland, Dänemark und Italien stellen stark GP-dominierte Märkte dar. Deutschland und Frankreich hingegen sind in Europa eher als Spezialisten-Märkte anzusehen. Dabei dominieren in Deutschland die fast 10 000 Internisten (12 Prozent), während diese in Frankreich fast nicht existieren. Frankreich hingegen verfügt über eine relativ hohe Anzahl an Psychiatern und Neurologen; Deutschland wiederum zeichnet ein stark ausgeprägtes Netz niedergelassener Onkologen aus.

	Deutschland	Frankreich	England	Spanien	Italien
Anästhesie und Intensivpflege	15 630	10 099	7 515	2 805	NA
Allgemeine Chirurgie	18 103	4 757	5 036	3 088	NA
Gynäkologie und Geburtshilfe	15 228	5 006	4 152	4 351	NA
Allgemeinärzte	38 711	96 246	30 685	5 381	NA
Innere Medizin	37 028	2 423	4 505	4 242	NA
Psychiatrie/Neuropsychiatrie	5 597	13 291	7 437	2 603	NA
Augenheilkunde	6 411	5 280	2 067	2 349	NA
Hals-, Nasen-, Ohrenheilkunde	5 358	2 884	1 339	1 662	NA
Kinderheilkunde	11 302	6 263	4 943	7 019	NA
Strahlentherapie/Radiologie		6 160	7 801	2 507	2 316	NA

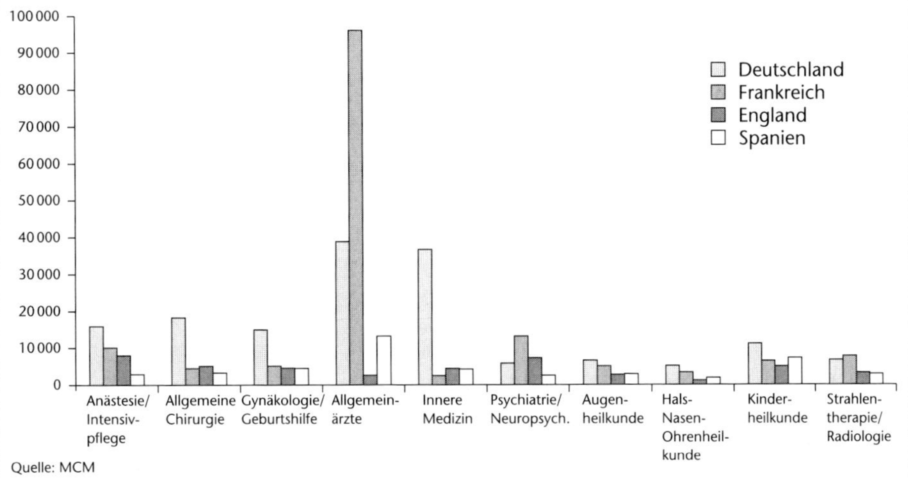

Abb. 11: Ärzte nach Hauptindikationsgebieten

Spanien imponiert durch eine große Anzahl von Pädiatern, die diesen Markt für pädiatrische Produkte interessant machen.

Bedeutung von Apotheken, Ketten und anderen Vertriebskanälen
Während Frankreich, Spanien und die Slowakei nach wie vor an einem Mehrbe-

sitzverbot von Apothekern (jeder approbierte Apotheker darf nur eine Apotheke besitzen) festhalten, haben die meisten anderen Länder dies aufgegeben. Auch in Deutschland wurde in 2004 über das „Aufweichen des Mehrbesitzverbotes" der Weg für Kettenapotheken mittelfristig frei gemacht. Frankreich, Spanien und Italien halten zur Zeit auch noch an der Apothekenpflicht für OTC-Produkte fest, die im restlichen Europa in der Regel auch in Drogeriemärkten, Supermärkten und teilweise sogar an Tankstellen (Dänemark) vertrieben werden dürfen. In Großbritannien dominieren den Handel mit OTC-Produkten die großen „Retailer", die Supermarktketten. ASDA, TESCO, Safeway und Sanisbury's stehen für fast 60 Prozent im britischen OTC-Markt.

Auch die Apothekendichte variiert dabei beachtlich von nur gut 1 950 Patienten auf eine Apotheke in Belgien, über ca. 4 000 in Deutschland, bis hin zu fast 20 000 Patienten, die auf eine Apotheke in Dänemark entfallen.

Eine besondere Bedeutung kommt zwischenzeitlich den Apothekern in den Ländern zu, in denen eine „Aut-Idem-Regelung" dem Apotheker die Möglichkeit der Substitution gibt, wie in Deutschland oder (auch ohne solche Regel) in Russland, das mit 16 000 echten Apotheken und 50 000 so genannten Kiosken über eine ausgesprochen breitgefächerte Disitribution verfügt.

Schweden stellt mit seinen rund 900 ausschließlich staatlichen Apotheken, die alle zu Apoteket AB, einer staatlichen Kette, gehören, eine Ausnahme dar. Ketten prägen auch den Markt im Vereinigten Königreich. Hier waren Lloyds Chemist, Boots und Moss wegbereitend für die Entwicklung in anderen europäischen Ländern, wie Norwegen (z. B. Apokjeden, Vitus, Alliance Unichem), Holland, Italien und Russland, wo Ketten zwischenzeitlich 30 Prozent – in Ballungszentren wie Moskau 70 Prozent – des Marktes kontrollieren.

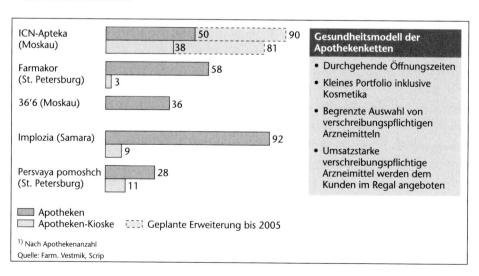

Abb. 12: Die größten Apothekenketten Russlands

Während die Ketten häufig das „Front-End" der vertikalen Integration der Großhändler darstellen, ist dies in Italien von staatlicher Seite unterbunden worden und hat für Celesio, die im Jahr 2001 84 Apotheken in Mailand gekauft hatten, und Alliance Unichem mit 8 Apotheken in Rimini zu gerichtlich beizulegenden Präzedenzfällen geführt.

Bleibt noch die Frage zum Versandhandel und Internet-Vertrieb, deren Beantwortung sich für die einzelnen Länder zur Zeit so schnell ändert, dass sich fast jede Übersicht in kürzester Zeit selbst überholt. Zum Zeitpunkt des Text-Satzes waren Internet-Apotheken in Holland, Deutschland, Dänemark, Norwegen, Italien, Spanien und Großbritannien gestattet. Im Vereinigten Königreich hat die Gründung der P2U (pharmacy-to-you) mit strengen, qualitätssichernden Standards zu der Veränderung der Statuten der Royal British Pharmacists Association geführt. Zwischenzeitlich finden in Deutschland Arzneimittel-Auktionen in Ebay statt. Mittelfristig wird dieser Vertriebsweg aus Gründen der Kosten-Effizienz in allen Märkten einen festen Platz haben. Erfahrungsgemäß (Schweiz, Holland) sind rund 15 Prozent des Marktgeschehens für den Versandhandel geeignet. Dabei pendelt sich das Portfolio dort vermehrt zu Gunsten hochpreisiger Produkte und der automatischen Wieder-Belieferung von chronisch Kranken ein. Hier kann ein solches „Automatic-Replenishment" sogar positive Auswirkungen auf die Compliance einer festen Therapie haben.

10 Vertriebsstrukturen in Europa

Susanne Weißbäcker und Michael C. Müller

Großhandel	193
Einzelhandel/Apotheken	197
Liberalisierung der Gesetzgebung	204
Neue Vertriebswege/Internet	205
Parallelhandel von Arzneimitteln	206

Der europäische Pharmamarkt durchläuft einen tief greifenden Wandel, der durch unterschiedliche Entwicklungen geprägt ist.

Einerseits erweiterte der EU-Beitritt von Polen, Tschechien, Ungarn, der Slowakei und den Baltischen Staaten im Jahr 2004 den „europäischen Raum". Darüber hinaus haben die neuen EU-Mitgliedstaaten mit Wachstumsraten von ungefähr 16,5 Prozent dem Pharmamarkt neue Impulse verliehen. Die größten neuen Pharmamärkte, Polen und Tschechien, trugen mit einem Wachstum von über 20 Prozent wesentlich zu dieser positiven Entwicklung bei. Hingegen zeigte der Pharmamarkt der 15 alten EU-Mitgliedsländer „lediglich" ein Wachstum von 8 Prozent.

Andererseits stehen Kostendämpfungsmaßnahmen im Zentrum der nationalen Gesundheitspolitik, da die Arzneimittelausgaben in fast allen EU-Mitgliedstaaten während der letzten Jahre stärker als das Bruttoinlandsprodukt gestiegen sind. Beispielsweise wurde in zahlreichen EU-Ländern seit Mitte der 90er Jahre die Handelsmarge des pharmazeutischen Groß- und Einzelhandels wiederholt eingeschränkt. In Zukunft wird im Rahmen weiterer Kostendämpfungsmaßnahmen vor allem eine Liberalisierung des Pharmamarktes angestrebt, um Einsparungen auf Basis neuer, marktwirtschaftlicher Mechanismen zu erreichen.

Diese paneuropäischen bzw. nationalen Entwicklungen wirken sich direkt auf den europaweiten Vertrieb von Arzneimitteln aus. In der EU werden über 50 000 Arzneimittel von ungefähr 3 000 Herstellern produziert, die über das Distributionsnetzwerk an die Verbraucher weitergegeben werden. Die Akteure der Pharmadistribution bewegen sich jedoch nach wie vor nicht auf einem einheitlichen europäischen Markt, da die Pharmamärkte der EU-Mitgliedstaaten stark durch nationale Strukturen geprägt sind.

Diese Heterogenität spiegelt auch das unterschiedliche Niveau der Handelsspanne in den einzelnen EU-Staaten wider. So ist die Handelsspanne von Groß- und Einzelhandel (Apotheke) im europäischen Vergleich in Luxemburg mit 40,8 Prozent am höchsten, dicht gefolgt von Deutschland mit 40,6 Prozent. Die Gesamtspanne des Handels liegt dort ohne Berücksichtigung der Mehrwertsteuer mit Abstand über den Spannen anderer Länder, wie etwa den Niederlanden oder Großbritannien.

Land	Spanne Apotheke (in % AVP)	Spanne Großhandel (in % AEP)	Gesamtspanne Handel (in % AVP)	Anteil Herstellerpreis am AVP	Aufschlag MwSt. (erstattungsfähige AM)	Normale MwSt.
Luxemburg	31,8 %	13,2 %	40,8 %	59,2 %	3,0 %	15,0 %
Deutschland	31,7 %	13,0 %	40,6 %	59,4 %	16,0 %	16,0 %
Belgien	31,0 %	13,1 %	40,0 %	60,0 %	6,0 %	21,0 %
Österreich	28,9 %	12,6 %	37,9 %	62,1 %	20,0 %	20,0 %
Spanien	27,9 %	9,6 %	34,8 %	65,2 %	4,0 %	16,0 %
Dänemark	29,3 %	7,2 %	34,4 %	65,6 %	25,0 %	25,0 %
Niederlande	21,4 %	14,5 %	32,8 %	67,2 %	6,0 %	17,5 %
Griechenland	25,9 %	8,0 %	31,8 %	68,2 %	8,0 %	18,0 %
Frankreich	27,6 %	5,6 %	31,7 %	68,3 %	2,1 %	19,6 %
Finnland	28,8 %	4,0 %	31,6 %	68,4 %	8,0 %	22,0 %
Italien	22,4 %	9,5 %	29,8 %	70,2 %	10,0 %	20,0 %
Portugal	20,0 %	11,0 %	28,8 %	71,2 %	5,4 %	17,0 %
Großbritannien	17,3 %	12,5 %	27,6 %	72,4 %	0,0 %	17,5 %
Schweden	20,0 %	3,0 %	22,4 %	77,6 %	0,0 %	25,0 %
Irland	n. v.	15,0 %	n. v.	n. v.	0,0 %	21,0 %

AVP = Apothekenverkaufspreis vor Mehrwertsteuer; AEP = Apothekeneinkaufspreis ohne Mehrwertsteuer
Quelle: Glaeske, Klauber, 2003

Abb. 1: Handelsspanne des pharmazeutischen Groß- und Einzelhandels (Apotheke)

Großhandel

Mittelpunkt des Vertriebs in allen europäischen Ländern ist der pharmazeutische Großhandel, der Apotheken und in geringerem Ausmaß Krankenhäuser mit Arzneimitteln beliefert. Am Beispiel Deutschlands, dem größten europäischen Pharmamarkt, wird die Bedeutung des Distributionskanals „Großhandel" aufgezeigt. Auch Frankreich, Finnland, Irland, Schweiz, Großbritannien und die Niederlande zeigen eine ähnliche Distributionsstruktur mit einem dominierenden Großhandel.

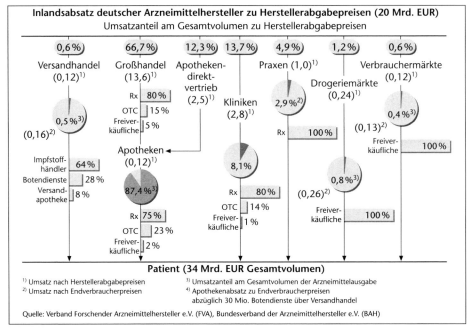

Abb. 2: Distributionswege im deutschen Pharmamarkt

Ungefähr zwei Drittel der Arzneimittel fließen über den Großhandel, während andere Vertriebskanäle wie Direktgeschäft, Versandhandel und Distribution über Supermärkte und Drogerien (nur OTC) nur geringe Bedeutung haben.

Länderübergreifend ist der Großhandel durch eine starke Konsolidierung gekennzeichnet. Abbildung 3 und 4 verdeutlichen die seit ungefähr zehn Jahren bestehende Konzentration von europaweiten Großhandelsnetzwerken.

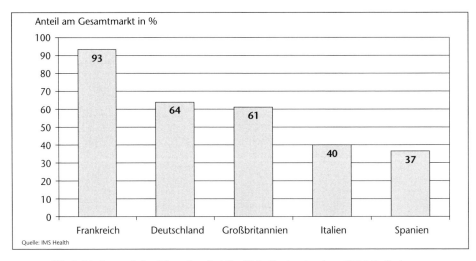

Abb. 3: Marktanteil der führenden drei Großhändler in einzelnen EU-Mitgliedstaaten

Als Folge der Konsolidierung halten in Deutschland die drei größten europäischen Großhändler (Celesio, Phoenix und Alliance UniChem) einen Marktanteil von ca. 60 Prozent des Pharma-Großhandels. Ihr externes Wachstum auf europäischer Ebene wird erschwert, da es nur noch wenige große Akquisitionsziele, wie OPG in Holland und Oriola in Skandinavien, gibt. Überdies sind bedeutende Übernahmen für Celesio und Phoenix in den westeuropäischen Ländern aus kartellrechtlichen Gründen schwer durchsetzbar, da beide Firmen Marktanteile von über 30 Prozent halten.

Europa	Nummer 1	Nummer 2	Nummer 3
Österreich	Herba Chemosan (Celesio)	Phoenix	Kwizda
Belgien	Febelco	Pharma Belgium (Phoenix)	CERP
Dänemark	Nomeco (Phoenix)	Tjellsen	Max Jenne
Finnland	Tamro (Phoenix)	Oriola	KD
Frankreich	OCP (Celesio)	Alliance Santé (AU)	CERP
Deutschland	Phoenix	GEHE Pharmahandel (Celesio)	Anzag
Griechenland	Cooperative of Athens	Cooperative of Thessaloniki	Lavipharm (AU)
Irland	United Drug	Unipharm	Cahill May Roberts (Celesio)
Italien	Comifar (Phoenix)	Alleanza Salute (AU)	Farmintesa
Luxemburg	Hanf Feres		
Niederlande	OPG	InterPharm (AU)	Brocacef (Phoenix)
Portugal	Alliance UniChem	Codifar	OCP (Celesio)
Spanien	Cofares	Safu Galenica (AU)	HEFAME
Schweden	Tamro AB (Phoenix)	KD	
Großbritannien	AAH (Celesio)	UniChem (AU)	Phoenix
Norwegen	NMD (Celesio)	Tamro (Phoenix)	Holtung (AU)
Schweiz	Galenica	Amedis (Phoenix)	Voigt
Quelle: PHAGRO, 2003			

Abb. 4: Führende drei Großhändler nach Land

Daher verfolgen Großhändler weitere Wachstumsstrategien durch Investitionen in andere ertragsreiche Bereiche der Supply Chain, z. B. durch Vorwärtsintegration in den Apothekenmarkt. So hat sich der Pharma-Großhandel in den letzten Jahren auch auf Investitionen in den Pharma-Einzelhandel, vor allem in England, Italien und Holland, fokussiert. In England erwarb Celesio die Apothekenkette Lloydspharmacy, der Konkurrent Alliance UniChem übernahm Moss Chemists. Die gleiche Strategie verfolgte Alliance UniChem auch in Italien mit der Akquisition einer Apothekenkette. Nachträglich wurde jedoch dort die Vorwärtsintegration gesetzlich untersagt. Die betroffenen Unternehmen stehen noch in juristischen Verhandlungen. In der Schweiz hingegen glückte Alliance UniChem ein erfolgreicher Zusammenschluss mit der Drogerienkette Coop zur Coop Vitality mit dem Schwerpunkt auf Schönheits- und Gesundheitsprodukten. Celesio, das erfolgreich europaweit ca. 1 900 Apotheken in Europa betreibt, fungiert als Vorreiter auf diesem Weg.

Jedoch sind die Risiken einer vertikalen Integration insbesondere aufgrund sinkender Margen zu berücksichtigen. So sank in Italien die Rentabilität der Apotheken durch staatliche Kostensenkungsmaßnahmen. In Holland wurden die Kassenrabatte fast verdoppelt. In England setzte das Office of Fair Trading eine Abschaffung des Lizenzierungssystems durch. Aufgrund dieser Niederlassungsfreiheit stieg die Apothekenzahl mit entsprechenden Umsatzverlusten. Das Großhandelsunternehmen Boots schätzte diese Risiken neu ein und zog sich daraufhin aus diesem europäischen Expansionsweg zurück.

Neben den „klassischen" Großhändlern wird der übrige stark fragmentierte Markt von nationalen Anbietern dominiert. Diese haben sich z. T. auf den Direktvertrieb von Pharmaunternehmen zu Apotheken spezialisiert. In Frankreich gibt es beispielsweise über 20 spezialisierte Anbieter, die teilweise durch Vorwärtsintegration von Pharmaherstellern (Distriphar für HMR) entstanden sind. Teilweise sind sie auch im Rahmen von Diversifizierungsstrategien der Großhändler (Dépôts généraux durch OCP) gebildet worden oder wagten als unabhängige Unternehmen (CSP und Depolabo) den Markteintritt. Ihr USP liegt einerseits im Vertrieb „kritischer" (z. B. temperaturempfindlicher) Arzneimittel. Andererseits setzen sie aufgrund längerer Vertriebsintervalle von einem Apothekenbesuch pro Monat mit resultierendem größerem Umsatzvolumen günstigere Kostenstrukturen durch. Dagegen sind die „klassischen" Großhändler in vielen Ländern zu einer Lieferung der Arzneimittel innerhalb von 24 Stunden verpflichtet. Dies führte zwischenzeitlich zu einer hohen Besuchsfrequenz (von bis zu drei Mal pro Tag).

Eine andere Situation findet sich im stark fragmentierten russischen Markt. Dieser basiert einerseits stark auf Tendergeschäften. Andererseits ist die Apotheke wesentlich stärker in die Arzneimittel-Auswahl, -Empfehlung und -Substitution involviert. Da die Patienten für ihre Medikamente selbst überwiegend aufkommen, konzentriert sich die medizinische Beratung, Empfehlung und der Verkauf von Arzneimitteln auf die Apotheken oder die so genannten Kioske.

Der Großhandel in Russland wird von drei verschiedenen Akteuren – den national tätigen, den spezialisierten und den regionalen Großhändlern – bestimmt. Die führenden drei nationalen Großhändler vereinen 40 Prozent des relevanten Marktes auf sich.

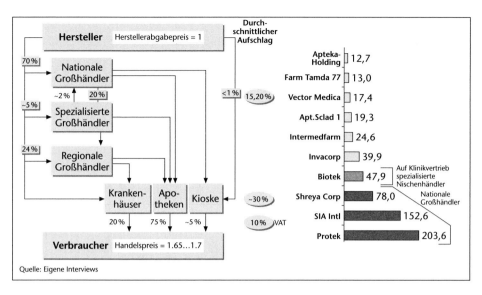

Abb. 5: Distributionswege in Russland

Der Einfluss der führenden Großhändler nimmt durch die Einführung der neuen Erstattungsregelung in 2005 weiter zu, da zukünftig vier Großhändler zentral für den Arzneimittelvertrieb in bestimmten Regionen zugeteilt und autorisiert werden. Dadurch werden spezialisierte und lokal arbeitende Händler weiter aus dem Markt gedrängt. Der Konsolidierungstrend wird zukünftig durch staatliche Bemühungen verstärkt, da die russische Regierung einen staatlich zentralisierten oder versicherungsfinanzierten Gesundheitsmarkt etablieren möchte.

Einzelhandel/Apotheken

Europaweit wird der pharmazeutische Einzelhandel durch die jeweilige nationale Gesetzgebung und durch die „traditionelle Rolle" der Apotheke in der Bevölkerung bestimmt. In den meisten europäischen Ländern besitzt die Apotheke eine monopolistische Stellung im Arzneimittelvertrieb an den Endkunden. Im größten europäischen Pharmamarkt Deutschland bilden die ca. 21 700 Apotheken nach wie vor das „exklusive Netzwerk", über das alle verschreibungspflichtigen Arzneimittel vertrieben werden. Das „GKV-Modernisierungsgesetz" (GMG) im Jahr 2004 hat den Apothekenmarkt durch die Lockerung der Arzneimittelpreisverordnung und des Mehrbesitzverbotes für Apotheken sowie durch Zulassung des Versandhandels und Teilöffnung der Krankenhäuser für die ambulante Arzneimittelversorgung weiter liberalisiert. Dies hat unterschiedliche Konsequenzen für die Distribution von Arzneimitteln in Deutschland.

Die Liberalisierung der Preisverordnung führt zu einem steigenden Margen- und Kostendruck aufgrund sinkender Margen für Apotheken und Großhändler. Weiterhin rückt zukünftig der Preiskampf bei Produkten mit freier Preisgestaltung, wie OTC- und bestimmten verschreibungspflichtigen Präparaten, in den Vordergrund. Mit der Zulassung des Versandhandels entsteht ein neuer Vertriebsweg, der zunächst durch die gleichzeitige Neuregelung der Preisverordnung im GMG negativ beeinflusst wurde, da der Versand höherpreisiger Arzneimittel an Attraktivität verlor. Weiterhin sieht das GMG jedoch eine Einbindung von Versandapotheken in die integrierte Versorgung vor.

Einen weiteren Eckpunkt des GMG mit Auswirkungen auf die Pharmadistribution stellt die Stärkung der integrierten Versorgung mit einer Teilöffnung der Krankenhäuser für die ambulante Arzneimittelversorgung dar. Im Fall einer fachärztlichen Unterversorgung dürfen Krankenhausapotheken in beschränktem Maß ambulante Arzneimittel an den Patienten weitergeben. De facto kommt es daher in Deutschland zurzeit zu einer beginnenden ambulanten Arzneimittelversorgung durch Krankenhausapotheken (wenn auch zunächst nur in Ausnahme- und Grenzfällen).

In Frankreich besitzen Apotheken gemäß dem Public Health Code (CSP) ebenfalls das Monopol zum Vertrieb aller verschreibungspflichtigen Arzneimittel. Über das sehr gut ausgebaute Apothekennetzwerk mit ca. 23 000 Apotheken werden mehr als 80 Prozent der Arzneimittel verteilt. Medizinprodukte, Nahrungsergänzungsmittel, Kosmetik- und Hygiene-Produkte werden ebenfalls ausschließlich über Apotheken vertrieben, solange sie per Definition Medizinprodukte sind. Da die meisten Nahrungsergänzungsmittel diesen Status nicht erfüllen, müssten sie außerhalb der Apotheke verkauft werden. In der Praxis tolerieren die Gesundheitsbehörden jedoch den Vertrieb über die Apotheke.

Großbritannien hat den drittgrößten europäischen Pharmamarkt im Wert von 16,6 Milliarden Euro (zu Konsumentenpreisen). Der Vertrieb von apothekenpflichtigen Produkten erfolgt nach dem RSPGB Code of Ethics auch dort ausschließlich über die Apotheke. Insgesamt werden ebenfalls ca. 80 Prozent der Arzneimittel über den Pharmaeinzelhandel (ungefähr 12 000 Apotheken) an den Endkunden weitergegeben.

In Italien, dem viertgrößten europäischen Pharmamarkt in Europa, erfolgt der Verkauf von Arzneimitteln und häufig von Nahrungsergänzungsmitteln ausschließlich über die Apotheke. Italien weist eine Apothekendichte von einer Apotheke pro 3 500 Einwohner auf, d. h. landesweit gibt es 16 500 Apotheken, die nur von Pharmazeuten besessen und geführt werden dürfen. Gemäß der „Pianta Organica" wird eine Minimaldichte von einer Apotheke für 4 000 Einwohner vorgeschrieben.

In den Niederlanden gibt es ca. 1 700 Apotheken, d. h. ungefähr eine Apotheke für 10 000 Einwohner. Aufgrund der insgesamt geringen Apothekendichte werden ca. 80 Prozent der nicht-verschreibungspflichtigen Arzneimittel dort aber in Drogerien verkauft, wohingegen nur ca. 16 Prozent über Apotheken und 4 Prozent über Lebensmittelgeschäfte mit Drogerielizenz vertrieben werden.

In der russischen Föderation erfolgt die Distribution von Arzneimitteln vor allem über Apotheken, Kioske und Krankenhäuser. Insgesamt gibt es 65 000 Geschäfte (zwei Drittel davon Kioske) mit Arzneimittelverkauf. Von den Apotheken sind die meisten Eigentum der Städte bzw. der Gemeinde; nur 35 Prozent der Apotheken befinden sich in Privatbesitz.

Hinsichtlich Apothekendichte bzw. Niederlassungsfreiheit der Apotheken zeigen einzelne EU-Staaten aufgrund des nationalen Gesundheitssystems Unterschiede. So besteht nur in Deutschland und in der Schweiz Niederlassungsfreiheit für Apotheken. Ansonsten ist die Niederlassung entweder direkt oder indirekt beschränkt. In Großbritannien wird zwischen Apotheken, die dem National Health Service (NHS) angegliedert sind, und unabhängigen Apotheken differenziert. Die Dichte der NHS-Apotheken wird regional durch eine Bedarfsprüfung (Abstand zur nächsten Apotheke, Bevölkerungsdichte) reguliert. Eine weiterführende Liberalisierung der Apothekenniederlassung ist im Diskussionsstadium. Sie käme vielen Supermärkten zugute, die Apotheken innerhalb ihrer Niederlassungen eröffnen könnten, ohne eine bestehende kaufen und umsiedeln zu müssen. Seit 1990 haben schon 450 Supermärkte auf diesem Wege eine Apotheke integriert. Jedoch leisten viele unabhängige Apotheken Widerstand gegen diese Marktliberalisierung aus Angst vor Margenverlusten durch die Konkurrenz aus dem Massenmarkt.

In Ländern mit geringer Apothekendichte werden Vertriebswege außerhalb der Apotheke gefördert. In den Niederlanden erfolgt daher ein Teil der Arzneimitteldistribution über selbst dispensierende Ärzte oder über Drogerien, denen ein eingeschränkter Vertrieb von OTC-Produkten gestattet wird. Eine Liberalisierung des niederländischen Marktes für Arzneimittel wird von der Regierung geplant. Danach wären Arzneimittel in vielen Geschäften, wie z. B. an Tankstellen, in Supermärkten und anderen Einzelhandelsgeschäften, frei erhältlich.

Auch hinsichtlich des Mehrbesitzes von Apotheken, den Apothekenketten, zeigen die EU-Mitgliedstaaten aufgrund der bisherigen nationalen Gesetzgebung ein heterogenes Bild.

Land	Apothekenanzahl	Fremdbesitz	Mehrbesitz
Frankreich	22 640	Nicht gestattet	Nicht gestattet
Deutschland	21 300	Nicht gestattet	Bis zu vier Apotheken
Spanien	20 093	Nicht gestattet	Nicht gestattet
Großbritannien	12 050	Gestattet	Gestattet
Polen	10 530	Gestattet	Gestattet
Belgien	5 272	Gestattet	Gestattet
Ungarn	2 200	Großhandel-Anteil an ca. 300 Apotheken	Nicht gestattet
Schweiz	2 020	Gestattet	Gestattet
Tschechische Republik	2 000	Gestattet	Gestattet
Niederlande	1 570	Gestattet	Gestattet
Slowakei	1 168	Nicht gestattet	Nicht gestattet
Österreich	1 114	Nur unter Apothekerbeteiligung	Nur unter Apothekerbeteiligung
Schweden	790	Staatliches Eigentum	Staatliches Eigentum
Finnland	590	Nicht gestattet	Nicht gestattet
Norwegen	490	Gestattet	Gestattet
Dänemark	290	Nicht gestattet	Bis zu vier Apotheken
Slowenien	230	Nicht gestattet	Nicht gestattet
Quelle: OTC Distribution in Europe, the 2005 edition, James Dudley Management			

Abb. 6: Bestimmungen des Apothekenbesitzes in Europa

Wie in der Abbildung erkennbar, lassen Großbritannien, Belgien, Norwegen, die Niederlande, Polen, die Schweiz und die Tschechische Republik Apothekenketten zu. Schon jetzt gehört ungefähr jede vierte Apotheke in diesen Ländern zu einer Apothekenkette. Jedoch setzt sich die Kettenbildung in dem jeweiligen Pharmaeinzelhandel auf unterschiedlichem Niveau durch. In Deutschland wurde durch die Neuregelung des GMG der Apothekenmarkt für eine (noch eingeschränkte) Kettenbildung geöffnet. Dennoch bleibt das Fremdbesitzverbot weiterhin bestehen.

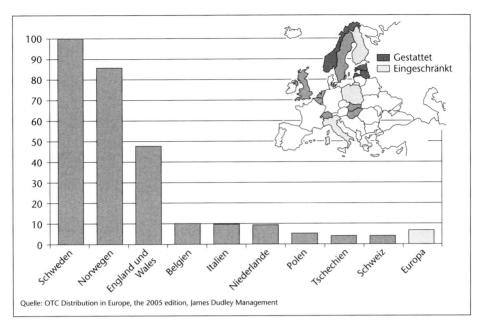

Abb. 7: Prozentualer Anteil und Verteilung der Apothekenketten in Europa

In Italien sind die Apothekenketten im Besitz von Städten und Gemeinden. Nur wenige Ketten hat der italienische Großhandel bereits durch Vorwärts-Integration erschlossen.

In Schweden wird der gesamte Apothekenmarkt staatlich kontrolliert. Alle Apotheken sind Teil der staatlichen Vertriebsgesellschaft „apoteket", die neue Abgabestellen nach Bedarf errichtet.

In Russland sind Apothekenketten vor allem in den großen Städten verbreitet und haben einen steigenden Anteil am Pharmaeinzelhandel.

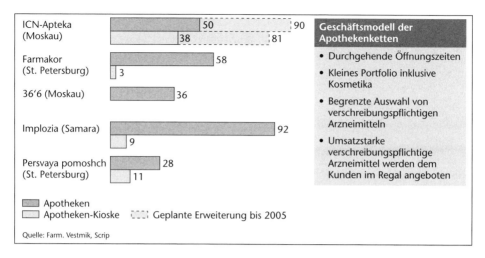

Abb. 8: Die größten Apothekenketten Russlands (nach Apothekenanzahl), 2001

Auch in England haben in den letzten Jahren Apothekenketten immer mehr an Bedeutung gewonnen und ihren Marktanteil kontinuierlich bis auf ca. 50 Prozent des Gesamtmarktes ausgebaut. Heute sind 27 Prozent der stationären Apotheken Teil der drei führenden Apothekenketten Lloydspharmacy, Boots the Chemists und Moss Chemists.

Führende Apothekenketten	Anzahl der Apotheken
Lloydspharmacy (Celesio)	1322
Boots the Chemists	1304
Moss Chemists (Alliance UniChem)	789
L. Rowland und Co.	348
National Co-Operatives Chemists	294
Superdrug	224
Tesco	195
Sainsbury	116
Cohens Chemist Group	107
Safeway	107
Asda	81
Andere (kleine Ketten und unabhängige Apotheken)	7311
Quelle: AESGP, 2004	

Abb. 9: Apothekenketten in Großbritannien

Bemerkenswert in Großbritannien ist vor allem die vertikale Integration von Celesio mit Lloydspharmacy und Alliance Unichem mit Moss Chemists. Großhändler sind damit auch im Pharmaeinzelhandel in Großbritannien Marktführer.

Eine weitere Entwicklung in diesem Bereich ist der Zusammenschluss unabhängiger Apotheken zu virtuellen Apothekenkooperationen im Sinne von Einkaufsgemeinschaften. Mit Ausnahme von Großbritannien sind virtuelle Apothekenkooperationen in anderen EU-Mitgliedstaaten erst durch die zunehmende Deregulierung im Pharmahandel entstanden. Die größte virtuelle Apothekenkooperation Europas ist die deutsche MVDA/Linda mit fast 3 000 Apotheken, die vor 12 Jahren durch den Großhandel Phoenix gegründet wurde. Weitere bedeutende Zusammenschlüsse sind die von Gehe/Celesio gesponserte „Commitment" mit 2 200 Mitgliedern und die von Sanacorp unterstützte „Meine Apotheke" (1 350 Mitglieder). Durch Nutzung von Synergien, besonders im Einkauf, sind diese Kooperationen für Pharmagroß- wie -einzelhandel von Vorteil.

Auch in anderen europäischen Ländern hat der Großhandel über Bildung von Apothekenkooperationen seinen Einfluss auf den Pharmaeinzelhandel verstärkt.

Land	Apothekengruppe	Sponsor/Eigentümer
Baltische Staaten	Apteek	Phoenix
Frankreich	Pharmactive	Celeio/OCP
	Alphega	Alliance UniChem
Deutschland	Commitment	Celesio
	MVDA/Linda, Midas	Phoenix
	Meine Apotheke	Sanacorp
	Vivesco	Anzag
	EMK	Von der Linde
	Parmapharm	Unabhängige Kooperation
Italien	Alphega	Alliance UniChem
	SPEM	Phoenix
Niederlande	Extra Apotheek	OPG
	Kring	Alliance UniChem
Norwegen	Selmos Valstine	Phoenix
Schweiz	Winconcept	Galenica
Großbritannien	Numark	Phoenix
	Vantage	Celesio/AAH
	Pharmacy Alliance	Alliance UniChem

Quelle: OTC Distribution in Europe the 2005 edition, James Dudley Management

Abb. 10: Virtuelle Apothekenkooperationen in Europa

Eine weitergehende Kooperation zwischen den Apotheken bietet das Franchise-Konzept „AVIE" der Gruppe „Sympateam" in Deutschland. Diesem erst seit wenigen Jahren bestehenden Franchise-System gehören 25 Apotheken an. Der Trend zur Filialisierung in der deutschen Apothekenlandschaft zeigt sich an der relativ höheren Neugründungsrate von Filialapotheken im Vergleich zu unabhängigen Apotheken. Diese Entwicklung findet ihre Hauptursache in den Neuregelungen der GKV.

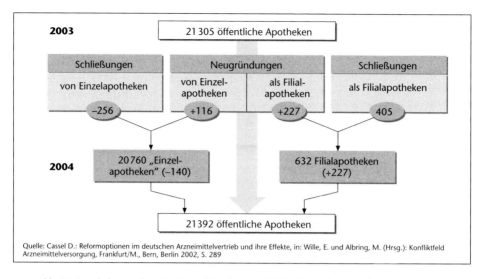

Abb. 11: *Apothekenstruktur in Deutschland – Anzahl der Apotheken – mehr Betriebsstätten*

Europaweit lässt sich eine sinkende Anzahl der unabhängigen Apotheken feststellen. Während 2002 noch ca. 93 Prozent der Apotheken selbständige Unternehmen bildeten, sind sie innerhalb von zwei Jahren auf ca. 90 Prozent gesunken.

Liberalisierung der Gesetzgebung

Neben dem wachsenden Verlust der Unabhängigkeit werden die Apotheken auch durch zunehmende Konkurrenz außerhalb der klassischen pharmazeutischen Supply Chain in ihrer Bedeutung geschwächt. Auf europäischer Ebene werden Vertriebswege im Massenmarkt durch Liberalisierung und Deregulierung weiter erschlossen, z. B. durch die Erweiterung der allgemeinen Verkaufsliste (General Sale List). Dadurch wird sich der Verkauf vor allem von OTC-Produkten weiter in den Massenmarkt verlagern.

In Frankreich werden solche Vertriebswege außerhalb der Apotheke bereits von der Bevölkerung akzeptiert. Die Gesundheitszentren oder so genannte „Parapharmacies" besitzen keinen gesetzlichen Apothekenstatus, werden jedoch von Pharmazeuten geleitet und bieten eine große Anzahl von Produkten mit zusätzlichem gesundheitlichen Nutzen an, z. B. Vitamine, Antiseptika und Produkte, die aufgrund ihrer Inhaltsstoffe als Arzneimittel angesehen werden (z. B. 70-prozentiger Alkohol, Hydrogenperoxid). In der Regel sind sie Teil von Supermärkten oder bilden neue, unabhängige Geschäfte, die häufig unter einer Dachmarke vereinigt sind.

Auch in Deutschland dürfen bestimmte nicht-verschreibungspflichtige Arzneimittel über andere Vertriebskanäle im Markt platziert werden. Diese umfassen ungefähr 19 000 Drogerien (v. a. Schlecker, dm, Müller, Rossmann), 2 500 Reformhäuser und weitere 7 500 andere Handelsstellen (Lebensmitteleinzelhandel, „Hypermärkte"). Mit ca. einem Prozent des Umsatzes in der Pharmadistribution befindet sich der Vertrieb von OTC-Produkten über diese Kanäle in Deutschland jedoch noch in einer Entwicklungsphase.

In Großbritannien haben andere Vertriebsmöglichkeiten für OTC-Produkte eine zentrale Bedeutung erlangt. Supermärkte, Drogerien und „health food stores" stehen für inzwischen 80 Prozent des Marktgeschehens in diesem Segment.

Auch im niederländischen Pharmaeinzelhandel gibt es eine starke Konzentration von Ketten. Die drei Hauptakteure (Kruidvat, DA und Etos) vereinen 90 Prozent des Marktes auf sich.

Neue Vertriebswege/Internet

Die Liberalisierung im Bereich der Arzneimitteldistribution schließt auch die Öffnung weiterer Vertriebskanäle wie den Internet- und Versandhandel ein. Aufgrund des Beschlusses des europäischen Gerichtshofs ist der Fernabsatz von Arzneimitteln (Internethandel) gestattet. Jedoch ist diese Richtlinie erst teilweise in nationales Gesetz umgewandelt worden. Daher ist das Internet noch von geringer, aber wachsender Bedeutung als Konsumentenzugang zu Gesundheitsprodukten und gesundheitlichen Informationen.

In der Schweiz und in den Niederlanden sind Versandapotheken schon seit Ende der 90er Jahre gesetzlich zugelassen. MediService, Media Line und die Apotheke zur Rose sind seit Jahren im Versandhandel von Medikamenten tätig. MediService und Media Line beruhen auf dem gleichen Geschäftskonzept. Nach diesem initiiert der Patient Bestellung und Lieferung seiner Arzneimittel per Post bei einer Zustellungsdauer von ca. zwei bis vier Tagen. Die Apotheke zur Rose hingegen arbeitet auf vertraglicher Basis mit selbst dispensierenden Ärzten zusammen, die wiederum ihre Bestellung elektronisch an die Apotheke weitergeben. Alle Geschäftskonzepte konnten sich trotz teilweiser staatlicher Förderung im Markt nicht wie erwartet durchsetzen, und demzufolge konnten die erhofften Kosteneinsparungen der Krankenkassen und Versicherungen von 10 bis 15 Prozent nicht realisiert werden.

Auch in den Niederlanden gibt es einige internetbasierte Drogerien und Apotheken, die einen Versandhandel von OTC-Produkten anbieten. Seit 2003 muss dort eine internetbasierte Apotheke oder Drogerie nicht mehr an eine stationäre Apotheke gekoppelt sein. Die OTC-Präparate müssen lediglich separat von anderen Produkten präsentiert werden.

Ein weiteres bekanntes Beispiel für den Fernabsatz von Arzneimitteln ist die niederländische Versandapotheke DocMorris, die sich insbesondere um deutsche Patienten bemüht. DocMorris ist nicht an die in Deutschland geltenden Rezeptgebühren und Zuzahlungen bei Kassenpatienten gebunden und hat daher durch die resultierenden günstigeren Preise Wettbewerbsvorteile in Deutschland. In den Niederlanden selbst wird der Versandhandel von der Bevölkerung nur in geringem

Ausmaß angenommen. Aus diesem Grund schlugen auch in der Vergangenheit unternommene Versuche anderer Versandhändler fehl. So bot z. B. James Telesupper einen Versandhandel von Arzneimitteln über Katalog-Bestellungen an. Aufgrund mangelnder Nachfrage nahm das Unternehmen von diesem Projekt wieder Abstand.

Auch in Frankreich konnte sich der Versandhandel von nicht verschreibungspflichtigen und nicht erstattungsfähigen Arzneimitteln aufgrund des sehr gut ausgebauten Apothekennetzwerkes und der Komplexität des französischen Distributionssystems bisher nicht durchsetzen.

In Großbritannien sind Versandhandel und Teleshopping für OTC-Produkte und für Nahrungsergänzungsmittel/Lebensmittel zugelassen, in der Praxis jedoch von untergeordneter Bedeutung. Auch wenn die Regierung einen Standard für die professionelle Handhabung („good professional practice") der Pharma-Services im Internet etablierte, zeigte dies keine positiven Auswirkungen auf den Fernabsatz von Arzneimitteln.

Parallelhandel von Arzneimitteln

Aufgrund der Unterschiede bei Preisniveaus und Erstattungsregelungen zwischen den einzelnen EU-Mitgliedstaaten sind Parallelimporte nach wie vor lukrativ. Durch die nationalen Reglementierungen in der Preisfestsetzung, entsteht ein Preisgefälle zwischen den Ländern. Auch durch die EU-Erweiterung kam es zunächst zu einem weiteren Anstieg der Parallel- bzw. Reimporte. Sie erreichten in 2003 ca. 5 Mrd. Euro p. a. (zu Herstellerabgabepreisen), d. h. sie entsprechen etwa 5 Prozent des Pharmamarktes in Europa. Besonders Großbritannien, Dänemark und die Niederlande sind vom Parallelhandel betroffen.

	1999	2000	2001	2002
Schweden (SEK Mio.) (% des Marktes)	1 402 7,7 %	1 732 8,6 %	2 011 9,3 %	2 309 10,1 %
Dänemark (DKK Mio.) (% des Marktes)	700,3 10 %	781,4 10,2 %	835,5 9,9 %	917,2 9,7 %
Deutschland (EUR Mio.) (% des Marktes)	331,1 2,3 %	504 3,2 %	800,3 4,7 %	1 296,3 7,01 %
Griechenland (EUR Mio.) (% des Marktes)	173,7 10,7 %	308,1 16,5 %	514,3 24,4 %	556,7 21,6 %
Niederlande (EUR Mio.) (% des Marktes)	274 14,5 %	365 13,5 %	424 14,3 %	456 14 %
Großbritannien (GBP Mio.) (% des Marktes)	633 11,9 %	749 13,6 %	1 076 17,1 %	1 346 19,8 %

Anmerkungen: In Frankreich, Italien, Portugal und Spanien sind keine Daten über Parallelimporte und -exporte erhältlich. Daten für Griechenland beziehen sich auf Parallelexporte, Daten für 2002 beruhen auf Schätzungen, Prozentangaben beziehen sich auf den Einzelhandel. In Großbritannien gibt die offizielle Behörde, die Prescription Pricing Authority, keine Parallelimporte an.

Quelle: INFRAS/BASYS

Abb.12: Marktwert der Parallelimporte (bzw. -exporte) von Arzneimitteln und ihr Anteil (Prozent) am Pharmamarkt in ausgewählten EU-Mitgliedstaaten.

Folge des Parallelhandels ist neben dem Umsatzverlust der Hersteller die Unterversorgung einzelner Länder mit Medikamenten. So wurden z. B. 16 Prozent der in Griechenland verkauften Arzneimittel von Händlern aufgekauft und in höherpreisige Märkte wie Großbritannien und Deutschland reimportiert. Andere Länder wie Finnland verlangen aus diesem Grund ein Zertifikat für Parallelimporteure, dass diese zum Verkauf der Arzneimittel durch die Zulassungsinhaber des Original-Arzneimittels berechtigt sind. Dies betrifft insbesondere Parallelimporte aus den neuen EU-Ländern Lettland, Litauen, Polen, Slowakei, Slowenien, Tschechische Republik, Ungarn und Estland.

Zusammenfassend ist überall in Europa eine Liberalisierung der Strukturen im Arzneimittelvertrieb festzustellen, die vor allem durch Kostensenkungsmaßnahmen der jeweiligen nationalen Gesundheitssysteme getrieben wird. Daraus ergeben sich folgende Konsequenzen:

- Konzentration des pharmazeutischen Großhandels über europäische Grenzen hinweg mit einer steigenden vertikalen Integration in den Handel
- Graduelle Deregulierung der pharmazeutischen Supply Chain hinsichtlich Apothekendichte und Apothekenbesitz
- Wachsende Bedeutung der Internetapotheke als neu entstehender Vertriebskanal
- Schnelles Wachstum großer „virtueller" Apothekenketten besonders in Deutschland, der Schweiz und den Niederlanden
- Erweiterung der General Sale List (GSL) für OTC-Produkte mit einem Abwandern von Arzneimitteln zur Selbstmedikation
- Radikale Reformen zur Erstattungsfähigkeit von verschreibungspflichtigen und nicht-verschreibungspflichtigen Arzneimitteln
- Aufhebung der Einzelhandelspreisbindung von Arzneimitteln in den Apotheken

11 Außendienststruktur abhängig von Portfolio, Produkt-Lebenszyklus und Markt

Michael C. Müller

Die Balance zwischen Werbung und Außendienst verschiebt sich erneut   211
Möglichkeiten zur Steigerung der Außendienst-Effizienz   212
Außendienstbesonderheiten in den Ländern   216
Ausblick   223

Der Außendienst hat sich in den letzten Jahren zu einem der wichtigsten Instrumente, wenn nicht dem wichtigsten Instrument, im Pharmamarketing entwickelt. In der Dekade der „Blockbuster" hat sich der „share of voice" zu der zentralen Bezugsgröße entwickelt, nach der Erfolg und Misserfolg in der Positionierung von pharmazeutischen Produkten im Markt, beim Arzt als dem Verordner und in Teilen auch beim Patienten direkt beurteilt werden.

In den vergangenen fünf Jahren haben die TOP 10 der pharmazeutischen Unternehmen ihre Außendienstkapazitäten um 60 bis 85 Prozent aufgerüstet, um diesen Wettlauf um Besprechungszeit beim Arzt zu gewinnen. Natürlich ist diese Maximierung von Außendienst mit hohen Kosten für die Unternehmen verbunden, so dass sie gerade aktuell zunehmend in die Kritik gerät:

Unternehmen	Wachstumsrate in %
Novo Nordisk	240 %
Roche	110 %
Sanofi Synthelabo	107 %
Novartis	100 %
Aventis	80 %
GSK	60 %
Astra Zeneca	50 %
Schering	– 30 %
Quelle: Datamonitor	

Abb. 1: Wachstumsrate der Außendienstler 1996–2000

Wettbewerb um die Besprechungszeit
Zum einen steigt über die ständig wachsenden Außendienstgrößen natürlich der Wettbewerb um die Besprechungszeit beim Arzt. Die Zeit, die Ärzte den Außendienstmitarbeitern widmen, ist nicht beliebig – im Zweifel gar nicht – steigerbar. Der Außendienst steht also letztlich im Wettbewerb mit anderen Außendiensten um die gleiche Zeit, und die geht damit zu Lasten der Besprechungszeit anderer Produkte (auch der des eigenen Unternehmens) im Sinne einer Verdrängung.

Verbesserte Selektion
Eine verbesserte Selektion von Top-Verordnern führt letztendlich auch zu einer deutlich steigenden Besuchsfrequenz der immer gleichen Ärzte.

Außendienstlinien
In einem Gebiet parallel aufgestellte Außendienstlinien besuchen in einigen Ländern die gleichen Ärzte, so dass Ärzte teilweise sogar an einem Tag von verschiedenen Mitarbeitern des gleichen pharmazeutischen Unternehmens besucht werden. Eine Tatsache, die sich trotz stetig steigender Qualität der Außendienstinformations- und CRM-Systeme (Customer Relationship Management) nach wie vor noch nicht hat abstellen lassen.

Die Balance zwischen Werbung und Außendienst verschiebt sich erneut

Nachdem erst kürzlich einige der großen und hoffnungsvollen Blockbuster aufgrund unerwartet schlechter Nebenwirkungsprofile vom Markt genommen werden mussten oder zumindest teilweise Rückschläge, was die Erreichung der erwarteten Peak-Sales betrifft, haben hinnehmen müssen, werden zurzeit große Umstrukturierungen in den Außendiensten der multinationalen Unternehmen diskutiert. So hat beispielsweise Pfizer, die Nummer eins der Industrie, angekündigt, unter Umständen bis zu 25 Prozent der weltweit 38 000 Außendienstmitarbeiter abbauen zu wollen.

Auch die sich ständig verbessernden Möglichkeiten, eng und präzise definierte Zielgruppen zu selektieren, und die vermehrte Nutzung von e-Detailing – also der elektronisch unterstützten Besprechung der Produkte – werden in den nächsten Jahren zu nicht weiter steigenden Außendienstgrößen führen.

In einer in den Jahren 1998 bis 2001 von Datamonitor durchgeführten Analyse der 14 größten Pharmaunternehmen wiesen diese Unternehmen eine Kosten-Ratio von Außendienst/Werbung von 2,0–0,5 auf. D. h. die großen Unternehmen haben in diesen Jahren zum Teil viermal so viel für Außendienst ausgegeben wie für andere Werbemaßnahmen. Dabei konnte aber eine Abhängigkeit von niedrigen Außendienstkosten zu hohen Returns on Investment (ROI) festgestellt werden. Die Unternehmen, die vergleichsweise weniger in Außendienst und mehr in direkte Werbemaßnahmen investiert hatten, zeigten sich in dieser Analyse erfolgreicher, d. h. wiesen vorteilhaftere ROIs auf.

In einem von uns in 2004 durchgeführten Survey an 15 großen pharmazeutischen Unternehmen in 25 europäischen Ländern fanden wir für die durch Außendienst und durch Werbung veranlassten Kosten ein Verhältnis von insgesamt (über alle Linien) fast 1:1. Abhängig von der Zielgruppenspezialisierung stiegen die Außendienstkosten auf bis zu 58 Prozent der Gesamt-Marketingkosten (Herz-Kreislauf) oder waren, bei kleinen Klinik- oder Nischenaußendiensten, nur bei 27 Prozent (Onkologie).

Maßnahme	Gesamt	Kardiovaskulär	Onkologie	ZNS	Metabolisch	Andere (OTC)
Sales force	46 %	58 %	27 %	40 %	57 %	45 %
Journalwerbung	4 %	6 %	2 %	6 %	5 %	5 %
Ärztemeetings/Events	12 %	15 %	13 %	19 %	13 %	14 %
Kongresse	11 %	6 %	17 %	14 %	10 %	9 %
DTC	3 %	1 %	0 %	0 %	5 %	15 %
Studien	15 %	7 %	36 %	17 %	6 %	10 %
Leave-behinds	4 %	5 %	2 %	3 %	3 %	0 %
Andere	4 %	2 %	3 %	1 %	1 %	2 %
Quelle: MCM-Analyse						

Abb. 2: Kostenrelation von Außendienst zu anderen Werbemaßnahmen in 25 Länderorganisationen anhand ausgewählter Unternehmen

Außendienstgrößen der USA (2003)	
AHP	3 800
Akzo Nobel (Organon)	1 400
AstraZeneca	6 000
Aventis	4 500
Bayer	1 650
BMY	5 500
Eli Lilly	3 700
Forest Labs	1 425
Genentech	470
GSK	8 000
Johnson & Johnson	5 000
Merck	6 500
Novartis	4 575
Novo Nordisk	600
Pfizer (gesamt)	8 300
Pharmacia	3 800
Roche (ex Genentech)	2 400
Sanofi-Synthelabo	1 155
Schering AG	600
Betrachtete Unternehmen	74 505
Vertragsaußendienstler	9 750
Pharma-Außendienst in den USA	80 000
Quelle: MCM-Analyse	

Abb. 3: Außendienst-Organisationen in den USA und in anderen Ländern haben eine maximale Größe erreicht.

Insgesamt haben die großen Unternehmen, wie die gesamte Branche, in den letzten Jahren rückläufige Profite zu verzeichnen, was zu einem Überdenken der Kostenstrukturen und Marketingstrategien geführt hat. In der o. g. Studie konnte gezeigt werden, dass die führenden 14 Unternehmen der Branche in den Jahren 1998 bis 2001 einen Anstieg der durch das Marketing veranlassten Aufwendungen um 32 Prozent und einen Anstieg der Detailing-Aufwendungen (Außendienst) um 21 Prozent zu verzeichnen hatten, sich der Umsatz aber nur um 15,8 Prozent steigern ließ, was konsequenterweise zu einer Abnahme des Ertrags führte.

Möglichkeiten zur Steigerung der Außendienst-Effizienz

Vor dem Hintergrund sich verschlechternder Margen, der zunehmenden Bemühungen aller westlichen Gesundheitssysteme, die Kosten im Gesundheitswesens massiv zu senken, und eines nicht weiter zu steigernden „share of voice" – aufgrund bereits maximal großer Außendienstlinien – haben die Unternehmen in den letzten Jahren erneut begonnen, vermehrt auf die Effizienz, mehr als auf die reine Größe, des Außendienstes zu schauen. Grundsätzlich bieten sich dazu zwei Möglichkeiten: Qualität und Struktur.

Nach Angaben von befragten Ärzten schätzen diese den Besuch des Außendienstmitarbeiters in qualitativer Hinsicht, wenn er:

- über gute und umfassende Kenntnis zum Produkt verfügt,
- ein profundes Wissen zu den relevanten Erkrankungen hat,
- die wichtigen Fakten zum Produkteinsatz, gerade bei multimorbiden Patienten, kennt,
- über wissenschaftliche Studien, die den Produkteinsatz unterstützen, verfügt.

Größe und Struktur

Größe und Struktur eines pharmazeutischen Außendienstes hängen von verschiedenen Einflussfaktoren ab. Der Lebenszyklus der besprochenen Produkte, die Reife des jeweiligen Marktes, das Gesamt-Portfolio eines jeden Unternehmens, das es zu besprechen gilt, wie auch die Bedingungen und kulturellen Anforderungen des jeweiligen Marktes und Gesundheitssystems haben einen starken Einfluss auf beide Stellgrößen.

Eigene Interviews mit Pharma-Managern (General Manager, Vertriebsleiter in 25 EU-Ländern) haben ergeben, dass die einem Produkt zugewiesenen Außendienstkapazitäten unmittelbar bei Produkteinführung (Launch) am höchsten sind. Dies wird auch durch Untersuchungen Dritter gestützt, die zu ähnlichen Ergebnissen kommen.

Bereits rund zwei Jahre nach Launch wird die Außendienstkapazität in der Regel bereits auf ca. die Hälfte reduziert, um dann gegen Ende der Patentlaufzeit weitere 30 bis 50 Prozent nach unten angepasst zu werden.

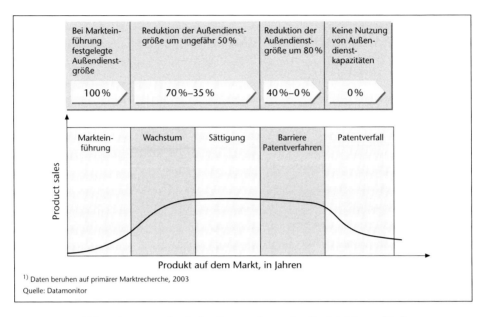

Abb. 4: Anpassung der Außendienstgrößen an den Produktlebenszyklus[1]

Grundsätzlich wird die Frage nach der richtigen Außendienstgröße und Struktur heute über eine standardisierte Analyse-Kaskade von bestimmten Parametern beantwortet. Dabei wird zunächst gefragt, welche Zielgruppe erreicht werden soll. Danach wird aus der gesamten Zielgruppe die Gruppe der wirklich relevanten Kunden selektiert (nach Potenzial). Über die Besuchsfrequenz, in Abhängigkeit von der jeweiligen Arztgruppe und Fachdisziplin, und die Besprechungs-Position des Produktes ergibt sich die Gesamtzahl der „gewichteten" Besprechungs-Kontakte (Zeit). Die Frequenz unterliegt dabei durchaus kulturellen Unterschieden und kann nicht für alle europäischen Länder gleich angenommen werden.

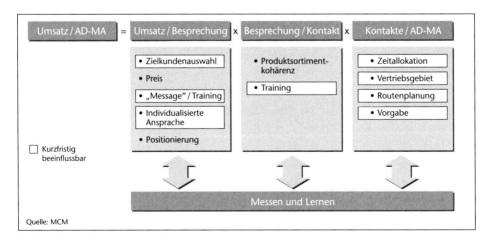

Abb. 5: Zur Optimierung der Außendiensteffizienz müssen die Hebel im Einzelnen überprüft werden.

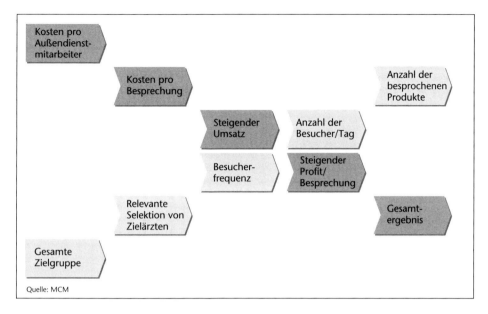

Abb. 6: Zur Betreuung vom Außendienstgröße und -struktur müssen eine Reihe von Stellgrößen definiert und berechnet werden.

Demgegenüber stehen die relativen Kosten der Besprechung des jeweilgen Produktes, die über die durch die Besprechung erzielten „Mehrverordnungen" (sog. incremental sales) zur jeweiligen Gesamt-Kosten/Nutzen-Betrachtung führen. Über den vorgegebenen „profit per call" (Gewinn pro Produktbesprechung) kann dann die Größe und Struktur jeweils unter Abstimmung mit dem übrigen Portfolio titriert werden.

	Zielgruppen	Organisation intern	Organisation extern
	Sales Excellence		

Qualitativ	■ Segmentierungskriterien
	■ Besprechungspriorität
	■ Qualität der Besprechungen
	■ Vorbereitung/ Nachhalten von Aktionen/ Veranstaltungen
		■ Routenplanung
		■ Schnittstellen
		  – Marketing
		  – AD-Controlling
		  – AD-Services
		  – Customer Services
		■ Know-how-Transfer/ Know-how-Management
		■ Trainingsaktivitäten/ Ausbildung
		■ Anzahl und Gestaltung der Cycle-Meetings
			■ Qualität Außendienstinformationssysteme
			  – Daten/Auswertung
			  – Information/Services
			  – Training
			■ Qualität externer Dienstleister (Telefon-Marketing-Agenturen, Leihaußendienste)
			  – Adressverwaltung
			  – Zielgruppensegmentierung
			  – Auswertungen

	Sales Effizienz		

Quantitativ	■ Stärke (Besetzung der Gebiete) der Vertriebsmannschaft im Vergleich zum Wettbewerb
	■ Überprüfung der Segmentierungsvorgaben (intern)
	■ Marktpräsenz bei Top-Verordnern/Apotheken
	  – Source-Daten (NDC)
	  – GPI-Besprechungszahlen
	  – Apothekenpanel (NDC)
		■ Entlohnungssysteme
		■ Prämiensystem
		■ Incentivprogramme
			■ Quantitative Auswertungen z. B. Outsourcing-Kosten
			■ Outcome-Analysen

Quelle: MCM			

Abb. 7: Neben Außendienstgröße und -struktur gilt es eine Reihe interner und externer Effizienz-Parameter zu messen und zu kontrollieren.

Außendienstbesonderheiten in den Ländern

Bei der Frage nach der geeigneten Außendienstorganisation im jeweiligen Land stellt sich neben den oben beschriebenen „rechnerischen" Betrachtungen zunächst die Frage nach den Bedingungen im jeweiligen Gesundheitssystem.

Großbritannien

Beispielsweise ist der englische Markt ein stark von General Practitionern (Allgemeinmedizinern) geprägtes System. Pharmazeutische Unternehmen weisen in der Regel mehr als 80 Prozent ihrer Außendienstkapazität dieser Zielgruppe zu. Dabei sind die Aktivitäten in eher kleinen (40 bis 60 Mitarbeiter), parallel zueinander agierenden Außendienstlinien geordnet, die ihre Zielgruppen an Besuchsärzten in Abhängigkeit von Therapieschwerpunkten selektieren. Die auf die Spezialisten (Fachärzte mit Spezialisierung in einem Fachgebiet, z. B. Kardiologie, Urologie etc.) gerichteten Außendienstaktivitäten sind dabei mit den Klinikaußendiensten eng verzahnt oder übernehmen parallele Aufgaben, im Gegensatz zu den Strukturen in anderen europäischen Ländern.

Die regionale Zuordnung und Segmentierung der Außendienstmitarbeiter folgt dabei dem britischen System der autonomen Regionen, die auch ihr Gesundheits- und Arzneimittelbudget autonom verwalten. Die größte Dichte an Außendienstaktivitäten findet sich erfahrungsgemäß im Ballungsraum London und im Süd-Osten des Landes.

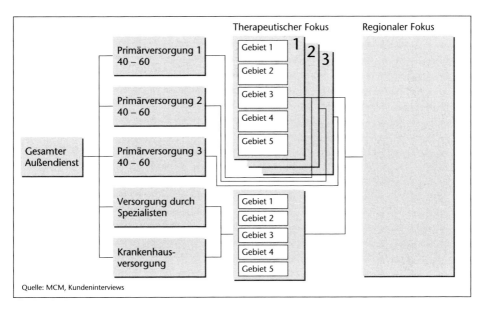

Abb. 8: Die typische britische Außendienstorganisation sichert die Dominanz der Primärversorgungsbereiche (GPs) durch entsprechende Mitarbeiter-Gerüste ab.

Merck KGaA, die ein Portfolio geprägt durch Herzkreislaufprodukte, lokale gynäkologische Produkte und hoch innovative Onkologie-Produkte besprechen, gliedert beispielsweise die eigenen Außendienstaktivitäten in Großbritannien in vier Linien:

- General Practitioner   45 ADM
- GP-Hospital   45 ADM
- Technical Hospital (KOLs)   18 ADM
- Onkologie   10 ADM

Apothekenbesuche spielen aufgrund der Praxis, den INN-Namen und nicht das Brand (Warenzeichen) zu rezeptieren, eine durchaus signifikante Rolle. Zwei bis drei Apothekenbesuche pro Woche sind auch für Außendienstler mit ethischem (Rx) Besprechungsportfolio durchaus die Regel.

Daneben spielt auch die typisch britische Besonderheit der verschreibenden Krankenschwestern (dispensing nurses, study nurses), die an Zahl und Einfluss in den nächsten Jahren aufgrund des immensen Kostendrucks, der auf dem System liegt, noch zunehmen werden, eine Rolle in der Strukturierung der Außendienst-Aktivitäten.

Eine weitere Besonderheit findet sich im britischen Generika-Außendienst. Er besteht in der Regel aus wenigen Key Accountern (drei bis zehn Mitarbeiter), die die großen Apothekenketten und Einkaufsverbände betreuen und quasi keinerlei Besuchsaktivität beim Arzt als möglichem Zielkunden erbringen.

Frankreich

Das primäre Kriterium für die strukturelle Gliederung der Außendienstaktivitäten in Frankreich ist zwischenzeitlich für die meisten Unternehmen die relevante therapeutische Zielgruppe geworden. Sie bestimmt in erster Linie Größe und Struktur des Außendienstes – nicht wie früher die regionale Aufteilung. Dabei kommt dem Spezialisten (Facharzt) als Zielgruppe in Frankreich eine höhere Bedeutung als in den meisten anderen europäischen Märkten zu. Kardiologen, Gastrologen und Neurologen/Psychiatern wird in Frankreich eine besondere Aufmerksamkeit bei der Verteilung der Außendienstkapazitäten zuteil, da sie über ein überdurchschnittlich hohes Verschreibungspotenzial verfügen.

Außendienststruktur abhängig von Portfolio, Produkt-Lebenszyklus und Markt

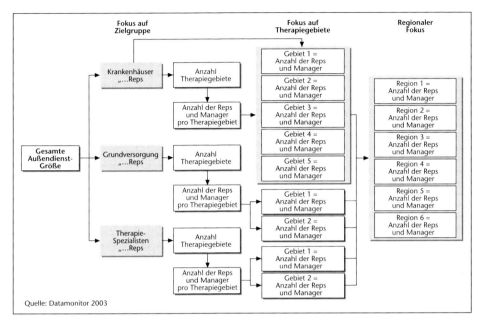

Abb. 9: Ein typisches französisches Außendienst-Organigramm

Lilly Frankreich beispielsweise gliedert seine Aktivitäten in:

Linie	ADM	Zielgruppe
GPs	240	20 000
ZNS	120	8 000
Diabetes/Urologie	25	1 500/1 000
Onkologie/Hospital	26	2 500

Aufgrund der hohen Apothekendichte in Frankreich (eine der höchsten in Europa) wird in der Regel ein Apothekenbesuch zusätzlich pro Tag durchgeführt.

Bristol Myers Squibb hingegen strukturiert die eigenen Kapazitäten im Außendienst aufgrund eines völlig anderen Produktportfolios ganz anders. Hier ist der Hauptfokus auf das große Kardiologie- und GP-Portfolio gerichtet:

- GPs   500
- Infektologe/Klinik-Apotheker   40
- Onkologe/Anästhesist   40
- Psychiater/Neurologe   40

Deutschland

Der deutsche Pharmamarkt ist stärker als vielleicht jeder andere europäische Markt ein „Spezialisten-Markt". Das Therapieverhalten der niedergelassenen Praktiker ist stark durch „beeinflussende Fachärzte" im Gebiet geprägt. Entsprechend hat das Kriterium „Facharztgruppe" erste Priorität bei der Strukturierung der Außendienst-Linien. Diese wiederum haben in den letzten Jahren an absoluter Größe immens zugenommen. Auf den ärztlichen Spezialisten gerichtete Linien (z. B. Diabetologen, Neurologen, Orthopäden) sind zwischen 120 bis 180 Mitarbeiter groß. API-Linien (Allgemeinmediziner, Praktiker, Internisten) sind – je nach Größe des Unternehmens – zwischen 250 bis 400 Mitarbeiter stark.

Als gängige Praxis wird versucht, den einzelnen Arzt möglichst von einem fest zugeordneten Mitarbeiter besuchen zu lassen, ohne dass es zu Überschneidungen mit den anderen Linien kommt. Bei den großen Unternehmen mit ihren breiten Produkt-Portfolien ist das allerdings längst nicht mehr möglich. Hier besuchen zum Teil vier bis fünf Mitarbeiter des gleichen Unternehmens den gleichen Arzt mit unterschiedlichen (bei Neueinführungen sogar den gleichen) Produkten. Bei den gerade in Deutschland starken Generika-Anbietern (Hexal, Ratiopharm, Sandoz, Betapharm u. a.) wird auf diese Weise eine fast wöchentliche Besuchfrequenz beim Ziel-Verordner erreicht. Damit unterscheidet sich die Struktur im deutschen Generika-Außendienst auch ganz wesentlich von dem britischen Generikamarkt, der ausschließlich über Key-Account-Vertrieb funktioniert. Deutsche Generika-Außendienste sind bei den führenden Herstellern (TOP 10) zwischen 150 bis 450 Mitarbeiter stark. Dabei kommt in Deutschland heute den Besuchsaktivitäten der Außendienste in den Apotheken eine immer stärkere Bedeutung zu, die 2004 durch die Freigabe einer generellen Aut-idem-Regelung zu der Neu-Positionierung des Apothekers als „dem Entscheider" schlechthin bei der Abgabe eines Generikums geführt hat.

Außendienststruktur abhängig von Portfolio, Produkt-Lebenszyklus und Markt

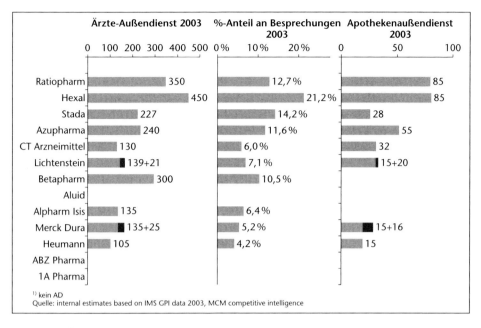

Abb. 10: Überblick der Außendienstgröße verschiedener Pharma-Unternehmen in Deutschland

Schering Deutschland hingegen ist ein Vertreter der „specialized pharmaceuticals", also der spezialisierten, auf kleine Zielgruppen von Fachärzten abgestimmten Produktportfolios, die keine flächendeckende Ausbietung beim API erfordern. Die Außendienststruktur bei Schering Deutschland berücksichtigt mit:

- Gynäkologie (zwei unterschiedliche Linien)   60/37
- Specialized Therapeutics (Neurologie/Kardiologie)   40/11
- Diagn. Imaging (Radiologe/Radiopharmazeutika)   26/8
- Dermatologie   30

echte Nischen-Zielgruppen, „abseits des Kampfes um share of voice" der großen Außendienstlinien, die primär den Allgemeinmediziner und Internisten als Zielverordner besuchen.

Russland

Eine wikliche Ausnahme in den strukturellen Betrachtungen regionaler Pharmamärkte stellt der russische Markt dar. Aufgrund seiner immensen geographischen Größe ist hier in der Regel keine flächendeckende Bearbeitung des Markts – nicht einmal für die ganz großen Unternehmen – darstellbar. Allerdings unterstützt das regionale Verteilungsmuster der Umsätze ein sehr selektives Bedienen des Marktes mit Außendienstkapazitäten. Ein Viertel des pharmazeutischen Umsatzes im russischen Pharmamarkt wird allein im Großraum Moskau generiert. Nimmt man die acht großen Städte, so kann über die Präsenz des Außendienstes allein in diesen acht Ballungsräumen die Besuchsaktivität an ca. 80 Prozent des Umsatzpotentials im russischen Markt sichergestellt werden.

Gesamtumsatz nach Regionen[1]	
Summe	1 074,0
Moskau	247,2
West-Sibierien	108,1
Zentral	102,4
Nördlicher Kaukasus	96,6
Povoljie	93,5
St. Petersburg	80,2
Volga-Region	80,1
Ural	68,3
Central Chernozyomni	63,1
Ost-Sibirien	50,7
Nördliche Region	48,6
Fernöstliche Region	32,2
Nord-westliche Region	3,0
[1] In USD Mio. Quelle: IMS, Kundendaten beispielhaft aufbereitet	

Abb. 11: *Ein Viertel des Arzneimittelumsatzes erfolgt in Moskau.*

Dabei kommt der richtigen Balance und Gewichtung der Außendienstkapazitäten, stark abhängig vom eigenen Produktportfolio, und der Frage, auf welchen regionalen Rückerstattungs-Listen die eigenen Produkte akzeptiert sind, ein besonderer Stellenwert zu. Auch die Frage, ob die Produkte des eigenen Sortiments „Tender" geeignet sind für die großen Einkaufsgesellschaften der Konglomerate (Verteidigungsministerium, Militär, Eisenbahn, Gasprom u. v. a.), wird die relative regionale Gewichtung der Aktivitäten verschieben.

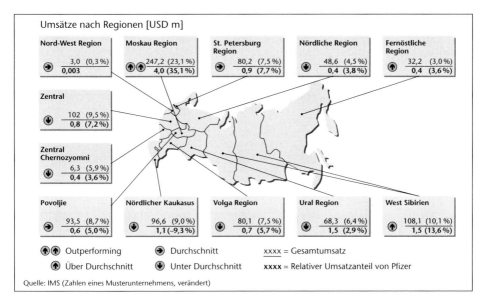

Abb. 12: Die relative Gewichtung der eigenen Außendienstkapazitäten stellt eine zentrale Herausforderung im großen russischen Markt dar.

Ausblick

Bei der Frage der richtigen Strukturen und Größen der Außendienstorganisation hat sich in den letzten Jahren ein standardisiertes Vorgehen bewährt. Während bislang die regionalen Außendienststrukturen häufig durch Produkte und die Regionalen Teams vorgegeben waren, werden diese immer stärker durch „target audience", also die relevante Zielarztgruppe, und „therapeutic area", die therapeutischen Gruppen bestimmt. In einer eigenen Marktstudie, die wir im Jahr 2004 unter General Managern der TOP 25-Firmen in 25 europäischen Ländern durchgeführt haben, zeigt sich dieser Trend deutlich.

Während heute im Durchschnitt noch das jeweilige Produkt und die regionale Zuordnung die Struktur im Außendienst bestimmen, erwarten die Manager für „morgen" eine deutliche Verschiebung zugunsten von Zielgruppe und therapeutischer Klasse.

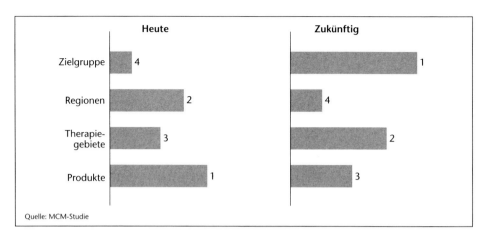

Abb. 13: Frage: Wie gewichten Sie die Bedeutung der folgenden Einflussfaktoren auf die Struktur Ihres Außendienstes?

Letztlich werden sich die Außendienststrukturen natürlich „morgen" wie heute in Abhängigkeit von Land, Portfolio und Produktlebenszyklus stark unterscheiden.

Deutschland		Frankreich		Italien		Polen		Russland		Spanien		Groß-britannien	
▪ Schering AG	212	▪ BMS	620	▪ Pfizer	1200	▪ Pfizer	119	▪ GSK	100	▪ Pfizer	1022	▪ Sanofi Synthelabo	396
▪ Aventis	800	▪ E.Lilly	500	▪ GSK	1228	▪ Merck & Comp.	104	▪ Aventis	170	▪ Novartis	381	▪ Schening Plaugh	419
▪ BI	533	▪ Solvay	320	▪ Novo-Nordisk	130	▪ Servier	198	▪ Servier	180	▪ Roche	279	▪ Schwarz Phama	48
▪ Chugai	18	▪ Allegan	35	▪ Angelini	164	▪ Novartis	135	▪ ICN	60	▪ Bayer	236	▪ Fournier	27
▪ Merckle	150	▪ AventisBehring	8	▪ Piere Fabre	12	▪ GSK	164	▪ E.Lilly	105	▪ UCB	119	▪ Merck KGaA	138
▪ Betapharm	250	▪ Elan	18	▪ Dorom	125	▪ Polfakutno	75	▪ Akrikhin	50	▪ Fournier	80	▪ Mayne	10
▪ Baxter Bioscience	6	▪ Grenthal	12	▪ Merck KGaA				▪ Pfizer	100	▪ ICN	90		
▪ Junapharm	127	▪ BI	320							▪ BMS	376		
▪ Merck KGaA		▪ Merck KGaA								▪ Elan	17		
										▪ Ferring	36		
										▪ Merck KGaA			
Quelle: MCM-Analyse, Datamonitor 2003													

Abb. 14: Außendienstgrößen ausgewählter Unternehmen in europäischen Kernmärkten (2003/2004)

12 Möglichkeiten für eine europäische Pricingstrategie und deren Anforderungen

Ulrich Köstlin

Einführung	226
Preisbestimmende Strukturen bedeutender Pharmamärkte Europas	229
Verwerfungen der Pharmamärkte in Europa	233
Möglichkeiten für eine Preisstrategie in Europa	235
Schlussfolgerungen	242

Einführung

Es könnte so einfach und effizient sein: 450 Millionen Europäer in 25 Staaten Europas sind an den freien Wettbewerb und an den Euro gewöhnt.

Eine Vision: Wettbewerber um die Gunst dieser potenziellen Kunden sind Europäische Aktiengesellschaften. Weder deren Sitzstaaten noch die Zusammensetzung ihrer Mitarbeiter lassen nationalstaatliche Dominanz erkennen. Die Mitgliedstaaten der Europäischen Union haben sämtliche europäischen Gesetze in nationales Recht überführt. Auch die medizinische Versorgung der Europäer erfolgt nach einheitlichen europäischen Regeln. Diese folgen dem Prinzip der Selbstbestimmung und des Wettbewerbs auf allen Ebenen und beteiligen den Patienten möglichst weitgehend an den wirtschaftlichen Entscheidungen im Zusammenhang mit seiner Gesundheit. Pharmaunternehmen und auch andere Gesundheitsdienstleister orientieren ihre Preise daher am Wettbewerb und an der Kaufkraft ihrer Patienten.

Noch muss vieles davon als Vision gelten, die Realität ist eine andere. Derzeitige Überlegungen für eine europäische Preisstrategie müssen deshalb den tatsächlich existierenden und ständig in der Entwicklung befindlichen komplexen Rahmenbedingungen entsprechen. Ausgangspunkt von Überlegungen für eine realistische Preisstrategie müssen die nationalstaatlichen Gesetze und Regelmechanismen sein. Für einen Unternehmer der pharmazeutischen Industrie in Europa bedeutet dies die kontinuierliche Suche nach einer Balance zwischen (je nach Markt/Land) unterschiedlichen ethisch-sozialen, marktwirtschaftlichen und politischen Interessen.

Ungeachtet des gesamtwirtschaftlich überzeugenden und deshalb Europa einenden Prinzips der Freizügigkeit von Personen, Waren und Dienstleistungen gilt für die medizinische Versorgung in Europa noch immer das Prinzip der Subsidiarität, d. h. die europäischen Nationalstaaten haben sich vorbehalten, nach wie vor eigenständig die Regeln zu bestimmen, nach denen die Gesundheit ihrer Bürger gewährleistet werden soll. Dies gilt gleichermaßen für die nationalstaatlich verordneten Regeln, nach denen Angebot und Nachfrage der Medikamentenversorgung und damit auch die Preisbildung in jedem der Mitgliedstaaten der Europäischen Union ausgerichtet sind.

Jeder einzelne Staat in Europa hat jeweils unterschiedliche preisregulierende Strukturen entwickelt, deren Vielzahl und Vielfalt auch mit der Aufzählung in den Abb. 1 und 2 nur typisiert werden können.

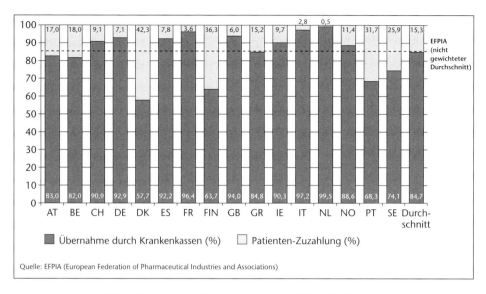

*Abb. 1: Patientenzuzahlung für erstattungsfähige Medikamente
(Apothekenabgabepreis (in %) – 2002)*

Vielfach orientieren sich die Staaten an Globalbudgets für Gesundheit und regeln Preise in Einzelmärkten ausschließlich im Hinblick auf die Globalbudgets.

Den erkennbaren Konflikt zwischen der überstaatlich gewollten Freizügigkeit und den nationalstaatlichen Preisregularien machen sich so genannte Parallel- bzw. Re-Importeure zu Nutze. Die sich ihnen in den marktwirtschaftlich unvollkommenen Märkten Europas – und hier insbesondere im Sektor der Medikamentenversorgung – bietende Arbitrage hat zu einem neuen Wirtschaftszweig geführt, der sich auf Re-Importe spezialisiert hat.

Nach ihren ethischen Grundsätzen fühlen sich pharmazeutische Unternehmer der Patientenversorgung in ganz Europa verpflichtet. Dieses Prinzip wird aber einem ständigen Härtetest unterworfen, wenn Länder wie Griechenland oder Spanien für sich die niedrigsten Preise reklamieren und durch den nachfolgenden Arbitragehandel große wirtschaftliche Verluste für die Unternehmen entstehen. Auch mit einer konsistenten Preisstrategie können Unternehmen diese systembedingten Konflikte nicht lösen, sondern allenfalls abmildern.

Die nachfolgende Kurzeinführung in die preisbestimmenden Strukturen einiger bedeutender Pharmamärkte Europas (ab S. 229) verdeutlicht den Ausgangspunkt für Überlegungen einer möglichen Preisstrategie eines Einzelunternehmens.

Land	Methode	Referenzländer
Deutschland[2]	Preis von Festbetragsgruppen	
Frankreich	gewichteter Durchschnitt von:	DE, ES, GB, IT
Spanien[2]	niedrigster Preis (–10%) von:	DE, FR, GB, IT, AT, BE, DK, SF, GR, IE, NL, PT, SE
Großbritannien	freier Preis bei Markteinführung	
Italien[2]	Durchschnittspreis von:	DE, FR, ES, GB, AT, BE, SF, GR, IE, NL, PT, SE
Österreich	Durchschnittspreis von:	DE, FR, ES, GB, IT, BE, DK, SF, GR, IE, NL, PT, SE
Belgien	Durchschnitt von mit Vorzug für DK, FR, NL	DE, FR, ES, GB, IT, AT, DK, SF, GR, IE, NL, NO, PT, SE
Dänemark	Durchschnittspreis von:	DE, FR, GB, IT, AT, BE, SF, IE, NL, SE, ICE, LI
Finnland	Durchschnittspreis von mit Vorzug für DK, NO, SE, ICE	DE, FR, ES, GB, IT, AT, BE, DK, GR, IE, NL, NO, PT, SE, ICE, LI
Griechenland	niedrigster Preis von:	DE, FR, ES, GB, IT, AT, BE, DK, SF, IE, NL, PT, SE, CH
Irland	niedrigster Preis von GB und Durchschnitt von	DE, FR, GB, DK, NL
Niederlande	gewichteter Durchschnitt von:	DE, FR, GB, BE
Norwegen	Durchschnitt der 3 niedrigsten Preise von:	DE, GB, AT, BE, DK, SF, IE, NL, SE
Portugal	niedrigster Preis von:	FR, ES, IT
Schweden	Durchschnittspreis von:	DE, FR, GB, IT, AT, BE, DK, SF, IE, NL, NO
Schweiz	Durchschnittspreis ab Werk	DE, FR[1], GB, IT[1], AT[1], DK, NL
Tschechische Republik	niedrigster Preis von:	DE, FR, ES, IT, HUN, PL
Ungarn	niedrigster Preis von:	ES, GR, PT
Polen	Durchschnittspreis von mit Vorzug für Gr, PT	DE, FR, ES, GB, IT, AT, BE, DK, SF, GR, IE, NL, PT, SE, CZ, HUN, PL, RUS, SLO, UKR, LIT
Slowakei	Durchschnittspreis von mit Vorzug für CZ	DE, FR, ES, GB, IT, AT, CZ

[1] und andere Länder (Kanada, Schweden, USA) im Falle der Nicht-Lieferbarkeit des Produktes in diesen Referenzländern oder wesentlicher Verzerrungen des Preisniveaus.
[2] Zwangsrabatte.

Abb. 2: Preisbestimmung in Europa nach Referenzländern

Preisbestimmende Strukturen bedeutender Pharmamärkte Europas

Frankreich

Der französische Markt hat einen großen Einfluss auf die Preisfindung der übrigen Staaten in Europa. Da die Preise in Frankreich vergleichsweise niedrig sind, nehmen viele Länder Frankreich als Referenzland zur Festlegung der in ihren Ländern geltenden Marktpreise. Dadurch gewinnt die Preisentscheidung in Frankreich eine zentrale Rolle für die Preisfindung in der Europäischen Union.

Nach erfolgreicher Arzneimittelzulassung durch die Registrierungsbehörde sind Preisverhandlungen mit zwei unterschiedlichen Behörden (Commission de Transparence und Comité Economique des Produits de Santé) erforderlich, bevor ein neues Arzneimittel in Frankreich auf den Markt kommen kann. Diese Verhandlungen können sich über einen Zeitraum von bis zu 18 Monaten erstrecken. Erst wenn Hersteller und die französische Regierung Einigkeit über den erstattungsfähigen Preis erzielt haben, wird das neue Arzneimittel zur Vermarktung freigegeben. Die oft erhebliche Verzögerung der Markteinführung neuer Produkte in Frankreich ist auf die Komplexität der Preisverhandlungen zurückzuführen, die gelegentlich auch über einen Zeitraum von mehreren Jahren zu keiner Einigung geführt haben. Für die französische Regierung ist von Bedeutung, dass sich in dem festgelegten Preis neben den Herstellungskosten des produzierenden Unternehmens der unmittelbare Nutzen des Arzneimittels für den Patienten wiederfindet. Als weitere Faktoren werden Forschungskosten, die für das Produkt in Frankreich eingesetzt wurden, mittelfristige Umsatzerwartungen und entsprechende Preise in anderen Ländern der Europäischen Union zur Preisfindung in Betracht gezogen. In einigen Fällen haben Unternehmen mit Erfolg Produkte außerhalb der Erstattung eingeführt, um ihr europäisches Preisniveau nicht zu gefährden. Bei Konkurrenz mit erstatteten Präparaten sind dabei allerdings erhebliche Mengeneinbußen hinzunehmen.

Eine prominente Rolle im Erstattungsprozess haben in Frankreich gesundheitsökonomische Studien gewonnen, die in der Commission de Transparence zur Bewertung der wirtschaftlichen Auswirkungen eines neuen Arzneimittels auf das Gesundheitssystem herangezogen werden.

Zur Reduzierung der Kosten im Gesundheitswesen wird von der französischen Regierung die Abgabe preisgünstiger Generika unterstützt und gefördert. Zu diesem Zweck wurde für Apotheker eine Liste mit generischen Arzneimitteln herausgegeben, nach der Originalpräparate durch äquivalente Generika substituiert werden sollen.

Im September 2002 kündigte der französische Gesundheitsminister an, innerhalb der nächsten drei Jahre 835 als „ineffizient" deklarierte Arzneimittel aus der Erstattung zu streichen. Zusätzlich sollen Originalpräparate, zu denen es bereits ein Generikum gibt, nur noch bis zum Preis des kostengünstigeren Generikums erstattet werden. Patienten wird aber weiterhin die Möglichkeit gegeben, auf das Originalpräparat zurückzugreifen, sofern sie sich bereit erklären, die Differenz selber zu tragen.

Deutschland

Im Gegensatz zu den meisten anderen europäischen Ländern konnten bis vor kurzem die Preise patentgeschützter Arzneimittel in Deutschland vom Hersteller festgelegt werden. Nicht erst mit der 2004 erfolgten Gründung des dem englischen National Institute of Clinical Excellence (NICE) nachempfundenen Institut für Qualität und Wirtschaftlichkeit im Gesundheitswesen (IQWG) gehört auch in Deutschland die bisher relativ freie Preissetzung für Arzneimittel der Vergangenheit an. Budgetprobleme haben die Regierung bereits in 2003 dazu veranlasst, von den Herstellern pharmazeutischer Produkte pauschal einen Zwangsrabatt von 6 Prozent zu erheben, der für das Jahr 2004 sogar auf 16 Prozent erhöht wurde.

Darüber hinaus nimmt die Regierung zunehmend über ein nationales Referenz-Preis-System (Festbetragsgruppen) Einfluss auf die Preissetzung einzelner Arzneimittel. Dies gilt neuerdings selbst für innovative und patentgeschützte Produkte. Grundsätzlich wird geprüft, ob die Indikation des Arzneimittels eine aktuelle Krankheit erfasst, ob diese Krankheit nach den Regeln der gesetzlichen Krankenversicherung behandelt werden muss, ob bereits andere Arzneimittel zur Behandlung der Krankheit auf dem Markt sind, ob die Krankheit durch andere, einfachere und auch nichtpharmakologische Methoden behandelt werden kann und schließlich, wie sich das Medikament in seiner Kosten-Effizienz zu anderen, ähnlichen Präparaten vergleicht.

Da Krankenhäuser und Ärzte ihre Budgets selber kontrollieren müssen, spielt die Gesundheitsökonomie in Deutschland noch keine große Rolle. Gesundheitsökonomische Studien werden derzeit nicht zur Preisfindung und auch nicht für Entscheidungen zur Erstattung von Arzneimitteln herangezogen.

Italien

Das italienische Erstattungssystem verwendet zur Festlegung der Preise einen europäischen Durchschnittspreis, der aus 12 EU-Ländern gebildet wird, von denen vier obligatorisch sind und mindestens zwei preiskontrollierte Systeme aufweisen. Eine nicht erfolgte Anpassung an den europäischen Durchschnittspreis führt unmittelbar zum Wechsel des Präparates von der Klasse A, der voll erstattungsfähigen, zur Klasse C, der nichterstattungsfähigen Medikamente. Für Krankenhäuser gilt grundsätzlich ein um 50 Prozent reduzierter Preis.

Das 1999 in Italien gebildete Institut für pharmakoökonomische Studien (GISF) hat Preis-Richtlinien für neue Arzneimittel bestimmt, die von der EU zentral bzw. im gegenseitigen Anerkennungsverfahren zugelassen wurden. Bereits seit Anfang 1997 werden in Italien Preise im Erstattungssystem in Verhandlungen zwischen pharmazeutischen Unternehmen und der Regierung festgelegt. Dafür muss der pharmazeutische Unternehmer Daten zur Kosteneffizienz, zu den Produktpreisen außerhalb Italiens, zum erwarteten Umsatz im italienischen Markt und zu den aus der Einführung des Arzneimittels möglichen Effekten auf die nationale Wirtschaft vorlegen.

Im April 2002 trat in Italien – als Teil eines weiteren Pakets von Maßnahmen zur Senkung der Kosten des Gesundheitswesens – in einer ersten Stufe eine gesetzlich verordnete fünfprozentige Reduzierung der Preise fast aller erstattungsfähigen Arzneimittel in Kraft. Im Januar 2003 wurde die zweite, zunächst ebenfalls mit fünf Prozent geplante, kurzfristig aber auf sieben Prozent erhöhte Stufe der Preisreduzierung umgesetzt.

Spanien

Die spanische Regierung verlangt zur Festlegung des Preises neuer Arzneimittel einen Vergleich zwischen dem Preis des Ursprungslandes und dem niedrigsten europäischen Preis und davon einen Abschlag von 10 Prozent. Neben diesem internationalen Referenz-Preiss-Sstem sind in Spanien Negativlisten etabliert. Zusätzlich kommt es immer wieder zu verpflichtenden Preisreduzierungen – für 2005 und 2006 sind pauschale Preissenkungen um 4 Prozent bzw. 2 Prozent dekretiert – mit der Begründung, dass die Ausgaben für Arzneimittel sonst das vorgegebene nationale Budget überschreiten.

Aufgrund dieser sehr ausgeprägten und direkten Preiskontrolle spielen gesundheitsökonomische Daten bei der Preisfestsetzung in Spanien keine Rolle. Die Regierung setzt bei der Preisfestlegung auf das internationale Referenz-Preis-System und die Berücksichtigung der Produktionskosten, so dass keine weitere Motivation vorhanden ist, auch die Effizienz einer Behandlungsmethode näher zu hinterfragen. Es ist allerdings nicht ausgeschlossen, dass auch in Spanien die Erhebung gesundheitsökonomischer Daten in der Zukunft eine Rolle bei der Preisfindung spielen wird.

England

In England werden Arzneimittelpreise über eine Vielzahl von Parametern im Wesentlichen einer indirekten Kontrolle unterworfen. Lediglich der Preis bei Ersteinführung eines Präparats kann frei bestimmt werden. Das in Folge des 1957 erstmals eingeführte „Voluntary Price Regulation Scheme" im Jahre 2004 in der dritten Version zwischen der Regierung und der pharmazeutischen Industrie verhandelte Pharmaceutical Price Regulation Scheme (PPRS) legt unter der Nebenbedingung verschiedener maximal gestatteter Kosten für Herstellung, Forschung, Werbung und Verwaltung einen maximal erzielbaren Gewinn fest. Dies hat erhebliche Rückwirkungen auf die Preisfreiheit. Restriktionen von Preiserhöhungen werden über ein Prescribing Analysis and Cost System (PACS) und das Indicative Prescribing Scheme (IPS) bewirkt. Wie bereits 1999, als die Regierung den Pharmaunternehmen für das gesamte Produktportfolio eine pauschale Preiskürzung von 4,5 Prozent abverlangte, hat sie in dem 2004 neu verhandeltem PPRS mit Wirkung ab Januar 2005 eine pauschale Preiskürzung um 7 Prozent durchgesetzt. Möglicherweise in Anerkennung der Referenzwirkung auf andere europäische Staaten und vor allem auch darüber hinaus sieht die Vereinbarung die freie Wahl zur Verteilung der Preiskürzung innerhalb des Produktportfolios (Modulation) sowie eine Option zur Barzahlung von zwei Prozent der geforderten Einsparung vor.

Mit Hilfe dieser Mechanismen wird in England der Gewinn pharmazeutischer Unternehmen bis zu einem maximal erlaubten Return on Sales (RoS) bzw. Return on Capital (RoC) begrenzt.

Zusätzlich zu diesen indirekten und direkten Preiseingriffen wurde im April 1999 das National Institute for Clinical Excellence (NICE) neu gegründet und mit der Aufgabe betraut, in letzter Instanz eine Standardisierung medizinischer Behandlungen zu bewirken und damit auch Richtlinien für die Verwendung von Arzneimitteln in England zu erstellen.

Erklärtes Ziel dieses Instituts ist die verstärkte Kostenkontrolle im Gesundheitswesen mit den Hauptfunktionen:

- Bewertung neuer sowie bereits vorhandener Gesundheitstechnologien und der Verwendung eines Arzneimittels bzw. von Produkten einer bestimmten Arzneimittelklasse
- Entwicklung eines klinischen Leitfadens zur Unterstützung der Ärzte bei der Auswahl einer Behandlung für eine spezielle medizinische Indikation, wobei die Gesamtkosten der Behandlung einer Krankheit bewertet werden.

Auf diese Weise soll die beste Therapie für eine bestimmte Krankheit bestimmt und die traditionell entstandene regionale Differenzierung der Behandlungsmethoden nach Art und Kosten verhindert werden. Beurteilt werden die Therapien sowohl nach ihrer klinischen Effizienz als auch hinsichtlich ihrer Kosteneffizienz.

Zur Überwachung der Einhaltung der von NICE erlassenen Richtlinien wurde die Commission for Health Improvement (CHIMP) gegründet. Vertreter dieser Organisation suchen Ärzte und Krankenhäuser auf und überprüfen das Befolgen der NICE-Vorgaben. Obwohl Ärzte in England weiterhin die Kontrolle über die gewählte Behandlungsmethode haben und letztlich die Entscheidung treffen, wie der Patient therapiert werden soll, sollen sie jedoch nur in begründeten Fällen von den NICE-Richtlinien abweichen können.

Die pharmazeutische Industrie, die am Entscheidungsprozess von NICE nicht beteiligt ist, beurteilt diese Entwicklung kritisch:

Obwohl das Gesundheitsministerium nach Prüfung und Bestätigung der drei klassischen Kriterien Wirksamkeit, Sicherheit und Qualität bereits die Zulassung erteilt hat, wird durch NICE insbesondere aufgrund der Forderung nach weiteren Studien und Untersuchungen zum Nachweis einer Kosten-Effizienz eine Verzögerung bzw. Verhinderung der Einführung neuer Medikamente bewirkt. Das NICE Verfahren wird damit als ‚Fourth Hurdle' bezeichnet.

Da keine Möglichkeit gewährt wird, gegen Entscheidungen von NICE Einspruch zu erheben oder Entscheidungen aufzuschieben, bedeutet dies den Verlust des Anreizes, neue Arzneimittel in einer frühen Phase im englischen Markt auszubieten.

Erweiterung der Europäischen Union

Grundsätzlich sind mit der EU-Erweiterung und den zusätzlich rund 70 Millionen Einwohnern Erwartungen für ein signifikantes Wachstumspotenzial des neu zugänglich gewordenen Marktes verbunden, gefördert durch eine ansteigende Kaufkraft in den zehn neuen Mitgliedstaaten.[1]

Jedoch sind seit dem 1. Mai 2004 auch Parallel- und Re-Importe pharmazeutischer Produkte von[2], zu und zwischen den neuen Mitgliedsländern möglich. Aufgrund wettbewerbsverzerrender Preiskontrollen der Vergangenheit sowie Abwertungen der Währungen bestehen z. T. erhebliche Preisunterschiede mit Westeuropa. Es wird deshalb mit einem Wachstum des Arbitrage-Handels zu rechnen sein.[3]

Auch hier findet der Handel wieder finanzielle Anreize aufgrund staatlich verordneter Preise und der sich ergebenden Preisunterschiede zwischen den Ländern. Großhändler, die einen zusätzlichen Gewinn erwirtschaften wollen, und die auf das Arbitrage-Geschäft spezialisierten Importeure, die in der leicht zu transportierenden Ware ein gewinnträchtiges Geschäft mit geringen Risiken sehen, werden diese Chance solange wahrnehmen, wie diese Marktunvollkommenheit politisch gewollt bzw. geduldet wird.

In Vorbereitung der Erweiterung der Europäischen Union haben viele pharmazeutische Hersteller versucht, europaweit einheitliche Preise (innerhalb eines engen Korridors) einzuführen. Jedoch hat insbesondere der Währungsverfall gegenüber dem Euro wiederum zu unterschiedlichen Preisen geführt. Dies verbesserte wiederum die Ausgangsposition für Re-Importeure. Insgesamt ist festzustellen, dass aufgrund von Währungsverschiebungen auch bei anfangs gleichen Preisen diese im Laufe der Zeit auseinander gehen können und es für die Pharmaunternehmen aufgrund der gesundheitspolitischen Bestimmungen in den Ländern oftmals nicht möglich ist, die entstandenen Preisunterschiede wieder auszugleichen.

Verwerfungen der Pharmamärkte in Europa

Parallel- bzw. Re-Importe

Hinreichend große Preisunterschiede zwischen dem Import- und dem Export- bzw. dem Herkunftsland bei gleichzeitig gewährleisteter Freizügigkeit des Warenverkehrs in Europa bieten große Arbitrage-Anreize für Parallel- bzw. Re-Importeure. Wie bereits dargelegt, werden Preisunterschiede u. a. durch direkte Preiskontrollen nationaler Behörden bewirkt. Die Preise für neue Produkte werden in Griechenland z. B. so reglementiert, dass kein großer Unterschied zu bereits etablierten Therapien entsteht. Für die pharmazeutische Industrie führt damit eine Preisänderung in Griechenland gewissermaßen automatisch zu Forderungen nach Preisänderungen in Spanien, Schweden und Belgien, da Griechenland in diesen Ländern als Referenzland gilt. Die negativ gerichtete Preisspirale dreht sich noch weiter, da Preisänderungen in den drei genannten Ländern zu Anpassungsforderungen z. B. in Italien und Portugal führen. Parallel- bzw. Re-Importe sind, wie bereits dargestellt, die wirtschaftlich logische Konsequenz des marktwirtschaftlich unvollkommenen Arzneimittel-Marktes in Europa und besonders stark wirksam in Ländern mit relativ höheren Preisen.

Auch das Regelwerk für Arzneimittelpreise innerhalb eines Landes kann einen großen Einfluss auf Parallel- bzw. Re-Importe haben. Trotz großer Preisunterschiede zu anderen EU-Ländern waren derartige Importe in Deutschland lange Zeit kaum signifikant. Erst die gesetzliche Auflage für Apotheker, re-importierte Medikamente unter bestimmten Voraussetzungen präferiert abzugeben, führte zu einem wesentlichen Wachstum von Re-Importen nach Deutschland.

Ein weiterer Grund für den Erfolg von Parallel- bzw Re-Importeuren ist in der Leichtigkeit zu sehen, mit der eine Importgenehmigung erlangt werden kann. Diese muss zwar für jedes Produkt einzeln beantragt werden, jedoch wird eine Importlizenz in Ländern mit einer dezidierten Orientierung zur Senkung der Ausgaben im Gesundheitswesen vermutlich schneller ausgestellt als in anderen Ländern.

Die wesentlichen Zielländer, in denen Parallel- bzw Re-Importe Bedeutung erlangt haben, sind England, Deutschland, die Niederlande und Schweden, während Griechenland, Portugal und Spanien zu den führenden Exportländern zählen. Das herrschende Muster kann bei einzelnen Präparaten aber auch ins Gegenteil verkehrt werden, wenn das Preisgefälle umgekehrt ist.

Für die Gesundheitssysteme bietet dieses System kaum finanzielle Vorteile, da die Preisdifferenz ganz überwiegend nicht Patienten oder Krankenkassen, sondern den Arbitragehändlern und Apotheken zugute kommt. Erst wenn die Europäische Kommission gemeinsam mit den EU-Ländern aus den zahlreich vorliegenden Urteilen zur Fehlentwicklung der Parallel- bzw. Re-Importe politische Konsequenzen zieht, wird die im Wesentlichen den Importeuren zufließende Preisdifferenz wieder in die Entwicklung neuer Medikamente investiert werden können.

Referenzpreise

Sowohl die innerhalb eines Landes angewendeten Mechanismen, den Preis neuer Medikamente in Relation zu vorhandenen Produkten bzw. Produktgruppen z. B. Festbetragsgruppen in Deutschland oder zu den anteiligen Kosten von Therapieklassen festzusetzen, als auch die international zunehmende Praxis, den Preis eines Medikamentes in einem Land in direkter Relation zu den existierenden Preisen dieses

Produktes in anderen Ländern zu bestimmen, stellt eine große Herausforderung an das Preismanagement eines pharmazeutischen Unternehmens dar. Das Verlangen der nationalen Preisbehörden, nur noch entsprechende Referenzpreise zu akzeptieren, erfordert ein strategisch sorgfältig abgestimmtes Vorgehen des Unternehmens, die Reihenfolge der Markteinführung bzw. der vorgelagerten, aber zeitlich in erheblich unterschiedlicher Dauer zu führenden, nationalen Preisverhandlungen zu bestimmen. Wenn das Ergebnis der Preisverhandlungen in einem Land als Referenz für die erzielbaren Marktpreise in weiteren Ländern und keineswegs nur denen Europas dient, kommt der Entscheidung über die Einführungssequenz (s. Abb. 3) ganz besondere Bedeutung zu.

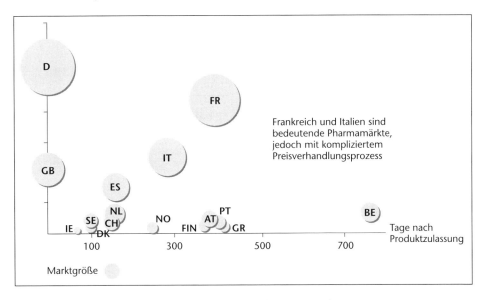

Abb. 3: Preis-Verhandlungsprozesse in Europa führen zu Marktzugangsverzögerungen

Ein „schneller" Markteintritt in Spanien, aber mit „falschem" Preis, bedeutet für das Unternehmen wegen der Wirkung für alle anderen Länder in Europa und auch darüber hinaus eine schwerwiegend negative und vor allem langjährig andauernde Ergebnisminderung. Deshalb bedarf es einer pan-europäischen Vertriebsstrategie, in der der Preis klassischerweise ein wesentliches Element darstellt.

Möglichkeiten für eine Preisstrategie in Europa

Solange in Europa für die pharmazeutische Industrie keine marktwirtschaftlichen Wettbewerbsbedingungen vergleichbar zu denen in anderen Industrien gelten, muss ein Pharmaunternehmen unter Berücksichtigung der nationalen Preisverordnungen ein komplexes Preis-Regelwerk als Teil einer differenzierten Vertriebsstrategie betreiben.

Strategisches Preisverhalten

Preisstrategien müssen der Einsicht folgen, dass rationale und professionelle Preisentscheidungen die für forschende Pharmaunternehmen wesentlichen Investitionen in Forschung und Entwicklung innovativer Arzneimittel sichern helfen. Unternehmen der pharmazeutischen Industrie müssen deshalb ein strategisches Preisverhalten entwickeln.

Dies bedeutet zunächst einmal die Vernetzung der im Konzern bereits vorhandenen Preisexperten sowie deren gemeinsame Professionalisierung unter Ausrichtung auf die Zielsetzung des Konzerns. Ein Prozess ist zu vereinbaren, der festlegt, wann wer mit wem über welche Daten und Fakten und in welcher Form kommunizieren soll, um den dazu bestimmten Entscheidungsträgern zu definierten Zeitpunkten Szenarien mit jeweiliger Risikoabwägung vorlegen zu können.

Ein solcher Prozess sollte klar definierte und verabredete Analyse- und Entscheidungsschritte in zwei aufeinander folgenden Phasen zeigen:

1. Während der weitgehend klinischen Produktentwicklungsphase gilt es, mit zunehmend sicheren Kenntnissen zum Produktprofil strategische Marktszenarien mit entsprechenden Preisannahmen zu entwerfen. Ziel dieser Phase ist es, vor Ersteinführung in einem europäischen Land ein verbindliches europäisches Preisband am Minimum- und Maximumpreis definiert zu haben. Der über einen Zeitraum von rund 12 bis 14 Jahren andauernde Entwicklungsprozess neuer Medikamente verlangt aufgrund bedeutender Investitionen zu bestimmten Zeitpunkten strategische Go-/No-Go-Entscheidungen. Die diesen Entscheidungen zu Grunde liegenden Risikoszenarien müssen natürlich auch Annahmen über realisierbare Preise enthalten.

Diese Preisannahmen bedürfen einer iterativ verfeinerten Konkretisierung unter Heranziehung des jeweils aktualisierten Produktprofils. Diese Preisannahmen werden beeinflusst von Informationen über die parallel in der Entwicklung befindlichen Produkte von Wettbewerbern, aber auch durch das regulatorische Umfeld in den für das Unternehmen wesentlichen Märkten.

Für Entwicklungskandidaten, denen eine zunehmende Realisierungswahrscheinlichkeit zugesprochen wird, gilt es, gesundheitsökonomische Daten zu erheben, die die Grundlage bilden für die Bewertung des individuellen bzw. des volkswirtschaftlichen Nutzens des Produktes. Diese ökonomisch orientierte Produktbewertung dient als Basis für die Verhandlungen mit den Versicherern aber auch für den zunehmend direkten Informationsbedarf betroffener Patienten, der breiten Öffentlichkeit wie auch der Lizenznehmer/ -Geber, der Aktionäre und der Mitarbeiter.

Für staatliche Preisbehörden, wie auch die übrigen Interessengruppen, ist wesentlich, nach welchem Konzept das Unternehmen das neue Medikament in den Märkten anbieten wird: Wird es in Anerkennung einer vollen Erstattung Anspruchsberechtigter auch ein Sozialprogramm für Bedürftige bzw. Mittellose, das heißt Patienten ohne Versicherungsschutz geben, und wenn ja, wie wird die dafür erforderliche Finanzierung dauerhaft sichergestellt werden? Bei neuartigen innovativen Präparaten empfiehlt sich eine pan-europäische Preis-Marktforschung zumindest in den großen Märkten, um die Preiselastizität anhand konkreter Modelle und Profile zu bestimmen. Derartige Studien befördern auch die Diskussion im Unternehmen und die interne Preisfindung. Für einzelne Märkte, z. B. Frankreich, sind häufig Entscheidungen zu treffen, ob ein Präparat in die Erstattung genommen und deshalb stärkerer Preisregulierung unterworfen werden soll.

Mit dem ersten Marktauftritt und der dort realisierten Preisentscheidung endet die strategisch bestimmte Preisfindungsphase. Die Preisentscheidung entfaltet Präzedenzwirkung für andere Märkte und ist damit nur noch begrenzt modulationsfähig.

2. Während der Vermarktungszeit eines Produktes ist der Gestaltungsspielraum für Preisentscheidungen des Unternehmens stark eingeschränkt. Dennoch bedarf es auch während dieses Zeitraumes einer kontinuierlichen Abstimmung zwischen den Preisexperten auf nationaler, regionaler und der Konzernebene, um langfristig angemessene Preise erzielen zu können.

Ein solcher Abstimmungsprozess birgt u. U. erhebliches Konfliktpotenzial, das sich nur dadurch entschärfen lässt, dass das Management auf allen drei genannten Ebenen auf gleiche Ziele verpflichtet ist.

Operativ reaktives Preisverhalten

Die häufigen, aber nicht vorhersehbaren, staatlichen Eingriffe in die Ordnungsstrukturen ihrer jeweiligen nationalen Gesundheitssysteme lassen den Pharmaunternehmen oft nur die Möglichkeit, ihr Geschäft reaktiv darauf auszurichten.

Die folgenden auf Angebot wie Nachfrage von Medikamenten wirkenden Parameter gehören mittlerweile zum Arsenal der Gesundheitspolitiker, auf die das Management nur zu reagieren vermag:

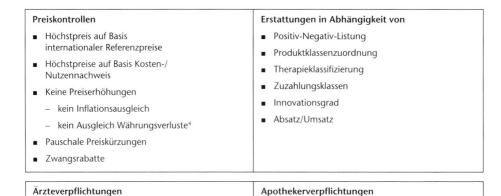

Tabelle 1: Direkte und indirekte Preiseingriffe staatlicher Behörden in Europa

Operatives Preismanagement bedarf zunächst einmal der Transparenz über die in jedem einzelnen Land aktuell geltenden und auch die zu erwartenden preisbestimmenden Faktoren und natürlich auch über die Preise des eigenen Produktportfolios sowie diejenigen der jeweiligen Wettbewerber. Die effiziente Nutzung dieser Daten erfolgt im Rahmen eines im Unternehmen vereinbarten Steuerungsprozesses, der zu jeder Zeit die Abstimmung nationaler Preisentscheidungen mit den Interessen des Gesamtunternehmens sicherzustellen vermag.

Das für diesen Steuerungsprozess verantwortliche europäische Preismanagement etabliert einen formalen Preisgenehmigungsprozess, der die erforderliche Disziplin bei der Umsetzung nationaler Preisentscheidungen bewirkt. Zur Orientierung für die Geschäftsführer der nationalen Gesellschaften in Europa werden Preisvorgaben entwickelt, deren Einhaltung einem permanenten Monitoring unterliegt. Dafür empfiehlt sich eine allen Beteiligten zugängliche, sorgfältig aktualisierte Datenbank. Grundsätzlich sind für alle Top-Produkte Minimumpreise in Euro festgelegt, die nicht unterschritten werden dürfen. Für einige Produkte, besonders solche, die einem relativ breiten Preiskorridor in Europa ausgesetzt sind, werden Zielpreise festgelegt. Es ist das Bemühen des Preismanagements Europa, Unterschreitungen nur in Ausnahmefällen zuzulassen. Eine solche Ausnahme ist denkbar, wenn eine bestimmte Zielerreichung in einem Land ohne Gefährdung für das Ergebnis in anderen europäischen Ländern bewirkt werden kann, z. B. wenn das preisoptimierende Land nicht als Referenzland für andere Länder gilt.

Auch mit dem Euro wird es für das im Markt befindliche Produktprogramm weiterhin Preisunterschiede geben. Im Rahmen der staatlicherseits eingeschränkten Möglichkeiten sind Pharmaunternehmen zwar grundsätzlich bemüht, den von ihnen verantworteten Herstellerabgabepreis in allen Staaten der EU einheitlich bzw. in einem engen Preiskorridor festzulegen. Es ist jedoch festzuhalten, dass auch ein einheitlicher Herstellerabgabepreis für ein Produkt in Euro aufgrund national unterschiedlicher Handelsstrukturen dennoch zu unterschiedlichen Preisen bei den jeweiligen Kunden führt (s. Abb. 4).

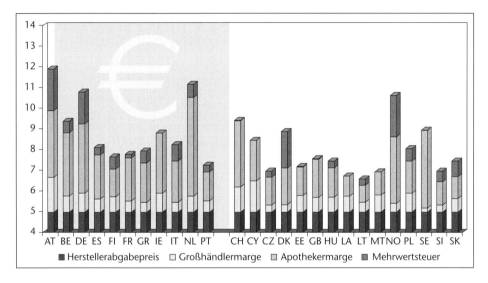

Abb. 4: Struktur-verursachte Preisunterschiede in Europa

Natürlich können die Zahlungsbedingungen variieren (große Kunden mit Mengenrabatt etc.). Auch die Publikumspreise werden weiterhin Unterschiede aufweisen: zum einen aufgrund länderindividueller Handelsmargen der Großhändler und Apotheken und nicht zuletzt aufgrund unterschiedlicher Mehrwertsteuersätze. In Deutschland ist z. B. der Anteil der Mehrwertsteuer (16 Prozent) am Publikumspreis höher als die durchschnittliche Großhandelsmarge (12,5 Prozent). In vielen europäischen Ländern sind Arzneimittel, die von den Kassen erstattet werden, von der Mehrwertsteuer entweder befreit (z. B. Großbritannien) oder es gelten reduzierte Sätze.

EU-Preisfindungsstudie

Preisfindungsstudien werden erforderlich, um zu einer einheitlichen und konsistenten Preisbildung und Preisargumentation innerhalb der Europäischen Union und der Nachbarländer zu gelangen. Darin soll Aufschluss gegeben werden über die von allen direkt und indirekt Betroffenen (Ärzte, Patienten, staatliche Gesundheitsbehörden, Krankenkassen) wahrgenommene Wertigkeit des Produktes und seines medizinischen und ökonomischen Nutzens.

Der Preis eines Arzneimittels muss grundsätzlich dessen Wert widerspiegeln und ist von einer Vielzahl von Faktoren abhängig. Zu den wichtigsten zählen der im Vergleich zur bisherigen Behandlungsmethode medizinische Zusatznutzen des Produktes (hinsichtlich Wirksamkeit, Nebenwirkungen und Handhabung), die Schwere und Kosten der Krankheit (auch aus gesundheitspolitischer und volkswirtschaftlicher Sicht) sowie die durch den Einsatz des neuen Medikamentes erzielbaren Einsparpotenziale.

Neben der Preisfindung erhält man durch eine Preisfindungsstudie außerdem Erkenntnis über zukünftige Steuerungsmöglichkeiten von produktbezogenen Marketing- und Vertriebsstrategien. Eine groß angelegte Studie in mehreren Ländern liefert ausführliche Informationen zur Preissensitivität des Produktes, was bei der Festlegung des Preiskorridors von entscheidender Bedeutung sein kann. Besonders wertvoll sind qualitative produktbezogene Erkenntnisse, z. B. wie patientenfreundlich ist die Handhabung des Produktes, Innovativität der Applikationsart etc.

Die Kosten einer europäischen Preisstudie sind abhängig vom Produktfeld, dem Innovationsgrad des Produktes, der Anzahl und Komplexität der zu vergleichenden Länder und Märkte und der Dauer der Studie, die in der Regel sechs Monate nicht übersteigt. Gegebenenfalls kann eine solche Preisstudie während der Produktentwicklung wiederholt durchgeführt werden.

Als Methode der Wahl ist die so genannte Conjoint-Studie zu nennen, mit der man zu einer objektiven und umfangreichen Einschätzung der Wertigkeit verschiedenster Attribute (Nebenwirkungen, Anwendungsfreundlichkeit, Preis, Wirksamkeit etc.) des Produktes gelangt. Das Produkt wird in diese verschiedenen Attribute zerlegt, die zunächst getrennt voneinander bewertet werden. Anschließend fügt man die Parameter wieder zusammen und gelangt so zu einem künstlichen Produkt, mit den vom Markt relativ am besten bewerteten Eigenschaften.

Preis und Ethik

Ethische Grundsätze sind bestimmend für das Entscheidungsverhalten des Managements in Pharmaunternehmen, und nicht nur weil Preisentscheidungen für neue Produkte zur Behandlung lebensbedrohend chronischer Krankheiten von der breiten Öffentlichkeit häufig unter Hinweis auf die mangelnde Zahlungsfähigkeit der nationalen Gesundheitssysteme moralisierend vorwurfsvoll kritisiert werden.

Zur Vermeidung der teilweise hochemotional geführten öffentlichen Auseinandersetzung, die auch von Aktionärsgruppen z. B. während der Hauptversammlungen geführt werden, haben einige Unternehmen ihre strategisch konzipierten Preismodelle der Öffentlichkeit vorbereitend vorgestellt. Ergänzend zu den sonst üblichen Preiskonzepten wurden Preis-Differenzierungsmodelle entwickelt, die sich an der Leistungsfähigkeit der Staaten (Bruttoinlandsprodukt) orientieren.

Eine weitere Preis-Differenzierung unter Berücksichtigung der persönlichen Ebene der jeweiligen Patienten führt zur Bestimmung von Einkommensklassen, innerhalb derer das Unternehmen bei abnehmendem Einkommen der Patienten höhere Preiszugeständnisse macht bis hin zur kostenlosen Abgabe an mittellose Patienten.

Aus Fehlern lernen

Während Fehler in nicht regulierten Märkten prinzipiell reversibel sein sollten, da dort der freie Wettbewerb Angebot und Nachfrage steuert, sind Preisfindungsfehler in regulierten Märkten unverzeihlich, weil nicht mehr gutzumachen.

Die Anwendung der Textbuchweisheit „Je niedriger der Preis, desto höher der Marktanteil" kann in preisregulierten Märkten irreversible Folgen haben: Mit der Durchsetzung dieses Rezeptes hat ein Pharmamanager nicht nur das Preisgefüge in dem Land seiner Verantwortung, sondern damit auch in allen übrigen europäischen Ländern nachhaltig negativ bestimmt. Wegen der Novität des Produktes als erstem einer Produktklasse war diese Entscheidung darüber hinaus auch preisbestimmend für alle Folgeprodukte, auch die der Wettbewerber. Weil die Preisbehörden an der Erstpreisfestsetzung festhielten, sind Jahrzehnte nach dieser ersten Fehlentscheidung selbst Neu-Entwicklungen mit ähnlichem Wirkmechanismus, aber wesentlich verbesserter Funktion und damit gesondertem Patentschutz nur mit Preisen zu vermarkten, die sich an der ursprünglich fehlerhaften Preisentscheidung orientieren.

Nicht nur ein „zu niedriger" Preis, der den tatsächlichen Wert des Medikaments nicht hinreichend reflektiert, kann ein Fehler sein, sondern auch ein „zu hoher" Preis. Ein „zu hoher" Preis führt in Pharmamärkten u. U. zu einem Totalausfall: Entweder der Preis wird als erstattungsfähig angesehen – dann nimmt das Produkt im Rahmen der dekretierten Möglichkeiten am bestehenden Marktwettbewerb teil – oder aber es wird nicht zur Erstattung zugelassen und hat damit überhaupt keine Chance – allenfalls in einem sehr kleinen, dem so genannten privaten Markt.

Es ist also möglich, dass einem mit hohem Aufwand über mehr als ein Jahrzehnt hin entwickelten Medikament, dessen Sicherheit, Qualität und Wirksamkeit nachgewiesen werden konnte und das von den Gesundheitsbehörden zugelassen worden ist, von der Krankenkasse wegen nicht hinreichender Würdigung seiner gesundheitsökonomischen Effizienz die Erstattung verweigert wird.

Damit steht es den Patienten, für die das Medikament entwickelt wurde, nicht zur Verfügung. Für dessen erwarteten Mengenbedarf hat das Unternehmen aber die dafür erforderlichen Produktionskapazitäten aufgebaut und die erheblichen Vorlaufkosten für die Entwicklung und Ausbietung des Produktes getragen.

Schlussfolgerungen

Es ist deutlich geworden, dass die staatlichen Einwirkungen auf Pharmapreise so vielfältig und flächendeckend sind, dass einzelne Unternehmen nur in Ansätzen eine proaktive Preispolitik definieren können und vielfach nur reagieren können. Die Preisgestaltung ist gleichzeitig aber entscheidend dafür, dass Pharmaunternehmen ihre hohen Investitionen in innovative, neuartige Medikamente leisten können, und sie ist somit eine Voraussetzung für medizinischen Fortschritt. Das Thema der Preise gehört daher zu den vorrangigen und ständigen Themen der Pharmaverbände in allen europäischen Ländern. Gute Diskussionsansätze mit der Europäischen Kommission haben leider bisher nicht zur Verabschiedung europäisch verbindlicher Spielregeln für alle Beteiligten geführt.

Die Unternehmen müssen Preise mit langem Vorlauf gestalten. Dafür sind klar strukturierte Prozesse unter Nutzung gut geführter Datenbanken erforderlich.

Anmerkungen

[1] Obwohl in Polen z. B. in den fünf Jahren nach dem Beitritt zur Europäischen Union mit zweistelligen Wachstumsraten gerechnet wird, geht die Europäische Kommission davon aus, dass Polen 30 Jahre benötigen wird, um 75 % des europäischen Durchschnitts zur Gesundheitsfinanzierung zu erreichen. Vgl. Bronner, Mike, et al. „Pharmaceutical Pricing & Reimbursement in European Union Accession Countries", Cambridge 2004

[2] Anders als die pauschale Drei-Jahresfrist zur Verhinderung des Parallelhandels von Medikamenten zur Zeit des Beitritts von Spanien und Portugal 1986 haben sich die neuen Beitrittsländer in ihren *acquis communautaire* 2003 verpflichtet, den Patentschutz der Hersteller dauerhaft zu respektieren.

[3] Das Europäische Parlament (EU Enlargement and Pharmaceuticals, Enlargement Implications in Terms of Parallel Trade) veranschlagte 2002 den erwarteten Verlust auf einer Datenbasis von 1998 und damit konservativ zwischen 327 bis 2425 Mio. Euro. Vgl. Bronner, Mike et al. „Pharmaceutical Pricing & Reimbursement in European Union Accession Countries", Cambridge 2004

[4] Auch in dem Europa der 25 Mitgliedstaaten wird auf Dauer neben dem Euro mit einer großen Anzahl nationaler Währungen und deren schwankender Bewertung zu rechnen sein.

13 Erfolgsfaktoren für das Management einer Produktneueinführung in Europa

Klaus Falk

Zulassung	244
Aufbau eines „Launch-Teams" und Projektstart	245
Strategisches Marketing	247
Preisfindung	248
Konkurrenzanalyse	248
Operative Einheiten/Länderorganisationen	249
Klinische Studien (zulassungsrelevant/strategisch/IIT's)	252

Was benötigt man, um die erfolgreichste europäische Produkteinführung zu realisieren; zumal, wenn es für das eigene Unternehmen die erste Einführung in einem neuen Indikationsgebiet ist? Das Wichtigste ist natürlich ein bahnbrechendes Produkt mit gut dokumentierten klinischen Studien, die letztendlich zur Marktzulassung führen. Dass dies allein jedoch keine Erfolgsgarantie verspricht, dass es einer Vielzahl weiterer, miteinander verwobener Komponenten bedarf, haben zahlreiche vorangegangene Beispiele gezeigt.

Die im Folgenden beschriebenen Aktivitäten beziehen sich beispielhaft auf die Vorbereitungen einer Einführung im Bereich Onkologie. Ohne Weiteres können die meisten Details auch auf andere Indikationsgebiete übertragen werden.

Zulassung

„Fast Track" in der Schweiz

Die Schweiz bietet als bisher einziges Land in Europa für ausgewählte Indikationsgebiete ein „beschleunigtes Zulassungsverfahren" an. Dies ermöglicht eine nennenswerte Zeiteinsparung (i. d. R. mehrere Monate) im Vergleich zum Standardprozedere der zentralen Europäischen Zulassung.

Die Zulassung zum und durch dieses Verfahren bedeutet die Anerkennung der Behörde, dass die Einführung der neuen Substanz einen wesentlichen Therapiefortschritt für die betroffenen Patienten bedeutet und deren Ärzten ein wichtiges neues Werkzeug zur Behandlung zur Verfügung gestellt wird. Selbstverständlich ist auch dem pharmazeutischen Unternehmen an einer möglichst frühen Produkteinführung gelegen, um den kommerziellen Erfolg und damit die Rückzahlung des in Forschung und Entwicklung investierten Kapitals zu sichern.

Aus diesem Grund empfiehlt es sich, nahezu zeitgleich mit der Einreichung der Registrierungsunterlagen bei der EMEA (European Agency for the Evaluation of Medicinal Products), eine parallele Einreichung bei den eidgenössischen Behörden mit den von dort vorgeschriebenen spezifischen Anpassungen zu realisieren.

Sobald die Zulassung in der Schweiz erreicht wurde, kann selbstverständlich von diesem Zeitpunkt an das Produkt im Alpenstaat aktiv beworben werden. Obwohl die mögliche Vermarktung nicht mit der gleichzeitigen Erstattung durch das Schweizer Gesundheitssystem einhergeht, kann dies nicht darüber hinweg täuschen, wie bedeutend dieser Schritt für das betreffende Produkt sein kann.

So gibt eine solche erste Zulassung den Ärzten in aller Welt die Gelegenheit, das Produkt über eine internationale Apotheke in der Schweiz zu beziehen, um es ihren Patienten zur Verfügung zu stellen.

Da die Abwicklung zum Import aus der Schweiz und zur möglichen Erstattung in nahezu jedem Land unterschiedlich ist, gilt es, sämtliche Niederlassungen und Vertretungen im Vermarktungsgebiet darauf vorzubereiten, Anfragen von Ärzten und/oder Behörden beantworten zu können und sie im Rahmen der jeweiligen legalen Möglichkeiten bei der Beschaffung zu unterstützen.

Mit besonderer Sorgfalt sollte die Auswahl einer geeigneten internationalen Apotheke erfolgen. Besonders wichtige Kriterien sind hier die Erfahrung mit logistisch schwierig zu handhabenden Produkten (z. B. bei der Notwendigkeit der Sicherstellung einer Kühlkette). Ebenso ist die Möglichkeit einer „just in time"-Auftragsabwicklung notwendig, wenn den Kunden Lieferbereitschaft in kürzester Zeit angeboten werden soll.

EMEA – CP

Sämtliche Neuzulassungen in ausgewählten Indikationsgebieten (u. a. Onkologie) in der Europäischen Union fallen unter die so genannte „Centralized Procedure". Im Gegensatz zur „Mutual Recognition Procedure" (MRP) erhält der Antragsteller mit der Zulassung in allen 25 Ländern der EU zeitgleich das Recht, mit der Vermarktung zu beginnen. Der Beitritt der 10 neuen Mitglieder zur Europäischen Union, ebenso wie die geplanten weiteren Beitritte, erhöhen die Komplexität des Verfahrens. Bedeutet dies auf der einen Seite die gleichzeitige Zulassung für weitere Märkte, so müssen auf der anderen Seite sämtliche Texte der Produktspezifikation, Verpackungen und Beipackzettel in den zusätzlichen 8 neuen Sprachen vorgelegt werden. Zu beachten ist auch hier, dass in nahezu allen Ländern die Zulassung zur Vermarktung *nicht* gleichbedeutend mit der Preisgenehmigung und der Erstattung durch das Gesundheitssystem ist.

International

Auch wenn die Priorität der in diesem Artikel beschriebenen Aktivitäten sich auf die Vorbereitung der Organisation in den Märkten der Europäischen Union beschränkt, so sollten jedoch keinesfalls die sonstigen Märkte des Vermarktungsgebietes vernachlässigt werden. Besonders die Einbeziehung in eine das gesamte Lizenzgebiet umfassende Preisstrategie sollte sichergestellt werden. Ein einheitlicher Marken- und Positionierungsauftritt ist als selbstverständlich vorausgesetzt.

Auf weitere Details der internationalen Märkte wird im Rahmen dieser Arbeit nicht eingegangen.

Aufbau eines „Launch-Teams" und Projektstart

Um eine Integration aller Aktivitäten zu gewährleisten, die zu einem erfolgreichen Launch notwendig sind, sollte ein deziertes Team gebildet werden, in dem interne Experten aus sämtlichen involvierten Fachbereichen vertreten sein müssen. Fachliche und logistische Unterstützung sollte ggf. durch die Hinzuziehung externer Ressourcen sichergestellt werden.

Fünf essenzielle Schritte sind nötig, um die Effektivität der Launch-Aktivitäten sicherzustellen:

- Ausreichende und frühe Festlegung eines Launch-Fahrplans
- Definition der richtigen Organisation für den Launch
- Unterscheidung zwischen zentralen und dezentralen Aktivitäten und Verantwortlichkeiten
- Regelmäßige Analyse durch ein detailliertes „Trackingsystem" über den Status der Aufgabenerfüllung in der gesamten Organisation, über alle Funktionen, Regionen und Länder
- Konsequente Erledigung offener Aufgaben und Setzen von Prioritäten für die notwendigen Maßnahmen

Für die strategische Launch-Vorbereitung empfiehlt es sich, ein griffiges Gerüst zu definieren, das leicht kommunizierbar und somit leicht verständlich und nachvollziehbar ist. Bewährt hat sich in der Praxis das folgende Beispiel, das sowohl die aktive Vorbereitung betont als auch die drei großen Bereiche Produkt, Markt und das eigene Unternehmen beinhaltet:

„Prepare the product" – „Prepare the market" – „Prepare the company"

Sämtliche für die Einführung wichtigen Bereiche sollten unmittelbar im Launch-Team vertreten sein. Ebenso muss die Unterstützung von höchster Stelle im Management sichergestellt sein, damit notwendige Ressourcen kurzfristig zur Verfügung gestellt werden können.

So empfiehlt es sich, unter einem Lenkungsausschuss, bestehend aus dem Top-Management der Region, der involvierten Zentralfunktionen (z. B. Marketing-Services) und des Indikationsfeldes, eine Arbeitsgruppe zu bilden, in der sowohl verschiedene Disziplinen aus der Zentrale, wie strategisches Marketing, Medical Affairs, Logistik, Zulassung und Pricing, als auch Vertreter der wichtigsten Länder vertreten sein sollten.

Die intensive Einbeziehung der Märkte führt nicht nur zur Berücksichtigung marktnäherer Informationen, sondern bewirkt darüber hinaus eine weitaus problemlosere Akzeptanz der im Team festgelegten Maßnahmen und Entscheidungen durch die lokalen operativen Einheiten, die i. d. R. für deren Umsetzung und Implementierung verantwortlich sind.

Ein wichtiger Motivationsgrund dafür, alle Kräfte zu bündeln, ist die Einigkeit darüber, dass ein reibungsloser Launch-Prozess den Erfolg für das neue Produkt und für das gesamte Unternehmen bestimmt (siehe Abb. 1).

Erfolgsfaktoren für das Management einer Produktneueinführung in Europa

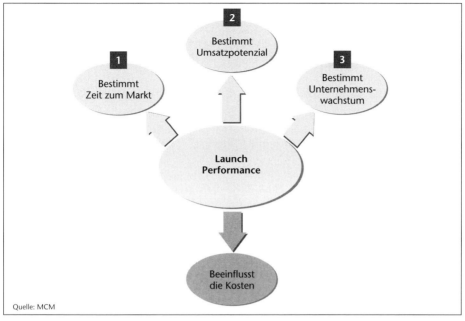

Abb.1: *Einfluss einer Produkteinführung Top- und Bottom-Line*

Strategisches Marketing

Um einen einheitlichen *Auftritt der Marke* im Lizenzgebiet zu erreichen, ist es unabdingbar, dass zentral festgelegt wird, welche Designelemente und welcher Stil angewandt werden. Ebenso sind die Verwendung von einheitlichen Icons und der zu verwendende Bildkatalog zentral zu definieren.

Zu beachten ist, dass die Marke vor der Zulassung zur Vermarktung nicht verwendet werden darf. Durch einheitliche Farb- und Motivwahl kann aber bereits in der Pre-Marketingphase ein wichtiger Wiedererkennungswert geschaffen werden. Auch hier empfiehlt es sich, die wichtigsten lokalen Niederlassungen in die Diskussionen und Überlegungen vor der endgültigen Festlegung einzubeziehen.

Die Positionierung des Produkts bestimmt den Gesamteindruck, den der Kunde von ihm erhält. Es ist essenziell, dass die zu vermittelnden Kernbotschaften kurz und griffig sind. Die wissenschaftlichen Aussagen müssen sich selbstverständlich eng an die zugelassene Indikation und das zugelassene Behandlungsschema (Label) halten. Um dies sicherzustellen, sollte für sämtliche Kernaussagen eine Referenzliste erstellt werden, worauf bei eventuellen Rückfragen Bezug genommen werden kann. Bei der Festlegung der Positionierung und der Erarbeitung der Referenzliste ist die Einbeziehung der wichtigsten Meinungsbildner äußerst hilfreich, i. d. R. sind diese auch gerne zur Mitwirkung bereit.

Preisfindung

Wie bereits oben erwähnt, sind Marktzulassung, Preisfestlegung und Erstattungsentscheidung in den meisten Ländern getrennte Arbeitspakete. Jedem Hersteller muss daran gelegen sein, innerhalb der Europäischen Union ein möglichst enges Preisband zu erreichen, um die Attraktivität für den Parallelhandel zu minimieren. Speziell bei einem rekombinanten Produkt, das sehr sensibel auf Störungen im logistischen Ablauf reagiert, kann unsachgemäße Handhabung, die beim Parallelhandel nicht immer ausgeschlossen werden kann, nachteilige Auswirkungen haben.

Aufwendige Preisstudien unter Berücksichtigung von Referenzpreisen (s. u.), Umfragen bei Entscheidern sowohl im medizinischen als auch im Erstattungsbereich, sind notwendig, um verschiedene Preise mit verschiedenen Mengengerüsten zu kombinieren. Die sich daraus ergebenden Preis-Mengen-Kurven führen letztendlich zum so genannten optimalen Preis.

Um diesen optimalen Preis zu erreichen, ist für das Unternehmen die rechtzeitige Erarbeitung pharmako-ökonomischer Studien notwendig. Sie liefern die wichtigsten Argumente, die die Gesundheitsbehörden der einzelnen Staaten davon überzeugen, dass neben der klinisch-medizinischen Verbesserung für die Patienten auch für das Gesundheitssystem ein Kostennutzen oder zumindest eine Kostenneutralität erreicht wird.

In vielen Ländern werden vor der Genehmigung von Preisen für neue Arzneimittel Referenzpreise verwandt, die sich zum einen auf alternative Behandlungsmethoden im eigenen Land (interne Referenz) oder auch auf bereits existierende Preise für das gleiche Produkt in einem anderen Land beziehen können (externe Referenz).

Die genaue Kenntnis dieser Politik und der damit verbundenen Regeln ist vonnöten, damit eine optimale Sequenz für die Preisfestlegung/Einführung in den verschiedenen Ländern definiert werden kann.

Konkurrenzanalyse

Die Analyse realer und möglicher Aktivitäten konkurrierender Unternehmen ist besonders im Onkologiebereich eine äußerst komplexe Angelegenheit. So muss, wie in anderen Indikationsgebieten auch, beachtet werden, welche Produkte bereits im Markt sind und welche in absehbarer Zeit auf den Markt kommen werden.

Darüber hinaus gibt es komplexe Kombinationsmöglichkeiten mit anderen Therapeutika, die in vielen Fällen sogar durch die Zulassung entweder vorgeschrieben oder untersagt sind. Als zusätzliche Dimension kommt dann noch der empfohlene, zugelassene und/oder erstattete Einsatz in einer bestimmten Linie des Behandlungsschemas hinzu.

Da es sich bei der Onkologie überwiegend um ein Klinikgeschäft handelt, sind Marktdaten, wie sie im Apothekengeschäft umfangreich zur Verfügung stehen, nur eingeschränkt verfügbar. Daher sind umfangreiche und ständig zu aktualisierende Marktstudien notwendig, um einen kompletten Überblick zu erhalten.

Ernsthaft betrieben erweist sich der Versuch als sehr hilfreich, sich intensiv in die Rolle des/der stärksten Konkurrenten zu versetzen. So ist es sehr aufschlussreich, im Launch-Team ein aufwändiges „War Game" zu organisieren. Hier schlüpft ein Teil der Kollegen in die Rolle eines konkurrierenden Unternehmens. Jede Gruppe entwickelt ihre entsprechenden Strategien und Aktivitäten inklusive der dazu gehörigen Stärken-/Schwäche-Analyse. Es folgt eine ausführliche Diskussion, aus der ein umfangreicher Aktionsplan entwickelt wird, dessen Erledigung umgehend in Angriff genommen werden soll.

Operative Einheiten/Länderorganisationen

Wie bereits oben mehrfach erwähnt, erweist es sich als außerordentlich positiv, Vertreter der operativen Einheiten, die den Großteil der Implementierung zu realisieren haben, sehr frühzeitig in die Entwicklung der Strategien und Entscheidungen einzubeziehen.

In der nun folgenden Phase gilt den Niederlassungen, die den direktesten Kontakt zu den Kunden haben, die größte Aufmerksamkeit.

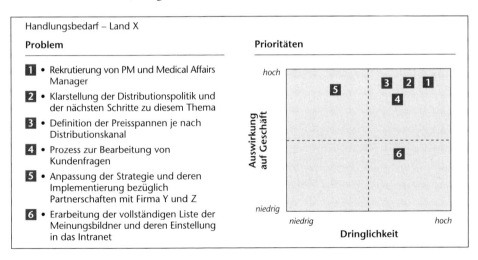

Abb. 2: Beispiel für einen Zwischenbericht über den Stand der Vorbereitungen in Land X

Beginnt ein Unternehmen ein Geschäft in einem neuen Indikationsgebiet, beschränkt sich das entsprechende Fachwissen oft auf nur wenige Einheiten in der Zentrale. Während in der Regel durch die zentral koordinierten klinischen Studien und durch die strategischen Überlegungen die Kenntnisse bereits relativ weit fortgeschritten sind, gibt es lokal meistens nur Kontakte der dort ansässigen CRA's (Clinical Research Associates) zu den in die internationalen Studien einbezogenen Meinungsbildnern. Zum Großteil der wichtigen Verschreiber müssen oft komplett neue Beziehungen aufgebaut werden.

Der Aufbau der Struktur der lokalen Einheiten sollte nach möglichst einheitlichem Muster erfolgen, wobei bei kleineren Einheiten verschiedene Funktionen zusammengefasst werden können.

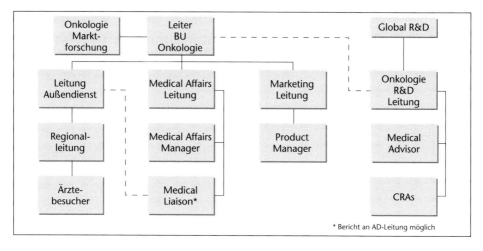

Abb. 3: *Organigramm zum Zeitpunkt der Einführung*

Da die benötigte Expertise im Unternehmen oft nur sehr begrenzt vorhanden ist, muss der überwiegende Teil der neuen Funktionen mit erfahrenen externen Mitarbeitern besetzt werden. Für ein Unternehmen als Newcomer in einem neuen Indikationsgebiet ist es normalerweise nicht gerade leicht, in relativ kurzer Zeit die benötigten Experten zu rekrutieren. Hier helfen die Erfahrung und der Ruf im angestammten Geschäft wie auch der bereits angesprochene Enthusiasmus der Teammitglieder, der bei den Kandidaten die notwendige Begeisterung und den Wechselwillen auslösen kann. Voraussetzung dafür ist die genaue Kenntnis der Usancen in den jeweiligen Arbeitsmärkten, attraktive Konditionen, die Überzeugungskraft des Managements und der Reiz, bei der Einführung einer wahrhaften Innovation dabei zu sein.

Kernpositionen wie Leiter der lokalen Business Unit, Marketingleiter, Medizinische Leiter u. a. werden auf Vorschlag der Niederlassung und nach eingehender Begutachtung durch die Zentrale besetzt.

Jede operative Einheit sollte einen ausführlichen, nach einheitlichem Schema festgelegten Marketingplan erstellen. Kernpunkte eines solchen Planes sind:

- ein Überblick über das lokale Gesundheitssystem und den Markt im neuen Indikationsgebiet incl. der wichtigsten Trends,

- die Ausarbeitung länderspezifischer Ziele, Erfolgsfaktoren, Strategien und taktischen Maßnahmen in Übereinstimmung mit dem globalen Produktplan,
- die Beschreibung der notwendigen lokalen Organisationsstruktur für die neue Geschäftseinheit und deren Aufbau und Entwicklung über die Zeitachse,
- die klare Darstellung der Hintergründe, die zu der entsprechenden Umsatz- und Investitionsvorschau geführt haben, um die vorgegebenen Ziele innerhalb der Planperiode zu erreichen.

Eine der wichtigsten Informationen, die ein solcher Marketingplan beinhaltet, ist die Anzahl und Art der Zielkunden, die meistens je nach Land sehr unterschiedlich strukturiert sind. Es sind dies die unterschiedlichen Spezialisten in der Ärzteschaft, die Pharmazeuten oder auch speziell ausgebildetes Fachpersonal (z. B. Onkologie-Krankenschwestern).

Aus der Multiplikation der Anzahl der Kunden mit der jeweiligen optimalen Besuchsfrequenz, das Ergebnis dividiert durch die möglichen Besuche eines Repräsentanten vor Ort, ergibt sich dann die notwendige Anzahl der Außendienstmitarbeiter. Dieses Ergebnis wird dann mit der Anzahl der Mitarbeiter bei anderen Firmen verglichen, um eine erste Plausibilitäts-Prüfung zu haben.

Jedem einzelnen Zielkunden wird hier eine bestimmte Priorität zugewiesen. Dieses „Targeting" wird ständig den neuen Erkenntnissen über Wechsel in der Ärzteschaft, Zuständigkeiten, Entscheidern etc. angepasst, da nur so die optimale Nutzung der kostspieligen, wichtigen Ressource Außendienst sichergestellt ist.

Um eine von einem Mitarbeiter zum anderen etwa gleiche Anzahl von Zielkunden sicherzustellen, muss eine effektive Aufteilung der Verantwortungsbereiche (Territorien) organisiert werden. Die Ergebnisse in diesen Territorien bestimmen letztendlich auch den Grad der Zielerreichung der einzelnen Mitarbeiter und somit ihren variablen Bonus.

Die Attraktivität des Gesamtpaketes für die Mitarbeiter bestimmt letztendlich die Möglichkeit für das Unternehmen, die besten Mitarbeiter, die am Arbeitsmarkt verfügbar sind, zu rekrutieren. Ein Unternehmen muss sich bewusst sein, dass in einem Spezialmarkt wie der Onkologie erfahrene Mitarbeiter rar sind und durchaus das bisher gewohnte und gewachsene Gehaltsgefüge des Unternehmens durcheinander bringen können.

Der Innovationsgrad in der Onkologie der vergangenen Jahre hat ebenso dazu geführt, dass heute Therapieansätze bereits zum Standard geworden sind, die vor kurzer Zeit nur wenigen Forschern aus experimentellen Studien bekannt waren. Daher ist hier die ständige Aus- und Weiterbildung der Mitarbeiter mit medizinisch-wissenschaftlichem Detailwissen notwendig.

Die neu geschaffenen Marketingabteilungen müssen sich auf eine Vielzahl von Aufgaben einstellen, da, basierend auf Vorgaben vom strategischen Marketing, lokale Pläne von Null auf aufgebaut werden müssen. Individuelle Ansätze sind schon daher notwendig, weil die Spezialmärkte in den verschiedenen europäischen Ländern in der Regel sehr unterschiedlich ausgeprägt sind. So ist im Onkologiesektor u. a. der Behandlungszyklus, d. h. welche Medikamente in welcher Sequenz verwendet werden, je nach lokalem Usus verschieden. Daher müssen die lokalen Marktstrukturen, die die Basis für die o. g. Marketingpläne bilden, genau analysiert und abgebildet werden. Mediapläne gilt es ebenso zu erstellen wie lokale Einführungsveranstaltungen zu organisieren, unterschiedliches Promotionmaterial für die Pre- und die Postlaunch-Phase muss erarbeitet werden. Essenziell ist auch hier, dass sämtliches verwendetes Material erst nach Begutachtung und Genehmigung durch die Zentrale verwendet werden darf.

Bereits erwähnt wurde der hohe medizinisch-wissenschaftliche Anspruch, der im Onkologiemarketing eine herausragende Rolle spielt. Dafür müssen nicht nur in der Zentrale, sondern auch in den lokalen Organisationen entsprechende Kompetenzzentren aufgebaut werden.

Die Erarbeitung von Verzeichnissen regelmäßig auftauchender Fragen mit den passenden Antworten muss ebenso sichergestellt werden wie die Erstellung von Übersichten der medizinischen Publikationen. Call-Center-Services zur Betreuung bei medizinischen Rückfragen sollten eingerichtet werden. Die meisten zeitlichen und monetären Ressourcen im Bereich der „Medical Affairs" werden jedoch nicht in die genannten Aktivitäten, sondern in verschiedene Arten medizinischer Studien investiert. Es handelt sich hier um Studien, die vordringlich nicht der Zulassung neuer Produkte oder Indikationen dienen, sondern eine Unterstützung von Medizinern bei der Entwicklung und Erforschung neuer Ansätze bei der Verwendung des betreffenden Medikaments bieten. Dies umfasst z. B. die Verwendung in weiteren Indikationen mit anderen Tumoren oder in Kombination mit anderen Therapeutika. Wichtig ist hier anzumerken, dass die Anforderungen an Qualität und Dokumentation keinerlei Abstriche zulassen und nur Ärzte/Zentren, die diesen hohen Anforderungen gerecht werden können, bei solchen Studien unterstützt werden können. Vorteil für das Unternehmen ist die Erarbeitung einer Vielzahl von wissenschaftlichen Publikationen der entsprechenden Studienergebnisse, die innerhalb der medizinischen Gemeinschaft schnell Verbreitung finden und somit indirekt für das Produkt werben können.

Die direkte Promotion des Unternehmens für das Produkt muss sich selbstverständlich streng im legalen Rahmen und in enger Anlehnung an das zugelassene Label bewegen. Hier sind keine Ausnahmen zuzulassen.

Klinische Studien (zulassungsrelevant/strategisch/IIT's)

Wie bereits im vorherigen Abschnitt angedeutet, werden klinische Studien, auch wenn sie gleichen Qualitätsstandards genügen müssen, je nach Zielrichtung, Umfang und Sponsor in verschiedene Kategorien eingeteilt:

- Die für die Zulassung durch die Gesundheitsbehörden benötigten Studien schreiben i. d. R. neben einer Mindestzahl eingeschlossener Patienten bestimmte Zielwerte vor. Bei vielen Indikationen wird auch auf doppelblinde Studien bestanden, bei denen ein Teil der Patienten das neue Medikament und der andere Teil i. d. R. Placebos bekommt. Auf die Gabe von Placebos wird aber in onkologischen Studien aus ethischen Gründen regelmäßig verzichtet.
- Als strategische Studien kann man große Studien, die durch die Firma initiiert werden und in einer Vielzahl von Ländern und Zentren realisiert werden, bezeichnen.
- IIT's (= Investigator Initiated Trials) werden, wie der Name schon sagt, auf Vorschlag eines Arztes, einer Ärztegruppe oder eines onkologischen Zentrums initiiert. Die Verantwortung für die Durchführung der Studie liegt hier bei dem Arzt (der Klinik). Die Firma, von der diese Studie gesponsert wird, wird jedoch auf die Qualität der dokumentierten Daten einen großen Wert legen, da nur dann verwertbare (d. h. in der medizinischen Gemeinschaft akzeptierte) Publikationen erarbeitet werden können.

Essenziell für effektive Ergebnisse aus jedweder Art dieser Studien ist eine enge Zusammenarbeit der Bereiche Klinische Entwicklung, Marketing und Medical Affairs, damit die optimale Nutzung der Studienergebnisse und der daraus resultierenden Publikationen gewährleistet ist.

„One team, one goal"

Sind alle genannten Aktivitäten (Anspruch auf Vollständigkeit wird nicht erhoben) erfolgreich und im geplanten Zeitraster realisiert, sollte kurz vor dem offiziellen Launch die Möglichkeit bestehen, die dann neue Mannschaft auf die kommende Herausforderung einzuschwören. Bei einer solchen Gelegenheit werden nochmals die gemeinsamen Ziele kommuniziert, die Kernbotschaften wiederholt und der Abschluss der Vorbereitungen gefeiert.

Bis es soweit sein kann, sind aufwändige Auswahlprozesse, Schulungen, Zielvereinbarungen, erste Kundenkontakte, Erarbeitung von Informationsmaterial, Definition von Studienplänen und vieles mehr vorausgegangen.

Der Enthusiasmus dieser Aufbruchstimmung sollte genutzt werden, um den Kunden überzeugend die Möglichkeiten der neuen Therapieform nahe zu bringen, damit diese ihren Patienten zugute kommen kann.

Zusammenfassung

Wichtigste Voraussetzung zur professionellen Vorbereitung einer erfolgreichen Produkteinführung ist die Motivation und die Konzentration aller Funktionen und Bereiche auf das Erreichen dieses Ziels. Die Unterstützung des Managements durch Präsenz und Kommunikation, aber auch durch das Zurverfügungstellen notwendiger Ressourcen, ist unverzichtbar. Die Anwendung eines systematischen Ansatzes führt in der Regel dazu, dass jederzeit umfassende Informationen über den Status der einzelnen Schritte vorliegen, so dass auf auftretende Schwierigkeiten schnell und effektiv reagiert werden kann.

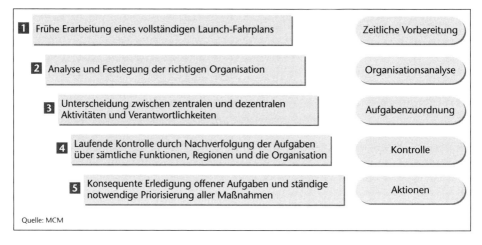

Abb. 4: Fünf Schritte zu einer erfolgreichen Produkteinführung

14 Innovationspartnerschaften in Forschung & Entwicklung und Marketing & Vertrieb der Pharmaindustrie

Stephan Scholtissek

Einleitung	256
Situation und Herausforderungen im europäischen Arzneimittelmarkt	256
Mit Innovationspartnerschaften auch die Leistungstiefe reduzieren	259
Potenzialstarke Bereiche für Business Process Outsourcing (BPO) in der Pharmaindustrie	261
BPO in Marketing und Vertrieb	262
BPO in Forschung und Entwicklung	269
Zusammenfassung	269

Einleitung

Ziel aller Unternehmen ist es, erfolgreicher zu wirtschaften, Wertschöpfung zu steigern und Mehrwert zu schaffen. Dabei stehen Arzneimittelhersteller heute nicht nur unter wachsendem Kosten- und Leistungsdruck. Sie kämpfen zugleich mit zunehmender Dynamik und Komplexität der pharmazeutischen, technologischen und organisatorischen Entwicklung im globalen Marktumfeld. Das stellt sie vor zentrale Herausforderungen: Wie können sie in diesem Kontext die Qualität ihrer Prozesse und Produkte wettbewerbsfähig erhalten oder gar weiterentwickeln? Wie können sie Geschäftsmodelle schaffen, mit denen sie die Produktivität fortlaufend steigern? Wie sollen sie in kurzer Zeit die dafür nötigen Ressourcen mobilisieren? Keine leichte Aufgabe.

Neben einem Gespür für Markttrends sind exzellente Strukturen und Prozesse entlang der gesamten Wertschöpfungskette gefragt, die es erlauben, das Unternehmen schnell und mit höchster Effektivität und Effizienz auf neue Ziele auszurichten. Traditionell stark integrierte Konzernstrukturen können dies kaum mehr leisten. Immer häufiger suchen die Pharmaunternehmen daher nach externen Partnern – nicht nur für einzelne Prozesse und Aufgabenstellungen, sondern für ganze Funktions- und Geschäftsbereiche. Die Notwendigkeit der Konzentration auf Kernkompetenzen hat in der Vergangenheit Outsourcing-Aktivitäten vorangetrieben. Die Trennung von ungeliebten Nebengeschäftsbereichen allein genügt heute jedoch nicht mehr.

Gefordert ist immer mehr Mut, auch neue Wege der gemeinschaftlichen Marktbearbeitung zu gehen. Wege, die die Unternehmens- und Wertschöpfungsstrukturen, die Art und Weise des Arbeitens und Wirtschaftens fundamental verändern können. Einer davon führt aus der Kunde-Dienstleister-Beziehung klassischer Outsourcing-Vereinbarungen zu partnerschaftlichen Modellen, in denen beide Partner gemeinsame Ziele verfolgen, unternehmerische Verantwortung tragen, Innovationen schaffen und Investitionsrisiken und -erfolge teilen.

Auf diesem Weg finden wir heute auch immer mehr Pharmaunternehmen. Sie suchen nach Business Innovation-Partnern, mit denen sie Aufgaben teilen, Kompetenzen ergänzen und Marktkraft steigern können. Das Ergebnis ist das, was wir Innovationspartnerschaft nennen – eine Partnerschaft zwischen einem Unternehmen und einem „Innovationspartner", die dem Aufbau gemeinsamer, komplementärer Fähigkeiten in wichtigen Funktionen oder Prozessen dient.

Situation und Herausforderungen im europäischen Arzneimittelmarkt

Schon seit Jahrzehnten gilt die pharmazeutische Industrie als einer der stabilsten Wachstumsmärkte. Daran hat sich – trotz anhaltend schwieriger Weltkonjunktur – bis heute wenig geändert. Die zunehmende Überalterung in den Industrienationen, die Ausweitung von Therapiemethoden und Behandlungsformen und nicht zuletzt die Expansion in Emerging Markets ermöglichen immer noch kontinuierliche, überproportionale Zuwächse. Das heißt keineswegs, dass die Branche nicht erheblich unter Druck steht. Weltweit kämpfen Pharmahersteller mit Kostendeckelung, sinkenden Arzneimittelpreisen, steigendem Wettbewerb, auch und vor allem von Seiten der Generika-Hersteller, Reformen gesetzlicher Rahmenbedingungen, hohem Innovations- und Kostendruck – und nicht zuletzt mit den erheblichen Erwartungen von Shareholdern, Patienten und Gesundheitsorganisationen.

Entlang der gesamten pharmazeutischen Wertschöpfungskette steigt somit die Notwendigkeit, die Effektivität und Effizienz von Prozessen und Strukturen nachhaltig zu steigern. Immer deutlicher wird allerdings, dass fundamentale Transformationen anstehen, da traditionelle Strategien und Stellschrauben durch fast alle Pharmafirmen genutzt werden und immer häufiger ohne den benötigten Erfolg bleiben. Hierzu zählten bislang vor allem folgende klassische Grundannahmen:

- Je innovativer die Medikamente, desto größer ihre Marktchancen.
- Je größer ein Pharmaunternehmen, desto höher seine Innovationskraft und Wettbewerbsfähigkeit.
- Je höher die Investitionen in Forschung und Entwicklung, desto größer die Quote erfolgreicher Produkte.
- Je größer die Außendienstorganisation, desto höher die Umsätze.
- Der Arzt ist der Kunde der Hersteller.
- Nur die Verfügbarkeit aller Aktivitäten im eigenen Unternehmen führt zum Erfolg.

Angesichts der aktuellen Marktentwicklung sind solche Grundannahmen in Frage zu stellen, wenn nicht in weiten Teilen als überholt zu bewerten. So mussten z. B. namhafte Arzneimittelhersteller schmerzlich erkennen, dass sie ihre Vertriebsmannschaft und -kosten in der letzten Dekade zwar verdoppelten, ihre Produktivität jedoch keineswegs proportional stieg, sondern im Gegenteil sogar um ein Viertel zurückging. Nicht zuletzt weil „mehr des Gleichen" beim traditionellen Kunden „Arzt" vor allem zu einer Resistenz gegenüber Außendienstmitarbeiter-Besuchen führte. Aber auch weil die Ansprache neuer Kundengruppen vernachlässigt wurde: Neben dem Arzt als bisherigem primären Abnehmer des Arzneimittelherstellers treten immer häufiger Apotheker, Internet-Apotheken, Apothekenketten und (staatliche) Einkaufsgemeinschaften in den Vordergrund, die bei der Beschaffung weniger medizinische als vielmehr wirtschaftliche Kriterien ins Zentrum stellen. Das erfordert ein spezifiziertes Spektrum an Kommunikationsinhalten, -taktiken und -strategien. Überdies werden mit der Aufweichung des Heilmittelwerbegesetzes und der Individualisierung von Therapien auch die Patienten selbst zur eigenständigen Zielgruppe, die vermehrt direkt und segmentspezifisch angesprochen werden will. Gefragt sind daher vor allem Lösungen, die den Bereich Marketing und Vertrieb in Management und Nutzung von Markt- und Kundeninformationen wirksam unterstützen.

Entscheidender Transformationsbedarf besteht auch im Bereich Forschung und Entwicklung sowie in Marketing und Vertrieb, die die beiden größten Kostenblöcke darstellen. So haben sich zum Beispiel die Investitionen in Forschung und Entwicklung in den vergangenen zehn Jahren mehr als verdoppelt, doch ist der Output gemessen an der Anzahl neuer Produkte bzw. dem Umsatzanteil neuer Medikamente praktisch konstant geblieben. Von 5 000 Molekülen, die in der Forschung untersucht werden, kommen nur rund zehn in die Entwicklung und nur eines erreicht die volle Marktreife. Und mit jedem Patent, das ausläuft, müssen, bedingt durch die Aktivitäten der Generika-Hersteller, in Zukunft weitaus gravierendere Umsatzeinbrüche hingenommen werden.

Das verlangt nach Innovationsstrategien, die viel stärker und früher mit Kosten-Nutzen-Relationen, Kalkulationen von Marktpotenzialen und Wirtschaftlichkeitsrechnungen arbeiten – und vor allem darauf zielen, mehr und profitablere Produkte in kürzerer Zeit auf den Markt zu bringen. So kommt es folgerichtig zu einer Spezialisierung auf Kompetenzbereiche und Indikationsgebiete einerseits; andererseits zu einer vermehrten Kooperationsnotwendigkeit in Netzwerken und spezialisierten Allianzpartnern, welche die Kompetenzen und Marktkraft verstärken können. Dieser Trend wird durch die dynamische Entwicklung der Gentechnologie noch verstärkt. Sie sorgt mit neuen Möglichkeiten zielgruppenspezifischer Arzneimittelentwicklung für zunehmende Komplexität, die es für ein einzelnes Unternehmen immer schwieriger macht, den Gesamtprozess im eigenen Haus mit marktfähiger Effizienz und Qualität zu beherrschen.

In Pharma-Forschung und -Entwicklung sowie in der Produktion wurden die steigende Marktdynamik und -komplexität vielerorts schon mit einer Auslagerung von Funktionen und Teilprozessen und einer Senkung der Fertigungstiefe beantwortet. Vermehrtes Arbeiten in Leistungsverbünden, in denen komplementäre Kompetenzen bestmöglich kombiniert werden, ist die Folge. Dies ist eine Entwicklung, die wir seit Anfang der 90er Jahre auch in anderen Industrien beobachten und die dort zu enormen strategischen und finanziellen Vorteilen führte. So ist es vor allem den deutschen Automobilherstellern, den deutschen Anlagenbauern und der deutschen Elektrotechnik-Industrie mit Bravour gelungen, bis zu 85 Prozent ihrer Fertigung und später auch Entwicklung und Innovation an externe Spezialisten und Systemlieferanten auszulagern. Diese liefern heute nicht mehr nur Teile nach Herstellervorgaben, sondern entwickeln und produzieren ganze Komponenten und Baugruppen in enger Zusammenarbeit mit den Herstellern. Letztere konnten so ihre Entwicklungs- und Fertigungskosten um bis zu 75 Prozent reduzieren und die freiwerdenden Ressourcen auf die Professionalisierung der eigenen Kernprozesse konzentrieren. Dabei profitieren sie in entscheidendem Maße von Skaleneffekten, Flexibilität, Innovationskräften und hoch entwickelten Fachkompetenzen, die ihnen ihre Partner erschließen.

Auch in der traditionell auf das eigene Unternehmen fokussierten Pharmaindustrie findet Outsourcing heute nicht mehr nur als Mittel für Kostensenkung, sondern auch als strategisch-taktisches Instrument immer mehr Akzeptanz. Das zeigte schon 2002 eine globale Studie von Accenture. Demnach befanden bereits zu diesem Zeitpunkt 87 Prozent der 160 befragten Führungskräfte aus der pharmazeutischen Industrie, dass durch die Auslagerung vor allem die Kontrolle über die Geschäftsaktivitäten maßgeblich gestiegen sei. Neben Planungsfähigkeit und Konzentration auf Kernkompetenzen verbessere die Zusammenarbeit mit dem externen Partner ferner den Zugang zu technologischen und Prozessinnovationen sowie die Einheitlichkeit, Qualität und Bereitstellungsgeschwindigkeit interner Informationen. Überdies erklärte über die Hälfte der Pharma-Manager, dass mit Hilfe der Outsourcing-Organisation neue Prozesse, Strukturen und Strategien in den zum Teil weit verzweigten, globalen Netzwerken schneller und kontrollierter umgesetzt werden könnten. Viele Effekte hätten sich bereits unmittelbar nach Unterzeichnung der Outsourcing-Vereinbarung eingestellt, berichteten die Befragten. Allein die damit verbundene Formalisierung der Veränderung hätte oft zu spürbaren Verbesserungen der Kontroll- und Steuerungsfähigkeit geführt, die sich mit Vollzug des Übergangs (nach typischerweise sechs bis acht Monaten) weiter ausprägte, bestätigte über die Hälfte der Manager.

Seitdem haben sich Outsourcing-Modelle und -Kompetenzen noch erheblich weiterentwickelt. Sie umfassen längst nicht mehr nur die Übernahme von Funktionen und Aufgaben im Rahmen von Auftraggeber-Dienstleister-Verhältnissen, sondern reichen bis zum eigenverantwortlichen, partnerschaftlichen Betrieb ganzer Prozessbereiche. Sie betreffen nicht mehr nur ungeliebte verwaltende Prozesse, sondern immer häufiger auch Aufgaben aus kritischen Kerngeschäftsfeldern. Und sie können immer stärker auf wachsende Erfahrung und erfolgsichernde Strategien aus langjährig bestehenden Outsourcing-Projekten anderer Industrien und Länder zurückgreifen.

Mit Innovationspartnerschaften auch die Leistungstiefe reduzieren

Auch in Pharmaunternehmen gibt es heute kaum einen Geschäftsprozess, der nicht von moderner Technologie unterstützt wird. Allerdings bieten fast alle Prozesse und zugrunde liegenden Technologien Optimierungspotenziale, die dazu beitragen, Kosteneffizienz, Wachstum und Wertschöpfung nachhaltig zu steigern. Eine entscheidende Hürde für drängende Erneuerungen sind jedoch oft fehlende Kompetenzen und Investitionsmittel. So gilt es zwar, angesichts knapper werdender Ressourcen Leistungsfähigkeit und Effizienz zu steigern, Prozess- und Organisationsstrukturen zu überdenken und zu optimieren. Doch fehlen vielen Unternehmen schon lange Kapazitäten und Mittel, um dies mit der nötigen Geschwindigkeit und Effektivität umzusetzen. Das gilt insbesondere für Aktivitäten, die nicht zum Kerngeschäft gehören und immer schwerer profitabel und wettbewerbsfähig aufrecht erhalten werden können.

Einen großen Anteil haben hier administrative und unterstützende Funktionen wie z. B. Informationstechnologie, Finanz- und Rechnungswesen, Personalmanagement, Kundenbetreuung oder Beschaffung. Ihr Niveau bleibt oft hinter den Möglichkeiten und Anforderungen zurück, und das obwohl sie im Wettbewerb eine entscheidende Differenzierung bedeuten können. Betroffen sind immer häufiger aber auch komplexe Leistungsbereiche, die unter einem besonderen Wettbewerbs- und Innovationsdruck stehen. In der Pharmaindustrie erstreckt sich dies auf technische Services (Pfizer, Johnson&Johnson u. a.) aber auch auf Forschung und Entwicklung (Wyeth), Partnerschaften in der Gentechnologie oder in spezifischen Indikationsgebieten.

Viele Unternehmen beginnen die hier verborgenen Möglichkeiten zu erkennen. Sie fragen immer stärker nach Vereinbarungen, die über die reine Beratungs- oder Dienstleistungsbeziehung hinausgehen. Sie suchen Partner, die sich als Unternehmer verstehen und bereit sind, ganze Geschäftsprozesse eigenverantwortlich zu betreiben – von der Planung über die Umsetzung bis hin zum Betrieb der neuen Lösung bzw. des neuen Prozesses, inklusive der damit verbundenen ökonomischen Chancen und Risiken. Das verändert auch die Strukturen des Anbietermarktes: An die Stelle des klassischen Outsourcing-Dienstleisters tritt immer häufiger eine neue Kategorie von Service-Providern, die Innovationspartner oder die Business Innovation-Partner. Sie haben nicht nur die einzelne Leistungsvereinbarung, sondern das gesamte Geschäfts- und Wertschöpfungsmodell sowie die Unternehmensziele und -strategie (das „Business") des „Auftraggebers" im Blick. Dabei stellen sie aus einer Hand alle Leistungen zur Verfügung, die bislang Berater, IT-Spezialisten, Outsourcer, eigene Töchter oder autarke Unternehmenseinheiten einzeln erbracht haben. Mehr noch – durch die Eigenverantwortung sind Innovationspartner in der Lage, ihr gesamtes Know-how und ihre Innovationskraft („Innovation") umfassend und zum Vorteil beider Parteien einzubringen. Die Zusammenarbeit wird dann besonders fruchtbar, wenn die jeweiligen Kompetenzen der Parteien optimal und im Sinne gemeinsam definierter Ziele ineinander greifen („Partner"). Der Aufbau solcher Partnerschaften, die Ausbildung komplementärer Fähigkeiten bei beiden Partnern wird immer mehr zum Königsweg zu echter, dynamischer Innovation.

Diese komplexe Form des Outsourcings in Zusammenarbeit mit einem integrierten, mitunternehmerisch agierenden Anbieter führt also über das alleinige (und immer noch primäre) Ziel der Kosteneinsparung hinaus. Sie erschließt zusätzlich vielfältige strategische sowie taktische Potenziale. Unter anderem:

- schnellere Harmonisierung, Standardisierung und Optimierung von Prozessen und damit automatisch eine kostengünstigere Qualitätssicherung,
- flächendeckende Umsetzung von technologischen und strategischen Neuerungen im gesamten Unternehmen,
- bessere Verfügbarkeit und gezielte Ausnutzung einheitlicher und qualifizierterer Produkt-, Prozess- und Kundeninformationen im gesamten Unternehmen,
- dadurch kürzere, marktorientiertere Produktentwicklungs- und Einführungszeiten,

- insgesamt bessere Kontrolle und Planbarkeit der Geschäftsaktivitäten und -ergebnisse,
- insgesamt stärkere Flexibilität, höhere Innovationskraft sowie gesteigerte Wettbewerbsfähigkeit (Wertschöpfung und Wachstum).

Wenn wir dieses Konzept, das in vielen produzierende Branchen zu einer massiven Senkung der Fertigungstiefe geführt hat, mit gleicher Konsequenz auf nicht-produzierende Geschäftsbereiche (Querschnittsfunktionen und unterstützende Prozesse) übertragen, führt dies zu einer signifikanten Senkung der Leistungstiefe. Besonders interessant an der Übertragung des Ansatzes ist, dass mit einer Ressourcenfreisetzung in einem ähnlichen Ausmaß zu rechnen ist, wie sie die Senkung der Fertigungstiefe brachte. Unsere Schätzungen, die im Rahmen zweier aufeinander folgender Untersuchungen vorgenommen wurden[1], gehen davon aus, dass die deutsche Pharmaindustrie bei einem Umsatz von ca. 24 Milliarden Euro rund 300 Millionen Euro an bisher unrealisiertem Potenzial erzielen könnte, wenn sie die Leistungstiefe allein in den verwaltenden Prozessen konsequent reduzieren und diese Wertschöpfungsreserve erschließen würde.

Potenzialstarke Bereiche für Business Process Outsourcing (BPO) in der Pharmaindustrie

Business Process Outsourcing und Innovationspartnerschaften fokussieren sich, wie beschrieben, vor allem auf Querschnittsfunktionen und unterstützende Prozesse. Im Gegensatz zu anderen Industrien zeichnen diese Prozesse in der Pharmaindustrie allerdings nur mit 5 bis 8 Prozent vom Umsatz verantwortlich. Damit stellt diese zwar in absoluten Zahlen einen hohen Betrag, relativ zum Umsatz aber einen vergleichsweise geringen Kostenblock dar. In der Pharmaindustrie stehen zwei andere budgetäre Schwergewichte im Mittelpunkt: nämlich Forschung & Entwicklung sowie Marketing & Vertrieb, die mit jeweils 18 bis 25 in F&E und bis zu über 40 Prozent vom Umsatz ganz andere relative Optimierungspotenziale bieten.

Gehen wir von 300 Millionen Euro Gesamteinsparpotenzial bei konsequenter Senkung der Leistungstiefe in allen unterstützenden Prozessen der deutschen Pharmaindustrie aus, können demnach schätzungsweise allein im F&E-Bereich (durchschnittlich 18 Prozent vom Umsatz angenommen) Wertschöpfungsreserven von mehr als 115 Millionen Euro freigesetzt werden. Dies unter der Annahme, dass 20 Prozent der F&E-Prozesse prinzipiell outsourcebar und auf diesem Weg für ein Unternehmen Einsparungen in Höhe von 10 bis 15 Prozent realisierbar sind. Für Marketing und Vertrieb liegen die Potenziale eher höher.

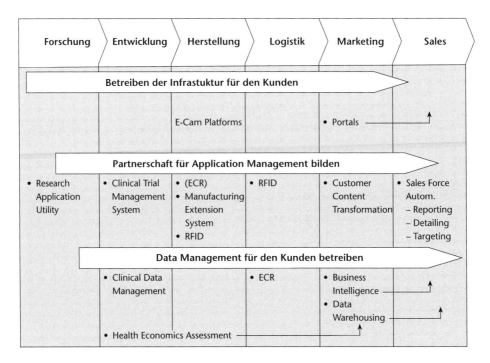

Abb. 1: Möglichkeiten für Business Outsourcing entlang der Wertschöpfungskette der Pharmaindustrie

Im Folgenden sollen beispielhaft nur einige Ansätze zur Realisierung dieser Potenziale beschrieben werden.

BPO in Marketing und Vertrieb

Als ein wesentlicher Prozess für Innovationspartnerschaften in der Pharmaindustrie hat sich der Gesamtbereich Marketing und Vertrieb herauskristallisiert. Hier steht die Restrukturierung, Optimierung und Automatisierung von Vertriebs- und vertriebsunterstützenden Prozessen (*Sales Force Automation*) und die Verbesserung von Kundenkontaktaktivitäten (*Customer Contact Transformation*) im Mittelpunkt. Ferner konzentrieren sich Outsourcing-Aktivitäten auch auf einen sehr breit gefächerten Themenkomplex im Bereich Daten-Management, der unter dem Stichwort *Business Intelligence* behandelt wird.

Auch in der Pharmaindustrie lassen sich die Outsourcing-Möglichkeiten entlang einer dreistufigen Hierarchie gliedern: Infrastruktur Management (Hardware), Application Management (Software) und Data Management (Content).

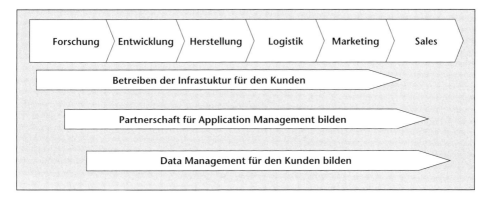

Abb. 2: Optionen für unterschiedliche Möglichkeiten einer Business Innovation Partnerschaft

Dabei sind die einzelnen Ebenen nicht ausschließlich und deshalb nicht immer getrennt darstellbar. Die meisten Projekte umfassen vielmehr Komponenten, die die verschiedenen Ebenen sinnvoll kombinieren. So ist es denkbar, für gegebene Aufgabenstellungen – wie z. B. Sales Force Automation – die gesamte Infrastruktur (Server, Netzwerk, mobile Endgeräte) zu managen, die Anwendungen zu betreiben und zu entwickeln und zugleich die eigentliche Datenpflege und -aufbereitung zu übernehmen. Auf der Infrastrukturebene eröffnen zudem Entwicklung und Betrieb von Portallösungen für Kundenbetreuung und Vertrieb in Zusammenarbeit mit einem externen Partner interessante Chancen.

Im Bereich Customer Contact Management steht die technologische Integration unterschiedlicher Interaktionskanäle, die kundensegmentspezifische Gestaltung und Organisation von Kundenservice- und Interaktionsangeboten sowie die Errichtung leistungsfähiger Call-Center-Lösungen mit Hilfe externer Unterstützung zur Disposition.

Moderne Business Intelligence-Ansätze zielen hingegen auf partnerschaftliche Entwicklung und Betrieb von Lösungen, die vorhandene Daten aus bestehenden Quellen zentral nutzbar machen – ohne die komplette Prozess- und Infrastruktur unternehmensweit transformieren zu müssen.

Sales Force Automation

Der Löwenanteil der Vertriebsaufwendungen der pharmazeutischen Industrie entfällt derzeit auf die Finanzierung des Außendienstes. Wo Unternehmen Mannschaften von bis zu 38 000 Referenten weltweit im Einsatz haben, geht es natürlich um Personal- und Reisekosten. Aber nicht nur das. Es wird zu einer besonderen Herausforderung, diese Mitarbeiter effizient zu koordinieren und zu jeder Zeit und an jedem Ort mit den für spezifische Kundengruppen relevanten Informationen zu versorgen. Bestrebungen gehen außerdem dahin, die gesamte Struktur des Pharmavertriebs zu erneuern, dessen Produktivität durch den wachsenden Wettbewerb und zunehmend schwierigere Rahmenbedingungen erheblich gesunken ist. Unternehmen, wie z. B. Pfizer, kündigten bereits an, ein Drittel ihrer Außendienstmitarbeiter abzubauen. Sie reagieren damit auf veränderte Marktbedingungen, die andere Strategien und Vertriebskanäle fordern, um alte und neue Kundengruppen effektiver anzusprechen.

Mit der Verstärkung bzw. Umstellung auf Direktvertrieb und Relationship Management umgehen die Pharmahersteller jedoch keineswegs die zugrunde liegende Herausforderung. Im Gegenteil. Schon heute ist es schwierig, die Koordination bestehender Vertriebsmannschaften und ihre Versorgung mit einheitlichen und qualifizierten Markt-, Produkt- und Kundeninformationen effizient und mit guten Ergebnissen zu gewährleisten. Mit einer Multiplikation der Kundenkontakte und Zielgruppen sowie der Produktinformationen wird das noch erheblich komplexer. Auch und vor allem, wenn der Informationsfluss nicht mehr Einbahnstraße von der Zentrale zum Vertrieb sein darf, sondern eine Mehrwege-Kommunikation etabliert werden muss, bei der zentrale Markt- und Kundendaten aus dem Vertrieb auch in Entwicklungs- und Produktionsbereiche zurückgeführt werden.

So wird die lückenlose Anbindung der Außendienstmitarbeiter an zentral gesteuerte, elektronische Außendienst-Informationssysteme zu einer fundamentalen Aufgabe, die bei der Bereitstellung geeigneter Infrastruktur-Lösungen beginnt. In vielen, weltweit agierenden Pharma-Unternehmen finden wir an dieser Stelle jedoch eine heterogene, gewachsene und keineswegs harmonisierte Systemlandschaft vor. Die Vielfalt von Plattformen und oft unzureichenden Anwendungen, die nicht problemlos miteinander kommunizieren können, verursacht nach wie vor hohe Reibungsverluste und vereitelt den unkomplizierten Datenaustausch. Das verhindert eine intelligente, zeitnahe Extraktion und Nutzung vollständiger Daten im Sinne von Business Intelligence-Initiativen. Zur Systemvielfalt kommt eine entsprechende Anzahl von Dienstleistern, die diese Systeme betreiben, warten, entwickeln – und die koordiniert werden müssen. Dabei fehlt vielen von ihnen der Zugriff bzw. die Kompetenz, um IT-Lösungen auf die strategischen Unternehmensziele und die branchenspezifischen Prozesse abzustimmen – oder sogar gestaltend Einfluss zu nehmen. Außerdem betreuen sie häufig nur Ausschnitte der technologischen Wertschöpfungskette und sind nicht in der Lage, den Gesamtkomplex von der Planung über die Implementierung bis hin zum eigenständigen Betrieb der Lösungen global zu überblicken. Das führt in jedem Unternehmen zu hohem Aufwand und hohen Betriebskosten hinsichtlich Infrastruktur, Anwendungs- und Daten-Management.

Business Process Outsourcing kann in solchem Vertriebskontext entscheidend dazu beitragen, die Qualität und Effizienz der Informationsbereitstellung und -nutzung und damit die Außendienst-Profitabilität kurzfristig aber nachhaltig zu steigern. Der externe Partner erschließt dabei entscheidende Ressourcen und neue Möglichkeiten, Systemlandschaften schnell und unternehmensweit zu integrieren, deren Betrieb und Entwicklung zu zentralisieren und dabei viele Prozesse zu automatisieren und zu beschleunigen. Interessant werden an dieser Stelle beispielsweise Modelle, bei denen sich mehrere Pharmaunternehmen mit einem Partner zusammentun, um mit diesem eine gemeinsame Gesamtapplikation aufzubauen. Sie wird später von dem Partner eigenverantwortlich betrieben und von mehreren Unternehmen genutzt. Dieser so genannte Shared Services-Ansatz ist ein Sourcing-Modell, mit dem der Anbieter zusätzliche Geschwindigkeits-, Qualitäts- und Skaleneffekte erschließt. So wirkt neben dem Volumen vor allem, dass der Shared Services-Partner die gebündelten Funktionen als Kerngeschäft betrachtet, das er mit höchster Priorität, ungeteilter Aufmerksamkeit auf Management-Ebene und in enger Zusammenarbeit mit den Nutzern betreibt und weiterentwickelt. Sein einziges Ziel ist, die dort konsolidierten Leistungen effektiv, effizient und qualifiziert bereitzustellen. Sofern dabei vertriebsunterstützende Systeme im Mittelpunkt stehen, wird diese System-Auslagerung die Wettbewerbskraft des jeweiligen pharmazeutischen Außendienstes entscheidend steigern.

Um es an einem Beispiel klar zu machen, was gemeint ist und wie weit hier andere Industrien bereits gehen: Im industriellen Umfeld lassen bzw. ließen sich Unternehmen wie Cisco, HP und Fujutsu ihren Vertriebsprozess durch „livingbrands", ein Tochterunternehmen von SellByTel, betreiben. Sie arbeiten nach einer speziell auf die Bedürfnisse von Kunden einerseits und Kostenziele der jeweiligen Unternehmen andererseits zugeschnittenen Kombination von Telefon- und persönlichem Vertrieb,

Customer Contact Transformation

Während sich im Vertrieb traditionell alles um die persönliche Begegnung mit dem Kunden dreht, haben sich in Marketing und Kundenservice mit Einzug der neuen Technologien die Kontaktpunkte und Interaktionsmöglichkeiten mit den Abnehmern entscheidend vervielfältigt. Zugleich sind Arzneimittelhersteller mit einer wachsenden Vielfalt von immer informierteren, kritischeren und proaktiveren Kunden auf Verbraucherseite konfrontiert, die von sich aus Kontakte initiieren. Damit steigt einerseits die Anforderung an die Erfassung, Dokumentation und Integration dieser Kontaktinformationen über die verschiedenen Kanäle und Medien hinweg. Andererseits ist eine höhere Reaktionsfähigkeit gefragt, um Patientenanfragen qualifiziert zu beantworten.

Viele Pharmaunternehmen kämpfen akut mit diesen wachsenden Anforderungen und lassen die Chancen, die sich aus einer sorgfältigen Aufbereitung der Kundenkontaktinformationen und Erkenntnissen über das Kundenverhalten ergeben, bisher weitgehend ungenutzt. Die mannigfachen Begegnungen mit den verschiedensten Kunden werden nur unzureichend und unvollständig erfasst, was oft unkoordinierte Reaktionen im Unternehmen auslöst. Nicht nur, dass Kunden angesprochen werden, ohne dass Zeitpunkt, Ziel und Inhalt der Marketing-Botschaften spezifiziert werden. Ein klassisches Problem ist auch die Tatsache, dass ein Arzt im Gespräch dem Pharmareferenten mitteilt, dass er kürzlich eine unerwünschte Nebenwirkung bei einem Arzneimittel des betreffenden Unternehmens an einem Patienten beobachtet hat. Dies führt zwar (hoffentlich) zum Ausfüllen eines „Adverse Event"-Formblattes, welches an die beaufsichtigende Behörde weitergeleitet wird. Doch nur selten führt dieses Gespräch zu einer entsprechenden Informationskaskade vom Außendienst zum Marketing. Und noch seltener zu einer entsprechenden Nachfassaktion beim

Arzt, die darauf zielt, das „unangenehme Ereignis" in einen positiven Kundenkontakt zu verwandeln.

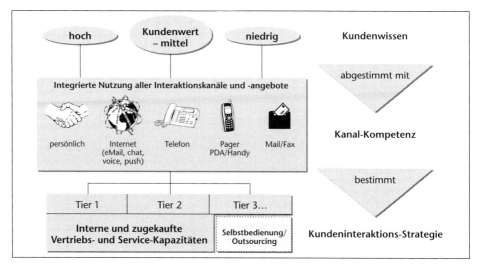

Abb. 3: Customer Contact Transformation

Dies zeigt, dass häufig die Systemvoraussetzungen fehlen, um einen integrierten Informationsfluss zu gewährleisten, der auch Medienwechsel (Telefon, Fax, eMail, Online-Formular, mobile Endgeräte etc.) automatisiert überbrückt. Überdies fehlen nachgelagerte, differenzierte Prozesse, die das Potenzial der verfügbaren Informationen systematisch nutzen. Eine integrierte End-to-End-Erfassung der Kunden-Interaktion (von der Anfrage über die Betreuung bis zur Abrechnung), die auch Informationen über Bedarf und Betreuungsaufwand transparent macht, würde z. B. eine Segmentierung ermöglichen, die sich nicht am Umsatz, sondern an der Profitabilität eines Kunden (real customer value) orientiert. Diese faktenbasierte Differenzierung von Kunden ermöglicht ferner, Marketingaktivitäten und Services segmentspezifisch zu konzipieren. Das beinhaltet, Leistungs- und Kontaktangebote dem tatsächlichen Wert eines Kunden oder einer Kundengruppe angemessen zu gestalten. Neben eine kostenintensive persönliche Betreuung durch einen Pharma-Außendienstmitarbeiter treten dann beispielsweise niedriger wertige Selbstbedienungslösungen, die über Online-Portale zur Verfügung stehen. Außendienstbesuche können auf Basis zuverlässiger Informationen auf die hochwertigen Kunden reduziert werden. Dies hilft, die Betreuungskosten gezielt zu steuern, deutlich zu senken und die Profitabilität über alle Kunden zu steigern. Systeme und Modelle, die vollständige Informationen über Kunden und ihre bevorzugten Kontaktkanäle liefern, helfen also, Interaktion differenzierter und damit effizienter zu gestalten und gezielter in die erforderlichen Kontaktkanäle zu investieren.

Im Sinne eines Business Process Outsourcing bietet sich in diesem Zusammenhang insbesondere an, Infrastruktur, Anwendungen und Management der Multi-

Channel- und Database-Lösungen in Zusammenarbeit mit einem externen Partner zu entwickeln. Dieser kann überdies Kundenportale aufsetzen und betreiben. Sinnvoll ist auch, die Betreuung der niedriger wertigen Kundengruppen, die über Selbstbedienungsservices kanalisiert werden, komplett dem versierten Partner zu übertragen. Überdies entsteht neuer Raum für Outsourcing-Kooperationen im Bereich der zunehmenden Direktmarketingaktivitäten: so z. B. beim Aufbau von Call-Center-Organisationen, die in kurzer Zeit über leistungsfähige Strukturen und Technologien verfügen sollen, welche zum einen auf die besonderen Prozess- und Interaktionsanforderungen der Pharmaindustrie zugeschnitten sind und zum anderen mit sämtlichen Interaktionskanälen integriert arbeiten.

Vom Data Warehousing zur Business Intelligence

Faktenbasierte Entscheidungen zu treffen, fällt auch vielen Marketing-Managern der Pharmaindustrie nach wie vor schwer: Nicht, weil ihnen die Kompetenzen fehlen, sondern weil sie schlicht nicht über die entsprechend aufbereiteten Informationen in entsprechender Qualität verfügen. Heterogene Datenstrukturen sowie unterschiedliche Datenverarbeitungs-Systeme und -Prozesse an einer Vielzahl von Standorten weltweit machen die Erhebung zentraler Basiskennzahlen für sie zu einer enormen zeit- und kostenintensiven Herausforderung. Wie in vielen Branchen fehlen auch hier noch viel zu häufig Standards zur Konsolidierung kritischer Kennzahlen. Es entsteht eine entscheidende Informationslücke – obwohl eine Fülle von Daten vorhanden ist.

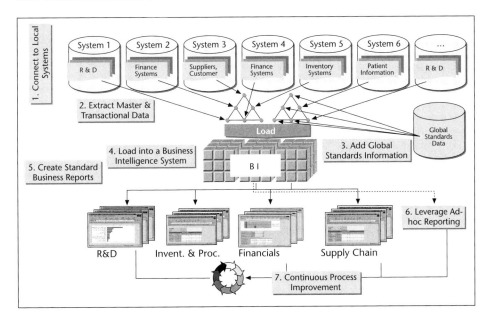

Abb. 4: Komponenten des Data Warehousing

Eine wesentliche Stoßrichtung innovativer Business Intelligence-Ansätze, die auch Accenture bereits erfolgreich umsetzt, ist nicht mehr, weltweit einheitlich neue Systeme zu implementieren. Dies würde zu einem hohen Investitions- und Umstellungsaufwand führen und erhebliche Zeit in Anspruch nehmen. Zum anderen fordert dies an verschiedenen Standorten, dass Prozesse unter hohem Aufwand komplett restrukturiert werden müssten – so dass sie unter Umständen gar den lokalen Marktanforderungen und Rahmenbedingungen gar nicht mehr gerecht würden.

Um das zu vermeiden und in kurzer Zeit effektive Lösungen zu realisieren, zielen moderne Business Intelligence-Konzepte vielmehr darauf, eine schnelle und kosteneffiziente Zusammenführung, Transformation und qualifizierte Aufbereitung der vorhandenen Daten aus bestehenden Quellen zu ermöglichen. Mit Hilfe individualisierbarer Technologie-Lösungen (Reporting Layer), die heute zwischen die lokalen Systeme und das Berichtswesen geschaltet werden können, ist es möglich, die unternehmensweite Datenintegration zu automatisieren und zu beschleunigen – ohne in die Prozesse und Systeme jedes einzelnen Standortes einzugreifen.

Um auch hier deutlich zu machen, wie weit Partnerschaften mit Dritten bereits in anderen Branchen und Ländern gedeihen, ist hier das Beipiel Caixa Catalunya aufgeführt: Die spanische Regionalbank hat ihre Datenflut in einem ersten Schritt mit Hilfe des Innovationspartners Accenture gebündelt und sauber analysiert. Den IT-Prozess für das CRM-System betreibt der Innovationspartner, Caixa's Vertriebsleute nutzen die vom System bereitgestellten Daten und Kennzahlen, um segmentspezifisch agieren und neue Produkte auf ihre Kundensegmente zuschneiden zu können. Der Erfolg: Caixa gelang es über einen Zeitraum von zehn Jahren die Zuwächse ihrer Einlagen doppelt so schnell wachsen zu lassen wie der Durchschnitt der spanischen Banken. Bei den Darlehen war Caixa fast genauso erfolgreich.

BPO in Forschung und Entwicklung

Zu den Unternehmen, die in jüngster Zeit erheblich von Innovationspartnerschaften im Bereich Forschung & Entwicklung, dem zweiten großen Kostenblock, profitieren, gehört Wyeth Pharma, einer der weltweit führenden Hersteller. Sie zählt zu den weltweit führenden Unternehmen auf den Gebieten verschreibungspflichtige Arzneimittel, Gesundheitsprodukte sowie Tierarzneimittel. Die Forschungsprogramme sind speziell auf Kleinmoleküle, Impfstoffe und Biotechnologie ausgerichtet und zielen auf die Entwicklung einer Vielzahl neuer Präparate, die helfen, Krankheiten wie Diabetes, Brustkrebs, Multiple Sklerose, Aids, Alzheimer und Schizophrenie erfolgreich zu behandeln. Ein erklärtes Ziel des weltweit agierenden Herstellers ist, die Produktivität in Forschung und Entwicklung maßgeblich zu steigern. Einen entscheidenden Schritt in diese Richtung tat das Unternehmen, als es sich 2003 dazu entschied, das weltweite Management klinischer Daten zu konzentrieren und in Zusammenarbeit mit einem externen Partner in eine eigenständige Geschäftseinheit auszulagern. Mit

Hilfe der Clinical Data Management-Tochter (CDM), die in Kooperation mit Accenture entstand und von diesem Innovationspartner auch mit betrieben wird, wurden Forschungsarbeiten, -daten und -ergebnisse von vier Forschungszentren sowie die Arbeit von 1 200 Wissenschaftlern effizient vernetzt. Dies trägt dazu bei, Prozesse wie die Planung, Steuerung, Überwachung und Protokollierung klinischer Studien sowie die Rekrutierung von Patienten und die Site Selection, d. h. die Auswahl der Prüfzentren – und damit die Phasen II und III der klinischen Tests – deutlich effizienter zu gestalten. Beschleunigte Prozesse und Informationslaufzeiten (z. B. zwischen dem letzten Patientenbesuch und dem Datenbankeintrag) führen nicht nur zu nachhaltigen, erheblichen Kosteneinsparungen im Bereich um 30 Prozent, sondern verkürzen zugleich Produktentwicklungs- und Markteinführungszeiten wettbewerbs- und umsatzentscheidend. Da das System einen erheblichen Teil der organisatorischen Aufgaben und Transaktionen automatisiert und übernimmt, bleibt dem klinischen Personal zudem deutlich mehr Zeit für die eigentliche Forschungstätigkeit. Die Produkt-Pipeline von Wyeth zählt heute zu den besten der Branche. Allein 2003 gingen zwölf neue Präparate in die Entwicklung (im Vergleich zu durchschnittlich drei pro Jahr noch vor wenigen Jahren) und vier neue Phase-III-Studien an den Start (drei davon in der Kategorie neuartige Behandlungsansätze).

Diese Organisation des klinischen Datenmanagements in Kooperation mit einem technologie- und branchenerfahrenen Business Innovation-Partner zielt insbesondere darauf, der wachsenden Flut klinischer Forschungsdaten Herr zu werden, die sich nicht zuletzt durch die erhöhte Produktivität dieses Bereiches noch potenziert. Dabei setzt das Pharmaunternehmen nicht nur auf die fachspezifischen Kompetenzen des Partners, sondern auch darauf, dass dieser Zugang zu modernster Technologie mitbringt und in der Lage ist, diese Infrastruktur auch längerfristig zukunftsorientiert zu entwickeln. Nur so kann das explosionsartig wachsende Datenvolumen auch zukünftig systematisch und mit der erforderlichen Qualität und Effizienz verarbeitet werden.

Zusammenfassung

Die vorangegangenen Betrachtungen verdeutlichen: Die Vielfalt der Möglichkeiten, die pharmazeutische Wertschöpfungskette zukunftsfähig zu transformieren, ist entscheidend gestiegen – und damit auch die Chance, Komplexität zu senken durch Kooperationen mit Innovationspartnern.

Insbesondere in den Bereichen Forschung und Entwicklung sowie Marketing und Vertrieb – den zentralen Kostenblöcken der pharmazeutischen Industrie – bieten sich zentrale Stellhebel, um die Art und Weise, wie Mehrwert geschaffen wird, neu zu gestalten. Besonders ist dabei, dass diese Bereiche speziell mit einer Vervielfältigung der Zielgruppen, einer zunehmende Zahl globaler Kontakte und Interaktionen sowie einem explosionsartigen Anstieg von Daten und Informationen konfrontiert sind.

Dies erfordert grundlegend neue, effiziente und zeitnahe Bewältigungsstrategien, weil beide Bereiche über Produktivität und Markterfolg eines Arzneimittelherstellers entscheiden.

Insgesamt bietet sich dabei aus unserer Sicht für die weltweite Pharmaindustrie ein Kostensenkungspotenzial von ca. 6 Mrd. Euro.

Allerdings fehlen den meisten Pharmaunternehmen die finanziellen und fachlichen Ressourcen, um die nötigen Prozess- und Technologie-Innovationen für die kritischen unterstützenden Informations- und Kontakt-Management-Funktionen aus den eigenen Reihen marktfähig voranzutreiben. Hier können sie ihre Position durch die Integration externer Kapazitäten und mehr noch durch die Zusammenarbeit in Innovationspartnerschaften nachhaltig verbessern.

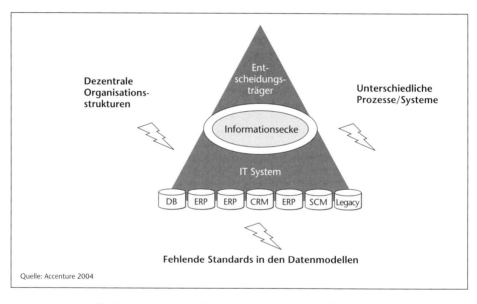

Abb. 5: *Komplexe Architektur erschwert einen gesamthaften Ansatz*

Neben marktfähiger Effizienz, Reaktionsgeschwindigkeit und Innovationskraft erzielen sie dabei auch eine interessante Optimierung der Kostenstrukturen: Fremdvergaben in Form von Business Process Outsourcing, die den Übergang von Infrastruktur und Personal umfassen, ermöglichen die Überführung von bilanzierungspflichtigen Assets in variable Kosten. Hohe Einmalaufwendungen werden vermieden – und zusätzliche Skaleneffekte und Innovationspotenziale über die Zusammenarbeit mit Innovationspartnern möglich.

Um zu entscheiden, welche Funktionen in welchem Umfang Teil einer Outsourcing- oder partnerschaftlichen Lösung werden können, ist kompetente Beratung gefragt. Und nicht nur das. Unternehmen suchen heute mehr als nur Beratung – sie wollen auch die Umsetzung, und zwar aus einer Hand. Die Nachfrage nach Innovations-Partnern steigt, die in der Lage sind, neben Beratungs- und IT-Dienstleistungen auch Verantwortung für Betrieb und Entwicklung kompletter Geschäftsprozesse in enger Zusammenarbeit mit dem Auftraggeber zu übernehmen. Es geht darum, die Beratungs- und Integrationsleistungen mit der Entwicklung und Transformation von Geschäftsprozessen verbinden und bewältigen zu können. Das gilt für die pharmazeutische Industrie ebenso wie für viele andere Branchen.

Wichtige Adressen und Internet-Links

Europäische Pharmaverbände

Belgien
AGIM
Square Marie-Louise 49
B-1000 Brüssel
Tel.: +32-2/2 38 99 76
Fax: +32-2/2 31 11 64
E-Mail: info@agim-avgi.be

Dänemark
LIF
Strødamvej 50A
DK-2100 Kopenhagen
Tel.: +45-39/27 60 60
Fax: +45-39/27 60 70
E-Mail: info@lifdk.dk

Deutschland
Bundesverband der Pharmazeutischen
Industrie e. V. (BPI)
Robert-Koch-Platz 4
D-10115 Berlin
Tel.: +49-30/2 79 09-0
Fax: +49-30/2 79 09-3 61
E-Mail: info@bpi.de

Finnland
PIF
Sörnäisten rantatie 23
P. O. Box 108
FIN-00501 Helsinki
Tel.: +358-9/5 84 24 00
Fax: +358-9/58 42 47 28

Frankreich
SNIP (umfirmiert zu LEEM)
88 Rue de la Faisanderie
F-75016 Paris
Tel.: +33-1/45 03 88 88
E-Mail: dcre@leem.org

Griechenland
SFEE
Vas. Georgiou 30 &
M. Asias Str.,
152 33 Halandri
GR-Athen
Tel.: +30-2 10/6 89 11 01
Fax: +30-2 10/6 89 10 60
oder
Fax: +30-2 10/6 82 10 40
E-Mail: sfee@otenet.gr

Großbritannien (UK)
ABPI
12 Whitehall
GB-London SW1A 2DY
Tel.: +44-2 07/9 30 34 77
Fax: +44-2 07/7 47 14 14

Irland
IPHA
Franklin House
140 Pembroke Road
IR-Dublin 4
Tel.: +353-1/6 60 33 50
Fax: +353-1/6 68 66 72
E-Mail: info@ipha.de

Italien
Associazione Nazionale
dell'Industria Farmaceutica
(Farmindustria)
Piazza di Pietra 34
I-00186 Rom
Tel.: +39-6/67 58 01
Fax: +39-6/6 78 64 94

Niederlande
Nefarma
Koninginnegracht 37
NL-2514 AD Den Haag
Tel.: +31-70/3 13 22 22
Fax: +31-70/3 13 22 30
E-Mail: pa.pr.ass@nefarma.com

Österreich
Pharmig
Vereinigung pharmazeutischer
Unternehmen
Zieglergasse 5
(Postfach 94)
A-1072 Wien
E-Mail über: http://www.pharmig.at

Portugal
Apifarma
Rua Pêro da Covilhã 22
P-1400-297 Lissabon
Tel.: +351-21/3 03 17 80
Fax: +351-21/3 03 17 98
E-Mail: apifarma.board@
mail.telepac.pt

Schweden
LIF
BOX 17 608
S-11892 Stockholm
Tel.: +46-8/4 62 37 00
Fax: +46-8/4 62 02 92
E-Mail: info@lif.se

Spanien
Farmaindustria
Calle Fray Juan Gil 5
E-28002 Madrid
Tel.: +34-91/5 63 13 24
Fax: +34-91/5 63 73 80
E-Mail: farmaindustria@
asociacionnacional.org

Zulassungsbehörden

Belgien
NL
Federaal Ministerie van Sociale Zaken,
Volksgezondheid en Leefmilieu
De Algemene Farmaceutische Inspectie,
Secretariaat van de Geneesmiddelen-
commissie,
Amazonegebouw
Bischoffsheimlaan 33
B-1000 Brüssel

Ministère fédéral des Affaires sociales, de
la Santé publique et l'Environnement
Inspection générale de la Pharmacie,
Secrétariat de la Commission
des Médicaments,
Bâtiment amazone
Blvd. Bischoffsheim 33
B-1000 Brüssel

Dänemark
Danish Medicines Agency
Lægemiddelstyrelsen
Frederikssundsvej 378
DK-2700 Brønshøj
Tel.: +45-44/88 91 11
Telex: 35333 IPHARM DK
Fax: +45-44/94 02 37

Deutschland
Paul-Ehrlich-Institut
Bundesamt für Sera und
Impfstoffe
Paul-Ehrlich-Straße 51–59
D-63225 Langen
Tel.: +49-61 03/77-0
Fax: +49-61 03/77-12 34

Bundesinstitut für Arzneimittel
und Medizinprodukte
Friedrich-Ebert-Allee 38
D-53113 Bonn
Tel.: +49-2 28/2 07-30
Fax: +49-2 28/2 07-52 07

Finnland
National Agency for
Medicines
Marketing Authorisations
Mannerheimintie 166
P. O. Box 55
FIN-00301 Helsinki
Tel.: +358-9/47 33 41
Fax: +358-9/47 33 42 60

Frankreich
Agence Française de
Sécurité Sanitaire des
produits de Santé
143–147 Boulevard
Anatole France
F-93285 Saint-Denis
Cedex
Tel.: +33-1/55 87 30 11
Fax: +33-1/55 87 30 12

Griechenland
Registration Division, EOF
Mesogion Avenue 284
155 62 Halandri
GR-Athen
Tel.: +30-2 10/6 50 72 01
Fax: +30-2 10/6 54 70 04
oder +30-2 10/6 54 55 35

Großbritannien (UK)
Nationale Zulassung:
Medicines Control Agency
Registration Section
Block 3 Spur K North
Kingston Bypass Road
GB-Surbiton

Surrey KT6 5QN
Tel.: +44-1 81/3 98 92 83
Zentrales Verfahren:
Medicines Control Agency
10 -136, Market Towers
1 Nine Elms Lane
GB-London SW8 5NQ
Tel.: +44-2 07/2 73 04 91
oder +44-2 07/2 73 04 54
Fax: +44-2 07/2 73 04 93

Irland
Irish Medicines Board
Earlsfort Centre
Earlsfort Terrace
IR-Dublin 2
Tel.: +353-1/6 76 49 71
Fax: +353-1/6 76 78 36
Fax (EU-Sektion):
+353-1/6 76 84 90

Italien
Ministerio della Sanità
Dipartimento per la
Valutazione dei Medicinali
e la Farmacovigilanza
Viale della Civiltà Romana 7
I -00144 Rom
Tel.: +39-6/59 94 32 07
Fax: +39-6/59 94 34 56

Niederlande
College ter beoordeling
van geneesmiddelen
Medicines Evaluation
Board
Postbus 16229
Kalvermarkt 53
NL-2500 BE Den Haag

Österreich
Bundesministerium für
soziale Sicherheit, Generationen
und Konsumentenschutz
Stubenring 1
A-1010 Wien
Tel.: +43-1/71 10 00

Portugal
Instituto Nacional da
Farmácia e do Medicamento
(INFARMED)
Parque de Saúde
de Lisboa
Avenida do Brasil, 53
P-1749-004 Lissabon
Tel.: +351-21/7 98 71 00
Fax: +351-21/7 98 73 16
E-Mail:
infarmed@infarmed.pt

Schweden
Medical Products Agency
Regulatory Administration
Husargatan 8
P.O. Box 26
S-75103 Uppsala
Tel.: +46-18/17 46 00
Fax: +46-18/54 85 66

Spanien
Ministerio de Sanidad y
Consumo, Agencia Española
del Medicamento
Calle Huertas 75
E-28014 Madrid
Tel.: +34-91/5 96 40 61
Fax: +34-91/5 96 40 69
E-Mail: sdaem@agemed.es

Sonstiges

Europa
European Federation of
Pharmaceutical Industries
and Associations (EFPIA)
Rue du Trône 108
B-1050 Brüssel
Tel.: +32-2/6 26 25 55
Fax: +32-2/6 26 25 66
E-Mail: info@efpia.org

Dänemark
Sundhedsministeriet
(Ministerium für Gesundheit)
Holbergsgade 6
DK-1057 Kopenhagen K
Tel.: +45-33/92 33 60
Fax: +45-33/93 15 63
E-Mail: sum@sum.dk

Finnland
Ministry of Social Affairs
and Health
Meritullinkatu 8
00170 Helsinki
PO Box 33
FIN-00023 Government
Tel.: +358-9/1 60 01

Frankreich
Commission de
Transparence
Agence Française de
Sécurité Sanitaire des
Produits de Santé
(AFSSAPS)
143–145 Boulevard
Anatole France
F-93285 Saint-Denis
Cedex
Tel.: +33-1/55 87 30 00
www.agmed.sante.gouv.fr

Großbritannien (UK)
Department of Health
PPRS Branch
Richmond House
79 Whitehall
GB-London SW1A 2NS

Irland
Department of Health
and Children
Hawkins House
Hawkins Street
IR-Dublin 2
Tel.: +353-1/6 35 40 00
Fax: +353-1/6 35 40 01

General Medical Services
Payments Board
Raven House
Finglas
IR-Dublin 11
Tel.: +353-1/8 34 36 44
Fax: +353-1/8 34 35 89

Niederlande
Ministry of Health,
Welfare and Sport
(Ministerie van Volksgezondheid,
Welzijn en Sport)
P. O. Box 20350
NL-2500 EJ Den Haag
Tel.: +31-70/3 40 79 11

Portugal
Directorate General for
Trade and Competition
(Direcção-Geral do
Comércio e da Concorrência;
DGCC)
Ministry of Economic
Affairs
Rua da Horta Seca, 15
P-1200 – 221 Lissabon
Tel.: +351-21/3 22 86 00
Fax: +351-21/3 22 87 11

Internet-Links zu wichtigen Websites zur Thematik

Einrichtungen des Bundes

Bundesinstitut für Arzneimittel und Medizinprodukte	http://www.bfarm.de
Bundesinstitut für gesundheitlichen Verbraucherschutz und Veterinärmedizin	http://www.bgvv.de
Bundesministerium für Arbeit und Sozialordnung	http://www.bma.de
Bundesministerium für Gesundheit	http://www.bmgesundheit.de
Bundesministerium für Umwelt, Naturschutz und Reaktorsicherheit	http://www.bmu.de
Bundesministerium für Verkehr, Bau- und Wohnungswesen	http://www.bmvbw.de
Bundesministerium für Wirtschaft und Technologie	http://www.bmwi.de
Bundesregierung	http://www.bundesregierung.de
Statistisches Bundesamt	http://www.statistik-bund.de

Verbände in Deutschland

AOK Bundesverband der Ortskrankenkassen	http://www.aok-bv.de
Arbeitsgemeinschaft der Spitzenverbände der Krankenkassen	http://www.g-k-v.com
Arbeitsgemeinschaft der Verbraucherverbände	http://www.agv.de
Bundesfachverband der Arzneimittelhersteller	http://www.bah-bonn.de
Bundesverband der Betriebskrankenkassen	http://www.bkk.de
Bundesvereinigung Deutscher Apothekerverbände	http://www.abda.de
Bundesfachverband Medizinproduktindustrie	http://www.bvmed.de
Bundesverband der Pharmazeutischen Industrie	http://www.bpi.de

Deutsche Generika Verband e. V.	http://www.generika.de
Pro Generika e. V.	http://www.progenerika.de
Industrieverband Körperpflege- und Waschmittel	http://www.ikw.org
Kassenärztliche Bundesvereinigung	http://www.kbv.de
Verband Forschender Arzneimittelhersteller	http://www.vfa.de

Verbände und Institutionen international

Europäischer Fachverband der Arzneimittel-Industrie	http://www.aesgp.be
Europäisches Parlament – Informationsbüro für Deutschland	http://www.europarl.de
European Federation of Pharmaceutical Industries and Associations – EFPIA	http://www.efpia.org
Groupement International de la Répartition pharmaceutique Européenne – GIRP	http://girp.org
International Federation of Pharmaceutical Manufacturers – IPMA	http://www.ifpma.org
International Federation of Pharmaceutical Wholesalers – IFPW	http://www.ifpw.com
Pharmaceutical Group of the European Union – PGEU	http://www.pgeu.org
Rat der Europäischen Union/ Europäische Kommission	http://www.europa.eu.int
World Health Organization(WHO) – Weltgesundheitsorganisation	http://www.who.ch
EU-Gemeinschaftsrecht	http://europa.eu.int/eur-lex

Abkürzungsverzeichnis

ABPI	Association of the British Pharmaceutical Industry
ADTC	Average Daily Treatment Cost
AFFSAPS	Agence Française de Sécurité Sanitaire des Produits de Santé
ASMR	Amélioration du Service Médical Rendu
ASVG	Hauptverband der Sozialversicherungsträger
ATC	Anatomic and Therapeutic Classes (Klassen, nach denen Arzneimittel bestimmten therapeutischen Gruppen zugeordnet werden)
BIP	Bruttoinlandsprodukt
BMSG	Bundesministerium für soziale Sicherheit, Generationen und Konsumentenschutz
CEPS	Comité Economique des Produits de Santé
CIPE	Comitato Interministeriale per la Programmazione Economica
CP	Centralised procedure (EU)
CPSP	Commission des Prix Spécialités Pharmaceutiques
CRM	Customer Relationship Management
CTSP	Comité Technique des Specialités Pharmaceutiques
CUF	Commissione Unica del Farmaco
DGCC	Directorate General for Trade and Competition
DMA	Danish Medicines Agency
EEA	European Economic Area
EFPIA	European Federation of Pharmaceuticals Associations
EMEA	European Medicines Agency
EuGH	Europäischer Gerichtshof
GKV	Gesetzliche Krankenversicherung
GP	General Practitioner
IMS	International Medical Services
INFARMED	Instituto Nacional de Farmácia e do Medicamento
MCA	Medicines Control Agency (UK)
MRP	Mutual Recognition Procedure
NCM	Nordic Council on Medicines (Denmark)
NHS	National Health Service
NICE	National Institute of Clinical Excellence
OHE	Office of Health Economics (UK)
OTC	Over The Counter
PME	Prezzo Medio Europeo
PPRS	Pharmaceutical Price Regulation Scheme (UK)
R&D	Research and Development
RFV	Riksförsäkringsverket (National Social Insurance Board)
ROI	Return on Investment
SMR	Service Médical Rendu
SSN	Servizio Sanitario Nazionale
WTO	World Trade Organization

Literaturverzeichnis

Anashkina, V.: „Der russische pharmazeutische Markt – 15 Jahre im Übergang", GM Polpharma Russia CIS, 2004

Blachier, C.; Kanavos, P.: France. Pricing and Reimbursement

Börsen-Zeitung: „Der Großhandel rechnet mit hohen Bonitätsrisiken bei Apotheken", Interview mit Bernd Scheifele, Vorstandsvorsitzender der Phonix Pharmahandel, 2003

Bronner, M. et al.: Pharmaceutical Pricing & Reimbursement in European Union Accession Countries, Cambridge 2004

Buisson, J.: „Full-line wholesalers look to meet new challenges in the pharmacy market", The Pharmaceutical Journal, 2003

Charrondière, H.; Bervily-Itaase, E.: Les nouveaux modèles d'organisation de la logistique du médicament en France, Eurostaf, 2004

Code of Practice for the Promotion of Medicines

Da-Cruz, P.; Müller, M. C.: „Der Patient als neue Zielgruppe des Pharma-Marketing", Teil 1 und Teil 2, Die Pharmazeutische Industrie 61, 7. 584–587, 1999

DG Bank: Die europäische Pharmaindustrie

Dudley, J.: „OTC Distribution in Europe: The 2005 Edition – Embracing Change, James Dudley Management, 2005

Dudley, J.: A gradual deregulation of the supply chain especially pharmacy establishment and ownership rules in Europe fuelling the growth of the retail pharmacy chains, James Dudley Management, 2005

Dudley, J.: Separating the myths from the reality: East-West parallel trade, IMS Market Insight, 2005

Eggermont, M.; Kanavos, P.: Belgium. Pharmaceutical Pricing and Reimbursement

Engelhardt, W.; Gabriel, R.; Gersch, M. (Hrsg.): Versandapotheken – Perspektiven der Transformation des deutschen Gesundheitsmarktes, Institut für Unternehmensführung und Unternehmensforschung, 2004

EU Direktive 92/28/EEC vom 31. März 1992

Euromonitor: Global Pharmaceutical Distribution, 2001

European Federation of Pharmaceutical Industries and Association: „Parallel trade of medicines", 2004

European Federation of Pharmaceutical Industries and Association: „Article 82 EC: Can it be applied to control sales by pharmaceutical manufacturers to wholesalers?", 2004

Eurostat Health Statistics – Release 2004

Farhan, F.: „Shortline wholesalers: what part do they really play?", The Pharmaceutical Journal, 2002

Fink, D.; Köhler, T.; Scholtissek, S.: Die dritte Revolution der Wertschöpfung – Mit Co-Kompetenzen zum Unternehmenserfolg, Berlin 2004

Gilbert, J.; Henske, P.; Singh, A.: „Rebuilding Big Pharma's Business Model" *In Vivo*, Vol 21, No 10, November 2003).

Glaeske, G.; Klauber, J.; Lankers, C.; Selke, G.: Stärkung des Wettbewerbs in der Arzneimittelversorgung zur Steigerung von Konsumentennutzen, Effizienz und Qualität. Gutachten im Auftrag des Bundesministeriums für Gesundheit und Soziale Sicherung (BMGS), 2002

Golombowski, S.; Müller, M. C.: „Flexibilität und Kreativität durch virtuelle Organisationen", AmZ Nr. 13, 08.07.1999

Haigh, J.: „Parallel Trade in Europe – Assessing the Reality of Payer and Patient Savings", Review of the York Health Economics Consortium report, IMS Health, 2005

Hosseini, M.; Nagels, K.; Furth J.; Müller, M. C.: "Driving bio deals", Scrip Magazine, December 2001, 22–25

Huber, J.: „Pharmaceutical Supply Chain in France (1): Present situation, trends, with a focus on business development with pharmacies", Pharmaclient, 2000

Infras/BASYS: Auswirkungen staatlicher Eingriffe auf das Preisniveau im Bereich Humanarzneimittel, 2002

INSIGHT Health: Marktdatenbanken

International Federation of Pharmaceutical Wholesalers „IFPW Focus" Vol. 11, No. 19–25, 2004; Vol. 12; Nr. 1–6, 2004

International Federation of Pharmaceutical Wholesalers: An Overview of the Organization, 2005

Jacobzone, S.: „Pharmaceutical Policies in OECD Countries: Reconciling Social and Industrial Goals", OECD, Paris 2000

Kammerloher, A.; Müller, M. C.: „Operatives Marktverhalten in der EWU", Handbuch der Europäischen Wirtschafts- und Währungsunion, 04/98 B

Kanavos, P.; Costa-i-Font, J.; et al.: „The Economic Impact of Pharmaceutical Parallel Trade in European Union Member States: A Stakeholder Analysis", LSE Health and Social Care, London School of Economics and Political Science, Januar 2004

Kaplan, W.; Lang, R.: „Priority Medicines for Europe and the World", page 120, World Health Organization, Washington, 2004

Kraus, P.; Müller, M. C.; Golombowski, S.: Handbuch Managed Care – Ein Leitfaden für Ärzte, Holzkirchen 1998

Long, D.: Worldwide Pharmaceutical Market and Distribution Trends, IMS Health, 2004

Making Medicines in the European Union – Efpia 2002

Michel, K.; Schamx, S.; Stanowsky, J.; Wolf, B.: Economic Trend Report/Gesundheitswesen – Reformbedarf und Handlungsoptionen, Allianz Group Economic Research, 2003

Mintel – Health and Beauty Retailing 2002

Monitor 2003 – Pharmaceutical Sales Forces Benchmarking

Müller, M. C.; Uedelhofen, K. W.: „Neue Wege für eine organisierte Krankenversorgung in Deutschland im Sinne von Managed Care", Teil 1, ANZAG Magazine, 04/97

Müller, M. C.; Uedelhofen, K. W.: „Mailorder in Pharma-Distribution – What is the state of affairs in Europe?", Drugs, Seite 130-134, 04/97, 130–134

Müller, M. C.; Uedelhofen, K. W.: „New Directions for an Organised Health Care System in Germany", European Management Journal, 06/97

Müller, M. C.; Uedelhofen, K. W.; Ammann, C.: „What future for „organised healthcare systems in Europe?", Scrip Magazine, vol. 15, 1997, Seite 667–676

Müller, M. C.; Schoof, A.: „Alternative Wege in der Arzneimittelversorgung von Krankenhäusern", pharmind, 10/97

Müller, M. C.; Tiefenbacher, E.: „Perspectives for growth and innovation for the markets of tomorrow", Drugs made in Germany, 3/99, 67–74

Müller, M. C.; Tiefenbacher, E.: „Wachstumsstrategien für die Pharmaindustrie", Pharmind, II/99

Müller, M. C.; Kammerloher, A.: „Management von Ärztenetzen, Teil 2: Netzmanagement im Detail", Perspectives on Managed Care, 1. Jahrgang 1998, Ausgabe 3/4

Müller, M.C.; Kammerloher, A.: „Management von Ärztenetzen, Teil 1: Mehr als eine neue Variante des alten Spiels", Perspectives on Managed Care, 02/98

Müller, M. C.; Kaltenbach, T.; Uedelhofen, K. W.: „Integrierte Versorgung – Konsequenzen für Lieferanten", MT-Info, 1. Teil 1/2003, 2. Teil 2/2003

Mütze, S.: „Pharmagroßhandel: Gesundheitspolitik belastet", Märkte und Trends, Helaba, 2003

Nagels, K.; Da-Cruz, P.; Müller, M. C.: „Virtuelle Unternehmen im Gesundheitswesen werden Wirklichkeit", Pharm. Ind., September 2001, 901–905

Nagels, K.; Da-Cruz, P.; Müller, M. C.: „Virtuelle Strukturen haben Zukunft", MTD 6/2001, 100–103

Nagels, K.; Da-Cruz, P.; Müller, M. C.: „Strategisches Controlling in Pharmaunternehmen mit Balanced Scorecards", Teil 1, Die Pharmazeutische Industrie, I, Januar 2000

Nagels, K.; Da-Cruz, P.; Müller, M. C.: „Strategisches Controlling in Pharmaunternehmen mit Balanced Scorecards", Teil 2, Die Pharmazeutische Industrie, II, Februar 2000

NDC-Analysis „Benchmarking Specialist Care in Europe" 2004

Opinion of Advocate General Jacobs delivered on 28 October 2004: http://curia.eu.int/jurisp/cgi-bin/gettext.pl?lang=en&num=79958971C19030053&doc=T&ouvert=T&seance=CONCL&where=()

Outterson, K.: „Pharmaceutical Arbitrage: Balancing Access and Innovation in International Prescription Drug Markets", Yale Journal Health Policy, Law and Ethics, December 2004

Perks, M.: „Health and beauty retailing – Germany", Retail Intelligence, Mintel 2004

Pharmaceutical Group of the European Union: Pharmacy Practice in the EU Applicant Countries, 2003

Pharmaceutical Group of the European Union: Branchenportrait: Der vollversorgende pharmazeutische Großhandel in Deutschland, 2004

Pharmaceutical Group of the European Union: Versandhandel in den USA – ein Modell für Deutschland, 2003

Rotemberg, J:. „Fair Pricing", National Bureau of Economic Research, Working Paper 10915, Cambridge, November 2004

Rovira, J.; Darba, J.: Pharmaceutical Pricing and Reimbursement in Spain

Rücker, D.: „Nichts für die Kleinen", Pharmazeutische Zeitung, 2003

Schnack, D.: „800 Versandapotheken teilen den neuen Markt unter sich auf", Ärzte-Zeitung, 2004

Schoof, A.; Müller, M. C.: „Neue Wege beschreiten: Alternative Versorgung von Krankenhausapotheken", Krankenhaus & Recht, 02/98

Scrip Yearbook

Syndicat National de l'Industrie Pharmaceutique: Chiffres clés. Les médicaments en France, 2002

The Association of the European Self-Medication Industry (AESGP): Economic and legal framework for non-prescription medicines, 2004

The Grocer: „Multiples set to boost pharmacies", 2004

The Making of Medicines in the Eurpoean Union – Efpia 2002

Thümmel, R. C.: Die Europäische Aktiengesellschaft – Leitfaden für die Unternehmens- und Beratungspraxis, Heidelberg 2004

Troein, P.: „La distribution du médicament au XXIème siècle". Les colloques des Pharmaceutiques, IMS Health, 2003

Uedelhofen, K. W.; Müller M. C.: „Mailorder in der Pharma-Distribution – Der Stand der Dinge in Europa", Pharma-Marketing Journal, 10/97

Uedelhofen, K. W.; Müller, M. C.: „Dynamik im amerikanischen Markt für pflanzliche Arzneimittel", Pharma-Marketing Journal 12/99

US Department of Commerce, International Trade Administration: Pharmaceutical Price Controls in OECD Countries, Washington DC, December 2004,

Verband Forschender Arzneimittelhersteller: Parallel- und Reimporte im Arzneimittelmarkt: Gesundheitspolitik auf dem Irrweg, 2002

Wasem, J.; Greß, S.; Niebuhr D.: Regulierung des Marktes für verschreibungspflichtige Arzneimittel im internationalen Vergleich. Gutachten im Auftrag des Bundesverbandes der Arzneimittelhersteller e.V. (BAH), 2005

Wearing, A.; Kirby, I.; van Kerckhove, M.; Vodra, W. Arnold & Porter LLP: „Parallel Trade in the EU and US pharmaceutical markets", Life Sciences, 2004/2005

Wündisch, K. „The Research-based Pharmaceutical Industry and Society – What is at Stake in the Future?", Journal of Pharmaceutical Marketing & Management, 2005

Der Autor

Dr. Michael C. Müller, geb. 1963, studierte Humanmedizin und war zunächst bis 1990 als Arzt in der Gynäkologie und Geburtshilfe tätig. Während dieser Zeit erfolgte die Promotion zum Dr. med. Zwischen 1990 und 1995 übernahm er leitende Aufgaben in der klinischen Forschung und dem internationalen Marketing bei global tätigen, forschenden Unternehmen der pharmazeutischen Industrie in München und Paris. Danach folgten mehr als zehn Jahre strategische Unternehmensberatung als Partner und Leiter der Beratungspraxis für die pharmazeutische und medizintechnische Industrie bei Roland Berger Strategy Consultants und als Geschäftsführer bei Accenture mit Tätigkeitsschwerpunkten in München und New York. Während dieser Zeit führte Dr. Müller zahlreiche Projekte für die pharmazeutische und die medizintechnische Industrie, für Krankenversicherungen, Bundesministerien und führende Venture Capital- und Private Equity-Gesellschaften durch. Er gilt als einer der profiliertesten Experten für Strategieentwicklung, Marketing und Vertrieb der Life Sciences Industrie und berät namhafte Unternehmen in Deutschland, Europa und den USA. Dr. Müller ist Autor zahlreicher Publikationen und Vorträge.

Autorenkontakt:
contact@michaelcmueller.com